Eros und Erkenntnis – 50 Jahre »Ästhetische Theorie«

Eros und Erkenntnis – 50 Jahre »Ästhetische Theorie«

Herausgegeben von
Martin Endres, Axel Pichler und Claus Zittel

DE GRUYTER

ISBN 978-3-11-063839-4
e-ISBN (PDF) 978-3-11-063904-9
e-ISBN (EPUB) 978-3-11-063919-3

Library of CongressControl Number: 2019947167

Bibliografische Information der Deutschen Nationalbibliothek
Die Deutsche Nationalbibliothek verzeichnet diese Publikation in der Deutschen Nationalbibliografie; detaillierte bibliografische Daten sind im Internet über http://dnb.dnb.de abrufbar.

© 2019 Walter de Gruyter GmbH, Berlin/Boston
Druck und Bindung: CPI books GmbH, Leck
Einbandabbildung: »Eros« Paul Klee / Sammlung Rosengart / akg-images

www.degruyter.com

Inhalt

Claus Zittel, Martin Endres, Axel Pichler
Eros und Erkenntnis – 50 Jahre *Ästhetische Theorie* —— 1

Christian Benne
Aesthetica in nuce: Adornos Beckett —— 11

Horst Bredekamp
Adornos *Ästhetische Theorie* —— 23

Bazon Brock
Die *Ästhetische Theorie* ist ein Kunstwerk und nicht Wissenschaftsgetue —— 29

Hauke Brunkhorst
Wahrheit, Rezeption, Gesellschaftskritik —— 35

Josef Früchtl
Erfahrungssättigung —— 53

Eva Geulen
Festung und Falle —— 63

Lydia Goehr
Form und Satz in Adornos *Ästhetischer Theorie* —— 71

Peter E. Gordon
Kunst, Vergänglichkeit und gesellschaftliches Leiden —— 81

Wolfram Groddeck
Anamnesis Adorno —— 87

Gunnar Hindrichs
Vier Gesichtspunkte der Ästhetik —— 93

Peter Uwe Hohendahl
***Ästhetische Theorie* an der amerikanischen Universität** —— 99

Johann Kreuzer
Wandertagsfragen —— 103

Konrad Paul Liessmann
Kunst und Revolution —— 111

Claus-Steffen Mahnkopf
Adornos *Ästhetische Theorie* wiedergelesen —— 119

Robert Pippin
Adorno, ästhetische Negativität und das Problem des Idealismus —— 129

Martin Saar
»Angel of Death« —— 151

Gerhard Schweppenhäuser
Ästhetische und soziale Autonomie nach Adorno —— 157

Martin Seel
»Philosophie wäre erst zu komponieren« —— 167

Tilo Wesche
Kunst als Notwehr —— 173

Beat Wyss
Nur unzeitgemäßes Denken bleibt aktuell —— 185

Lambert Zuidervaart
»Weh spricht vergeh« —— 193

Verzeichnis der Siglen —— 203

Verzeichnis der Autorinnen und Autoren —— 205

Claus Zittel, Martin Endres, Axel Pichler
Eros und Erkenntnis – 50 Jahre *Ästhetische Theorie*

Einleitung

1

Vor 50 Jahren erschien Adornos *Ästhetische Theorie*.[1] Dass dieses Buch zum richtungsweisenden Beitrag zur philosophischen Ästhetik der nachfolgenden fünf Dekaden werden sollte, war seinerzeit nicht abzusehen. Als Adorno 1969 verstarb, war das Werk nicht fertig, er hinterließ ein umfangreiches Konvolut von nahezu 3000 Typoskripten, deren älteste bis in das Jahr 1961 zurückreichten, darunter Entwürfe, Überarbeitungen und Verworfenes aus verschiedenen Zeitstufen, neben dichten ausformulierten Textpassagen, denen jedoch noch mehr als nur der letzte Schliff fehlte und für welche unterschiedliche Ordnungen angedacht waren, aber noch keine finale Organisation gefunden war. Adorno hatte jahrzehntelang um die Fertigstellung *seiner* »Ästhetischen Theorie« gerungen, der dazu überlieferte Materialkomplex ist fraglos sein wichtigstes philosophisches Vermächtnis.

Das Buch, das die Herausgeber Rolf Tiedemann und Gretel Adorno daraus machten (vgl. ÄT, GS 7), entfaltete dennoch eine enorme Wirkung, die weit über den engeren Bereich der Philosophie hinaus die Geisteswissenschaften überhaupt und auch jenen Kulturbetrieb erfasste, den Adorno so verachtet hatte. Mit einiger Zeitverzögerung setzte auch die internationale Wirkung ein, und seither kam kaum jemand, der über Sinn für Literatur und die Künste verfügte, an Adornos ästhetischen Reflexionen vorbei. Niemand aber, der sich auf diesen eminent schwierigen Text einließ, blieb in seinem Denken unverändert. Adornos *Ästhetische Theorie* erlaubte keine neutrale Haltung, sie provozierte heftige Reaktionen von schroffer Ablehnung bis zur Jüngerschaft, nie aber ließ sie ihre Leser gleichgültig zurück.

Diejenigen, die Adornos zahlreiche Vorlesungen zur Ästhetik gehört[2] oder in unautorisierten Raubdrucken nachgelesen hatten (vgl. Adorno

---

[1] Diesen Titel hatte Adorno tatsächlich selbst vorgesehen. Siehe das Typoskript Ts 19425: »Titel des Buches: Ästhetische Theorie«.
[2] Siehe die Liste der Lehrveranstaltungen Adornos von Bobka/Braunstein 2015.

2009 [1958/59] und Adorno 1973),³ waren plötzlich mit einem Buch konfrontiert, dass an undurchdringlicher Sperrigkeit kaum zu überbieten war und ihnen alles abverlangte, was sie an hermeneutischem Furor aufzubieten vermochten, um ihm Einsichten abzutrotzen.

Mit verschiedenen Geschwindigkeiten verlief die Rezeption in den anderen Ländern, insbesondere dort, wo man nicht mit der Tradition der idealistischen Philosophie selbstverständlich vertraut war, die jedoch Voraussetzung ist, um überhaupt eine Chance zu haben, einen Zugang zur *Ästhetischen Theorie* zu finden. Hinzu kam, dass Adornos komplexe Sprache von seinem Denken nicht zu trennen ist und für jeden Übersetzer eine ungeheure Herausforderung darstellte. Je nachdem, wie gut sie bewältigt wurde, beförderte oder hemmte sie dauerhaft das Verständnis.⁴

2

Heute, da die parochiale Gemeinde analytischer Philosophie in einer großangelegten Kulturrevolution die historischen Traditionslinien des Faches weitestgehend ausgemerzt hat und zugleich im Zeitalter der *Digital Humanities* quantifizierende Verfahren den unaufhaltsamen Siegeszug eines planen Wissenschaftsverständnisses in den Geisteswissenschaften beschleunigen, scheint ein Zugang zu diesem Text sogar noch schwieriger als vor 50 Jahren geworden zu sein, und dies nicht nur in den USA, sondern auch überall dort, wo Praktiken wie »distant reading« und statistischer Stilometrie den Lesern systematisch genau das abtrainieren, was Voraussetzung für jedweden Umgang mit Kunst ist: die ästhetische Erfahrung.

Diese radikale Inkommensurabilität von ästhetischer Erfahrung und aktuellen Forschungstrends in den Geisteswissenschaften aber begründet die Aktualität von Adornos »Ästhetischer Theorie«⁵ und deren Insistieren auf dem unauflösbaren Rätselcharakter der Kunstwerke. Die Möglichkeit ästhetischer Erfahrung wäre im Zeitalter der *Digital Humanities* abermals und noch vehementer zu verteidigen. Denn mit dem Verlust der Fähigkeit, sich tief in Kunstwerke zu versenken, bei der Lektüre in imaginäre Welten einzutauchen, sich von den Werken berühren und befremden zu lassen,

---

3 Erste Überlegungen datieren sogar zurück bis in Jahre 1931/32 (Adorno 1993).
4 Siehe dazu die Beiträge von Peter-Uwe Hohendahl und Lydia Goehr in diesem Band.
5 Siehe dazu z. B. Quent/Lindner 2014.

bis hin zur körperlichen Reaktion des Erschauerns, entscheidet sich die Frage nach der Möglichkeit von Ästhetik heute: Ohne die lebendige Erfahrung der Kunst würde nicht nur Ästhetik, sondern jede Anstrengung des Geistes sinnlos. Adorno hat in seiner *Ästhetischen Theorie* bei aller Höhe der Reflexion und notwendigen Abstraktheit nie den somatischen Impuls vergessen, der aus Lust zur Theorie nötigt.

»Am Ende wäre«, schreibt Adorno an einer entwaffnenden Stelle mit für ihn ungewöhnlicher Offenheit,

> das ästhetische Verhalten zu definieren als die Fähigkeit, irgend zu erschauern, so als wäre die Gänsehaut das erste ästhetische Bild. Was später Subjektivität heißt, sich befreiend von der blinden Angst des Schauers, ist zugleich dessen eigene Entfaltung; nichts ist Leben am Subjekt, als daß es erschauert, Reaktion auf den totalen Bann, die ihn transzendiert. Bewußtsein ohne Schauer ist das verdinglichte. Jener, darin Subjektivität sich regt, ohne schon zu sein, ist aber das vom Anderen Angerührtsein (ÄT, GS 7, S. 489f.).

Man hat Adornos Ästhetik häufig ihre Reflexionslastigkeit vorgehalten, dabei aber verkannt, dass sie auch eine Ästhetik der körperlichen Reaktion und insbesondere der somatischen Rührung ist. Nur eine ästhetische Verhaltensweise, die die Lust am Erschauern zu ihrem Grund hat, so Adorno, »vermählt Eros und Erkenntnis« (ÄT, GS 7, S. 490).

3

Unser Band will daher weder eine umfassende Bilanz der Wirkung ziehen, noch eine weitere Musealisierung Adornos befördern. Vielmehr haben wir unsere Autorinnen und Autoren, die allesamt Adornos Werk über Jahrzehnte eng verbunden sind und es auf je eigene Weise fortgeschrieben haben, darum gebeten, die Geschichte ihrer persönlichen Auseinandersetzung mit diesem Buch zu erzählen und ihnen es freigestellt, selbst zu entscheiden, in welcher Form sie dies tun wollen. Als zusätzliche Anregung haben wir allen einen Aufsatz zugesandt, der die Notwendigkeit einer Neuedition der *Ästhetischen Theorie* erläutert, und angekündigt, dass wir zeitnah zu diesem Jubiläumsband eine textkritische Edition veröffentlichen wollen (vgl. Endres/Pichler/Zittel 2013 und die textkritische Edition der Überarbeitung des III. Kapitels der ›Kapitel-Ästhetik‹, die vorbehaltlich der Rechtefreigabe 2020 bei De Gruyter erscheinen soll). Die Essays, die wir darauf erhielten, könnten vielfältiger kaum sein. Entstanden ist so ein

Zeitdokument, das im Spiegel persönlicher Prägungen kaleidoskopartig den mehr oder minder offenbaren Einfluss von Adornos *Ästhetischer Theorie* auf ganz unterschiedliche Denkstile von Autorinnen und Autoren aus verschiedenen Generationen erhellt, die ihrerseits zu jenen zählen, die in den ästhetischen Debatten und Diskursen der vergangenen Jahrzehnte in der Philosophie, der Kulturtheorie und den Literatur- und Kunstwissenschaften mit den Ton angaben.

In einem Band, der persönliche Bekenntnisse versammelt, wird man den Herausgebern gestatten oder gar von ihnen erwarten, dass auch sie Zeugnis über ihre Motive ablegen, ist und war doch ebenso für sie Adornos *Ästhetische Theorie* Leitstern ihres akademischen Lebens. Für den ältesten, der hier gerade die Feder führt, war die *Ästhetische Theorie* der entscheidende Grund, um Mitte der 1980er Jahre in Frankfurt am Main das Philosophiestudium aufzunehmen, in der Hoffnung, Adornos Geist noch an der Goethe-Universität anzutreffen, der aber, so empfand man das jedenfalls unter den Studenten damals, vor Ort bereits gründlich exorziert worden war. Es folgten über Jahre durchgehaltene Lesegruppen, Tutorien und dann immer wieder Lehrveranstaltungen zu diesem Buch, das durch die von ihm eingeimpfte Skepsis gegenüber fachpositivistischen Lektüren und Kunstdeutungen bis heute den eigenen geistigen Haushalt maßgeblich prägt.

4

Blickt man zurück auf die Zeit, in der die *Ästhetische Theorie* vor 50 Jahren erschien, wird das Bild schärfer, wenn man sich die allerersten Reaktionen vergegenwärtigt. Diese fast vollzählig vergessenen Zeugnisse der unmittelbaren Wirkung klingen uns heute mehrheitlich fremd und erinnern an ferne Kämpfe, die uns nichts mehr bedeuten: Salven wurden sowohl aus den Schützengräben marxistischer Ästhetik[6] als auch von den Kathedern der westdeutschen Universitäten abgefeuert.[7] Im Feuilleton stimmte hingegen ein Chor an Rezensenten Hymnen an, die Adornos an Beckett und Schönberg orientierte philosophische Negativitätsästhetik priesen. Der dezidiert politische Anspruch einer Ästhetik, die auf der Widerständigkeit

---

6 Redeker 1972, viel umsichtiger allerdings Heise 1972.
7 Hinderer 1971. Vgl. dazu die erste Kritik der Kritiken von Scheible 1972a.

großer Kunst gegenüber der bürgerlichen Gesellschaft und ihres Bildungskanons pochte, wurde sogleich erkannt und von vielen sich zu eigen gemacht. Irritieren musste dabei, dass diese Ästhetik von politisch linker Seite nur die großen Kunstwerke gelten ließ, emphatisch das Moderne gegen die Tradition ausspielte (Anonymus 1971), dann aber auch Autoren wie Stefan George oder Rudolf Borchardt aufgrund der hermetischen Verschlossenheit ihrer Texte würdigte, weil sie sich dem verbreiteten Verstehensoptimismus hermeneutischer Literaturinterpretationen widersetzen.

Ein auch nur kursorischer Blick in die damalige Tagespresse vermittelt sofort etwas von der damaligen Stimmungslage. Was zuerst auffällt: Während man späterhin die *Ästhetische Theorie* in den allermeisten Fällen so interpretierte, als sei sie ein abgeschlossenes Buch Adornos, kreisen die ersten Reaktionen durchaus um die Textgestalt.

Rolf Vollmann etwa wendete in einer der ersten Stellungnahmen überhaupt bereits den Fragmentcharakter der *Ästhetischen Theorie* ins Positive, da gerade das Unfertige, Rohe dem Buch »seinen eigenartigen Reiz« verleihe: »beinah monotone Mikroanalysen von Begriffen saugen den Leser in ihren Bann, dann kommen gedrängte polemische Stellen mit vielen erhellenden und ungemein geistreichen Formulierungen, dann wieder ganz anschauliche und leicht verständliche Passagen«. Rätselcharakter und Wahrheitsgehalt der Kunstwerke, aber auch die Bemerkungen zum Naturschönen sind für Vollmann die zentralen Theoreme der Ästhetik Adornos, und diese werden dann auch in der Tat neben der Negativitätsästhetik die weitere Rezeption bestimmen. Optimistisch sind seine Prognosen der künftigen Lektüren:

> Hier, wie sonst kaum, wird Ernst gemacht mit der Misere und mit den Hoffnungen der gegenwärtigen Zustände. Es könnte sein, dass Adornos Ästhetik einmal erscheint als die Antwort der sich selbst kritisch durchschauenden bürgerlichen Kultur auf das, was aus ihr entstanden ist. Damit ist diese Ästhetik zugleich eine Absage an alle Epigonen. Adornos Antwort ist mutig und klug. Ohne sie wird das Neue gewiss gelebt, sicher aber nicht gedacht werden können. Es wird aber auch gedacht werden müssen. (Vollmann 1970)

Aber auch skeptische Stimmen meldeten sich, wie jene des Germanisten Walter Hinderer, der in *DIE ZEIT* die von Adorno der Kunst zugeschriebene »Kraft des Widerstands gegen den repressiven Kollektivismus« als elitäres Verfahren der Polarisierung zwischen Kunstkennern und Banausen attackierte, welches das Argumentieren ersetze. Adornos emphatischer Wahrheitsbegriff führe dazu, dass man bei ihm »klar umrissene Standpunkte und Ansichten« vermisse, manche seiner Ansichten zur Kunst taugten nicht einmal zur Deutungshypothese. Zwar notiert auch Hinderer das Fragmentarische des Textes, nimmt das Buch aber dennoch als *summa aesthetica*, dessen interne Widersprüche er sarkastisch kommentiert und zugleich selbst produziert, indem er gezielt Sätze aus unterschiedlichen Kontexten nebeneinanderstellt, damit sie paradox erscheinen (Hinderer 1971).

Die hermetische Verschlossenheit des Buches betont auch Martin Puder, der es jedoch dabei für am »wenigsten wahrscheinlich« hält, »das Dunkle mit dem fragmentarischen Zustand des Manuskripts zu begründen, dem der dritte Arbeitsgang noch bevorstand«. Eher sei es so, »daß die ÄSTHETISCHE THEORIE fast lustvoll das Widerspruchsverbot« durchbreche (Puder 1972).

Hingegen gab der seinerzeit als Herausgeber der *Neuen Deutschen Hefte* einflussreiche Literaturkritiker Joachim Günther angesichts anderer allzu rascher Deutungen zu bedenken, dass die extremen Leseschwierigkeiten, die die *Ästhetische Theorie* bereite, sich vor allem ihres unfertigen Zustandes verdanke:

> Man sollte sich aber nur mit Vorbehalten und Kriterien eines unklaren Nachlasses an die Sache heranwagen. Adorno im Assimilationsverfahren zu referieren, gehört inzwischen im Umkreis seiner besseren Schüler zum Gehirntraining, das sich seines Leerlaufs oft nicht bewußt ist. (Günther 1971)

Günther hingegen hebt hervor, dass der Leser bei seiner Lektüre

> eine nackte Anstrengungstour abzuleisten hat. [...] Adornos *Negative Dialektik* war bereits das zweifellos schwierigste philosophische Werk der letzten Jahrzehnte. Die *Ästhetische Theorie* steigert das bis zum Hohn einer Fata morgana. Ein Werk, das die Auslösung seines kaum auszuschöpfenden, jedoch in dialektischen Geheimnisstand versetzten Geistes nur gestattet, wenn zuvor und zugleich die ganze lange Strecke des Gedankenwegs im Auge behalten wird. Im Bilde gesprochen: man durchwandert eine Wüste, die sich als permanente Oase verzaubert hat, oder umgekehrt: man hungert und durstet in einer Oase, die zur Wüste geworden ist. (Günther 1971)

Dem verstehenden Lesen entzöge sich das Buch wie sonst nur Platons *Parmenides*-Dialog, eine Lektüre, »die auf Standpunkte und Ergebnisse zielt«, mache es »rasch zuschanden«.

Wenn Günther Adornos bis zur »Inhumanität« getriebene Überanstrengung des Begriffs, so wie seinen Kunstkonservatismus, der nur wenige Spitzenwerke aus der Tradition herausfiltere, moniert, so tut er dies im selbstkritischen Bewusstsein um die Vorläufigkeit der Textgestalt, die fatalerweise zu inhaltlicher Auseinandersetzung verleite:

> Man hätte sich wünschen können, vor solcher Gefahr noch besser gesichert zu sein, indem das Werk nicht nur als Fragment, das immer noch die Idee eines Ganzen simuliert, sondern wirklich in zerfallenen Bruchstücken auf uns gekommen wäre. Dann gäbe es die Möglichkeit, gar keine legitime Möglichkeit, von *Ästhetischer Theorie* und »Werk« zu sprechen, sondern nur die so räuberische Versuchung, eine Schatzkammer des Geistes auszubeuten nach Maßgabe eigener Kraft und eigenen Nutzens. (Günther 1971)

Ivo Frenzel, dessen Lexikonartikel zur Lage der Ästhetik (Frenzel 1958) Adornos »früher Einleitung« in die *Ästhetische Theorie* einen ersten Impuls gab, die Frage nach der Möglichkeit ästhetischer Theoriebildung überhaupt ins Zentrum der Reflexionen zu rücken, notiert zwar ebenfalls das Fragmentarische und Unvollkommene der posthumen Edition, doch sei der Text »so dicht, daß die Frage der Anordnung seiner Teile von untergeordneter Bedeutung« bleibe (Frenzel 1971).[8] Frenzel ist sofort klar, dass Adorno mit seiner Ästhetik ein großer Wurf gegen Heideggers Phänomenologie, Nicolai Hartmanns ontologischen und Lukács' marxistischen Realismus gelungen ist. Von höchster Relevanz sei, dass sie den Zeitkern der Kunst herausarbeite und gegen Hegels Geschichtsphilosophie nicht dem Bleibenden, sondern dem Entfliehenden Wahrheit zuspreche: »Die Rätselhaftigkeit der Werke erzwingt Deutungen, die in das Werk eingehen, es in der Zeit objektiv verändern. Darum ist der Wahrheitsgehalt der Kunst selbst ein rein geschichtlicher.« (Frenzel 1971)

Zeitkern, Wahrheitsgehalt und Rätselhaftigkeit der Kunstwerke bedingen, wie Helmuth Plessner in seiner klugen Einführung in dieses Buch – auch für ihn ist es nur ein Torso – luzide als Ariadnefaden herausarbeitet, dass jeder Interpret, der sich mit fachwissenschaftlicher Expertise ihm nähert, an den Punkt gerät, wo seine Deutung in philosophische Reflexion umschlagen muss, weil ihm die Werke sonst gänzlich verschlossen blieben (Plessner 1972).

Einen Zeitkern hat Adornos *Ästhetische Theorie* selbst: Die mannigfachen Deutungen, die sie seit ihrem ersten Erscheinen bis heute erfuhr,

---

[8] In diesem Sinne auch Oppens, der sogar behauptet, es fügten sich »in allen entscheidenden Zügen [...] Adornos Arbeiten im Entstehen. Der innere Zusammenhang ist gegeben; der Autor führt den Leser, indem er unabirrbar auf einen Mittelpunkt hinzielt, auch dort, wo anscheinend das Gesetz freier Assoziation waltet.« (Oppens 1971, S. 802)

haben das Buch verändert, sind Teil des Werkes geworden. Reizvoll aber ist die Spekulation, ob durch eine Neuedition, die den Text ebenso auflöste, wie es mit Nietzsches berüchtigtem »Willen zur Macht« geschah, der bisherigen Rezeption ebenso radikal die Grundlage entzöge und neue Lektüren der »Ästhetischen Theorie« erzwänge (vgl. die Beiträge in Endres/Pichler/Zittel 2017).

5

Wir danken allen unseren Autorinnen und Autoren dafür, dass sie bereit waren, in kürzester Zeit einen Essay für diesen Band zu verfassen. Lianhua He danken wir für ihre Hilfe bei der Textredaktion, Andreas Fliedner für die prompte Übersetzung der englischsprachigen Beiträge sowie Fabian Mauch für die Satzerstellung. Nicht zuletzt danken wir dem Lektor des De Gruyter-Verlags, Christoph Schirmer.

Literaturverzeichnis

Adorno, Theodor W. (1973): Vorlesungen zur Ästhetik 1967–68. Zürich: H. Mayer Nachf.
Adorno, Theodor W. (1993): »Aufzeichnungen zur Ästhetik«. In: Frankfurter Adorno Blätter 1. Hrsg. vom Theodor W. Adorno Archiv. Frankfurt am Main: edition text + kritik, S. 35–90.
Adorno, Theodor W. (2009): Vorlesungen zur Ästhetik (1958/59). Hrsg. von Eberhard Ortland. Frankfurt am Main: Suhrkamp.
Adorno, Theodor W. (2020): N. N. [d.i. Textkritische Edition der Überarbeitung des III. Kapitels der ›Kapitel-Ästhetik‹]. Hrsg. von Martin Endres, Axel Pichler und Claus Zittel. Berlin/Boston: De Gruyter.
Anonymus (1971): »Adorno. Nutzlose Kunst«. In: Der Spiegel 12, S. 185–186.
Bobka, Nico/Braunstein, Dirk (2015): »Die Lehrveranstaltungen Theodor W. Adornos. Eine kommentierte Übersicht«. In: IfS Working Papers Nr. # 8 ›JULI 2015‹. Frankfurt am Main: Institut für Sozialforschung. http://www.ifs.uni-frankfurt.de/wp-content/uploads/IfS-WP8-Bobka-Braunstein.pdf, besucht am 28.06.2019.
Endres, Martin/Pichler, Axel/Zittel, Claus (2013): »»noch offen«. Prolegomena zu einer textkritischen Edition der ›Ästhetischen Theorie‹ Adornos«. In: editio 27, S. 173–204.
Endres, Martin/Pichler, Axel/Zittel, Claus (Hrsg.) (2017): Text/Kritik: Nietzsche und Adorno. Berlin/Boston: De Gruyter.
Frenzel, Ivo (1958): »[Artikel] Ästhetik«. In: Alwin Diemer/Ivo Frenzel (Hrsg.): Philosophie. Frankfurt am Main: Fischer, S. 35.

Frenzel, Ivo (1971): »Kunst ist die Welt noch einmal. Th. W. Adornos ›Ästhetische Theorie‹ fragmentarisch aus dem Nachlaß erschienen«. In: SZ, Buch und Zeit, 13./14. 3.1971

Günther, Joachim (1971): »Kunst als letztes Residuum von Metaphysik. Aus dem Nachlaß herausgegeben: Theodor W. Adornos ›Ästhetische Theorie‹«. In: Der Tagesspiegel, Literaturblatt, 28.03.1971, S. 57. (Auch in: Neue deutsche Hefte 18 (1971), S. 191–196).

Heise, Wolfgang (1972): »Rezension von Adorno: ›Ästhetische Theorie‹«. In: Referatedienst zur Literaturwissenschaft 4, S. 97–102.

Hinderer, Walter (1971): »Die Kraft des Widerstands. Theodor W. Adornos ›Summa Aesthetica‹«. In: DIE ZEIT, 24.09.1971.

Höck, Wilhelm (1971): »Theodor W. Adorno: Ästhetische Theorie«. In: Bayrische Staatszeitung, 26.11.1971.

Oppens, Kurt (1971): »Adornos Kunstphilosophie«. In: Merkur 25, S. 802–805.

Plessner, Helmuth (1972): »Zum Verständnis der ästhetischen Theorie Adornos«. In: Philosophische Perspektiven. Ein Jahrbuch 4, S. 126–136.

Puder, Martin (1971): »Zur Ästhetischen Theorie Adornos«. In: Neue Rundschau 82, S. 465–477.

Quent, Marcus/Lindner, Eckardt (Hrsg.) (2014): Das Versprechen der Kunst. Aktuelle Zugänge zu Adornos Ästhetischer Theorie. Wien: Turia + Kant.

Redeker, Horst (1972): »Theodor W. Adorno: Ästhetische Theorie«. In: Deutsche Zeitschrift für Philosophie 20, 7, S. 928–932.

Scheible, Hartmut (1972a): »Wie Adorno zu lesen sei. Die ›Ästhetische Theorie‹: Rezensionen und andere Mißverständnisse«. In: Frankfurter Rundschau, 01.07.1972, Beilage Zeit und Bild, S. VIII.

Scheible, Hartmut (1972b): »Sehnsüchtige Negation. Zur Ästhetischen Theorie Adornos«. In: Protokolle. Wiener Halbjahresschrift für Literatur, bildende Kunst und Musik 2, S. 67–92.

Vollmann, Rolf (1970): »Der Augenaufschlag des Rätsels. Zu Adornos nachgelassener Ästhetik«. In: Literaturblatt Stuttgarter Zeitung, 21.11.1970.

Christian Benne
Aesthetica in nuce: Adornos Beckett

Eine »ästhetische Theorie« Adornos existiert als postum zusammengestelltes, aus editorischer Sicht problematisches, obgleich mit Recht wirkungsmächtiges Buch; mittlerweile gibt es auch die ihm vorausgehenden Vorlesungen im Druck. Eine Vielzahl weiterer Handschriften und Typoskripte können ebenso auf die 1970 erstmals bei Suhrkamp erschienene *Ästhetische Theorie* bezogen werden. Diese Theorie umfasst jedoch mindestens zwei weitere Bereiche, die in diesem Zusammenhang unbedingt mitzudenken sind. Zum einen verweist sie auf einen umfassenden Anspruch, der im Grunde nie einlösbar ist, weil er das gesamte Schaffen Adornos berührt und erst legitimiert wäre, wenn die ästhetische Theorie selbst, gut marxistisch gedacht, zu einer Praxis würde. Zum anderen sind zahlreiche Einzelschriften ebenfalls als Fragmente einer nie vollendbaren ästhetischen Theorie und Praxis zu werten: die musikphilosophischen Schriften vor allem, aber auch die Essays zu literarischen Themen. Unter diesen nimmt der »Versuch, das ›Endspiel‹ zu verstehen« aus dem Jahr 1961 eine Sonderrolle ein. Er repräsentiert Adornos Ästhetik *in nuce* und in eben doch vorläufig abgeschlossener Form. An ihm lässt sich studieren, warum Ästhetik für Adorno noch, anders als heute, eine zentrale Disziplin der Philosophie sein musste.

Mit seiner Widmung an Beckett, wie sie auch für die *Ästhetische Theorie* geplant war, unterstrich Adorno diese Rolle seines Essays über Samuel Becketts wenige Jahre zuvor uraufgeführtes Stück, das von allen Stücken des Nobelpreisträgers von 1969 (Adornos Todesjahr) noch heute dasjenige ist, das die meisten Regisseure, Zuschauer und Leser fasziniert. Becketts Werk war für Adorno Inbegriff einer Kunst auf der Höhe der Zeit und damit der philosophisch einzig mögliche Weg zu einem atonalen Denken, dem die Auseinandersetzung mit der Kunst Sauerstoff war, weil sie in bestimmten Erscheinungsformen als bessere bzw. einzig noch mögliche Philosophie erschien. Beckett diente Adorno deshalb nicht als simple Illustration, sondern als künstlerisches Vorbild, an dem sich sein Denken gestaltend herausbildete.

Sich auf Beckett zu berufen bedeutete für Adorno, weit über den Rahmen ästhetischer Diskussionen hinaus, eine Position zu besetzen, die sich jenseits der beiden dominierenden philosophischen Schulen befand, die ihre eigenen Konturen ebenfalls an literarischen Exempeln schärfte: gegenüber Heidegger und seinen konservativen Gefolgsleuten und gegenüber dem Diamat realsozialistischer Prägung bzw. den Anhängern von Georg Lukács im Westen. Beiden Lagern galt der ehemalige Sekretär von James Joyce und nun auf Französisch schreibende irische Radikalmodernist als gleichermaßen suspekt. Adornos Auseinandersetzung mit ihnen bezeichnete zugleich die großen gesellschaftspolitischen Trennungslinien der Zeit. Die Auseinandersetzung über Kunst und Ästhetik – ideologisch aufgeladen im Westen wie im Osten – war kein Nebenkriegsschauplatz, sondern die Frontlinie. Denn anhand der Kunst – insbesondere der Literatur – traten die ideologischen Implikationen der jeweiligen Philosophien offen zutage; hier zeigte sich ihr weltanschaulicher Zusammenhang.

Die vor wenigen Jahren publizierte Ästhetik-Vorlesung aus dem akademischen Jahr 1958/59 ist in dieser Hinsicht expliziter und aufschlussreicher als die fragmentarische *Ästhetische Theorie* von 1970, in der eindeutige und zeithistorisch zuordenbare Bezüge bereits bis zur Unkenntlichkeit sublimiert worden sind. Anders als das spätere Buch, in dem viele Reflexionen implizit auf die Musik gemünzt sind oder von ihr ausgehen, stellte die Vorlesung viel stärker die Literatur ins Zentrum der Überlegungen. Adorno betont hier u. a. die Nähe der Literatur zum Begriff – und damit zum Denken – durch die vermittelnde Natur der Sprache, die sprachliche Kunstwerke nie vollständig in der Anschauung aufgehen lässt (NL 4/3, S. 298). Aus diesem Grund wächst freilich auch die Gefahr ihrer Instrumentalisierung durch die Identifikation mit dem Begriff und damit der instrumentellen Vernunft – darauf beruht Adornos Privilegierung des Nichtidentischen. Das Kunstwerk kann paradoxerweise erst dort eine Funktion haben, wo es keinen Zweck erfüllt (NL 4/3, S. 191). Es muss deshalb sowohl autonom als auch in die Gesellschaft eingebettet sein. Sein Wahrheitsgehalt ist weder die Entbergung eines Seins noch die bloße Widerspiegelung oder Antithese zur herrschenden Gesellschaftsordnung.

Die Vorlesung macht deutlich, wie stark Adornos Auffassung von der Totalität des Kunstwerks als Totalität aus (antagonistischen) Widersprüchen Heideggers »vorgeordneter Einheit« entgegengesetzt ist: das Kunstwerk sei hingegen ein »Prozeß«, dessen Einheit sich erst dialektisch erzeuge (NL 4/3, S. 225).[1] Seine dialektische »Logik« bezieht sich auf die interne Dialektik von Form und Inhalt in ihren soziohistorischen Bezügen, nicht darauf, »was sozusagen dahintersteckt« (NL 4/3, S. 199). Damit ist nicht nur das Ungreifbare des Seins gemeint, sondern auch die aus Ador-

---

1 Siehe dazu auch ÄT, GS 7, S. 479: »Kunstwerke stellen die Widersprüche als Ganzes, den antagonistischen Zustand als Totalität vor.«

nos Sicht undialektische Gesinnungsästhetik des östlichen sozialistischen Realismus oder der platten politischen Botschaften seiner Parteigänger im Westen.[2] Mit dem sozialistischen Realismus hat die Kunstauffassung Heideggers aus Adornos Sicht die Affirmation gemeinsam, die er wohl in gewisser Weise als Tradition der spekulativen Identitätsphilosophie auffasst. Dass der Geist sich im Kunstwerk objektiviert, darf aber nicht als Abspiegelung aufgefasst werden, schon gar nicht als »Abspiegelung eines darin sich mitteilenden subjektiven Gehalts« (NL 4/3, S. 337). Noch in Hegels vermeintlichem Objektivismus verstecke sich das transzendentale kantische Subjekt, aus dem Adorno nicht länger das Schöne bestimmen will,[3] weil es verschleiert, wie weit es selber schon von den Verhältnissen und den Objekten mitgeprägt wird, zu denen es sich verhält.

Um den dominierenden Narrativen etwas entgegenzusetzen, benötigte Adorno nun das konkrete Beispiel eines künstlerischen Ausdrucks, dessen Totalität »einer der Unmittelbarkeit der schlechten und fragwürdigen Existenz« (NL 4/3, S. 195) enthebe und der zugleich einer so starken Eigenlogik gehorcht, dass es keiner eindeutigen Funktion untersteht. Bei aller Kritik gegenüber einer der instrumentellen Vernunft gehorchenden Moderne darf es sich allerdings nicht mit dem alten metaphysischen Subjekt begnügen, das sich zwar emphatisch gegen die instrumentelle Vernunft aufzulehnen scheint, aber in Wahrheit nur die als Subjekt verkleidete Identität darstellt – sei es als der einsame Held des Existentialismus, sei es als proletarisches Kollektivsubjekt des Histomat. Nichts ist aus kritischer Sicht affirmierbar außer der Negation. Sie dringt nicht auf Versöhnung wie ein tonales Prinzip, das so tut, als seien Harmonien redlicherweise noch möglich.[4] Das Beispiel, das all diesen Anforderungen genügte, fand Adorno bei Samuel Beckett.

Im Frühjahr 1958 hatte Adorno in Wien eine Aufführung des *Endspiels* erlebt, die für ihn zum Schlüsselerlebnis wurde, weil sie die Möglichkeit zur ästhetischen Begründung der eigenen kritischen Position eröffnete. Gewiss war Beckett für Adorno auch vorbildhaft als Kosmopolit, dessen persönlicher asketischer Habitus zudem seiner antihedonistischen Kunstem-

---

[2] Vgl. auch ÄT, GS 7, S. 379, hier sogar explizit gegen Sartre gerichtet (während sonst meist Lukács gemeint ist).
[3] Siehe u. a. die wichtige Vorlesung vom 27.1.1959, NL 4/3, S. 263.
[4] »Kunst hat keine allgemeinen Gesetze, wohl aber gelten in jeder ihrer Phasen objektiv verbindliche Verbote. Sie strahlen aus von kanonischen Werken. Ihre Existenz gebietet sogleich, was von nun an nicht mehr möglich sei.« (ÄT, GS 7, S. 456)

phase entsprach (NL 4/3, S. 197). Stolz berichtet er in einer Vorlesung vom 4. Dezember von einer Begegnung mit dem Dichter. Dieser habe ihm gesagt, dass es in der Kunst der Gegenwart darum gehen müsse, »das zum Ausdruck zu bringen, was an den Menschen ohnmächtig und unterdrückt ist, und nicht die Kraft und Herrlichkeit, mit der sich, jedenfalls an der Oberfläche, die offizielle und offiziell anerkannte Kunst im allgemeinen beschäftigt hat« (NL 4/3, S. 89). Die Kunst gebe eine Stimme demjenigen, das durch Fortschritt und »Naturbeherrschung« verstummt sei. Sein (gegen die Illusion des Subjekts gerichteter) Ausdruck radikaler (statt metaphysischer) Subjektivität zieht alle Register der Verfremdung[5] und Provokation. Bei Beckett, so Adorno in der Vorlesung, kommen »fast ausschließlich abstoßende Dinge« vor, »primitivste Körperfunktionen, physische Defekte, halbe Verwesung, Schwachsinn«; das Ästhetische liege dergestalt just »in der Kraft, eben jenen äußersten Erfahrungen standzuhalten, ohne sie zuzuschminken« (NL 4/3, S. 174; vgl. ebd., S. 460, Anm. 394).

Ein Spiel ist das *Endspiel* folglich nicht mehr im Sinne Schillers, sondern allenfalls als negative Bestimmung.[6] In einer zentralen – vielleicht der wichtigsten – Passage der *Ästhetischen Theorie* charakterisiert Adorno das *Endspiel* durch seine »Negation von Inhalt«, die die »bestimmte Negation seines Inhalts [...] zum Formprinzip« erhebt. Kunst sei weder Versöhnung mit der Wirklichkeit oder Versöhnung mit dem »realistischen Trug«, die sich mit »ihrer eigenen Existenz« selbst nur dadurch versöhnen könne, »daß sie die eigene Scheinhaftigkeit, ihren inwendigen Hohlraum nach außen kehrt« (ÄT, GS 7, S. 371). Soziale Kritik kann sich deshalb nur noch in der Form manifestieren, als Inhaltsästhetik wäre sie bereits über das Ziel hinausgeschossen, direkt in die Arme eines hegelsches Banausentums (ÄT, GS 7, S. 371, S. 526). Umgekehrt disqualifiziert sich die »Harmlosigkeit der Form«, sie steht der inhaltlich bestimmten Ideologie nahe. Becketts Werk erteile ihr »die furchtbare Antwort« (ÄT, GS 7, S. 371). Das Fazit lautet entsprechend: »Die Negativität des Subjekts als wahre Gestalt von

---

[5] NL 4/3, S. 128: Beckett wird hier in einem Atemzug mit Brecht als »Künstler der Verfremdungstechnik« genannt.
[6] »Spiel ist im Begriff der Kunst das Moment, wodurch sie unmittelbar über die Unmittelbarkeit der Praxis und ihrer Zwecke sich erhebt. Es ist aber zugleich nach rückwärts gestaut, in die Kindheit, wo nicht die Tierheit. Im Spiel regrediert die Kunst, durch ihre Absage an die Zweckrationalität, zugleich hinter diese. [...] Nur wo Spiel des eigenen Grauens innewird, wie bei Beckett, partizipiert es in Kunst irgend an einer Versöhnung. Ist Kunst so wenig ganz ohne Spiel denkbar wie ganz ohne Wiederholung, so vermag sie doch den furchtbaren Rest in sich als negativ zu bestimmen.« (ÄT, GS 7, S. 469f.)

Objektivität kann nur in radikal subjektiver Gestaltung, nicht in der Supposition vermeintlich höherer Objektivität sich darstellen.« (ÄT, GS 7, S. 370) Der daran anschließende Satz enthüllt, wie wichtig Beckett für Adorno war, um sich, bei aller primären Feindschaft gegen die Heideggerianer, von einer vulgärmarxistischen Orthodoxie abzusetzen, mit der er keinesfalls verwechselt werden wollte: »Die kindisch-blutigen Clownsfratzen, zu denen bei Beckett das Subjekt sich desintegriert, sind die historische Wahrheit über es; kindisch ist der sozialistische Realismus.« (ÄT, GS 7, S. 370)

Das *Endspiel* inszeniert die »Endgeschichte des Subjekts« besser als jede nur philosophische Behauptung: Hamm symbolisiert den spätestens seit dem Idealismus zum Gott erhobenen schöpferischen Menschen, der sich im Interieur »verschanzt« hat, als »Tyrann in seinen letzten Tagen« (NzL, GS 11, S. 316). Mit Becketts Hilfe will Adorno drei wohlfeile und bequeme Reaktionen auf die Abschaffung des Subjekts bekämpfen. Einerseits die völlige Naturalisierung der Welt und des Bewusstseins, den Positivismus. Andererseits das Aufgehen des Subjekts in der Fundamentalontologie. Schließlich (und im Beckett-Essay in erster Linie) polemisiert er gegen die vermeintliche Ehrenrettung des Subjekts im Existentialismus, der noch nicht weiß, was die Stunde schlug und in seiner Individualitätsemphase den Idealismus konserviert, den zu bekämpfen er vorgibt. In diesem Sinne kann Adorno behaupten: »Das Elend der Teilnehmer am Endspiel ist das der Philosophie.« (NzL, GS 11, S. 295) Es ist das Elend von Figuren, bei denen man vergeblich nach Strängen sucht, obwohl sie sich wie Marionetten bewegen. Wenn Beckett den Existentialismus vom Kopf auf die Füße stelle (NzL, GS 11, S. 294), so ist damit nicht nur die materialistische Austreibung des Idealismus gemeint, sondern die Freilegung des Grauens, das mit der Idee des Absurden gemeint war.

Der »Versuch, das ›Endspiel‹ zu verstehen« beginnt mit einer Absetzung vom »Pariser Existentialismus«. Gegen diesen war Adorno schon allein wegen der genealogischen Verbindung zu Heidegger allergisch. Literatur verkomme bei Sartre zu bloßen »Thesenstücken«, bei Beckett dagegen sei Absurdität »keine zur Idee verdünnte und dann bebilderte Befindlichkeit des Daseins mehr«. Wo der literarische Existentialismus die epigonale Illustration heideggerscher Philosopheme darstellt, liegen seine Gemeinsamkeiten mit Becketts Werk nur an Oberfläche; sie gehören zu dem »Kulturmüll«, den Beckett gleich unzähliger anderer Anspielungen aufbietet, um ihn zu diskreditieren (im Sinne der avantgardistischen Techniken von Joyce bis T. S. Eliot). Adorno liest Beckett als Anwalt der

»Sachlichkeit«, der sich auch in intellektueller Hinsicht gegen das »Gekröse von Jugendstilornamenten« wendet (NzL, GS 11, S. 281). Das *Endspiel* ist schon deshalb kein *reines* Kunstwerk, weil seine Reflexion die Idee oder Ideologie der »Einheit von Erscheinendem und Gemeintem« als Illusion entlarvt. Die ästhetischen Vorlieben Adornos sind also begründet in einer philosophischen Aufwertung des Kunstwerkes, das nicht mehr Objekt, sondern Subjekt der Reflexion ist, die Subjektivität dabei aber auflösend infrage stellt. Das hat Konsequenzen für den Begriff der Kunst selbst. Erst jetzt ist sie wahrhaftig moderne Kunst, kaum hat sie noch etwas gemein mit dem Kunstbegriff früher Epochen. Die »tellurische Teilkatastrophe« im *Endspiel* habe »der Kunst ihr Konstituens, ihre Genese zerschlagen«. Es gibt, so ist Adorno hier zu lesen, keinen Metastandpunkt mehr gegenüber der Katastrophe, auch die Kunst kann sich aus ihr nicht in die Sicherheit der Kontemplation zurückziehen (ÄT, GS 7, S. 371).

So ist denn die Anwesenheit von Gedanken auch kein Kriterium ästhetischer Güte – im Gegenteil nimmt Adorno die Autonomie des Kunstwerkes ernster als jeder denkbare Vertreter des *l'art pour l'art*. In dem Moment aber, so Adornos geschichtsphilosophische Deutung, da das Drama keinen vorgängigen metaphysischen Gehalt mehr darstellt, kollabiert auch der Sinn seiner Form, die (zumindest nach idealistischer Auffassung) durch ihn bestimmt war. Dem Formzerfall begegne Beckett nun mit einer »eigene[n] organisierte[n] Sinnlosigkeit«, die dem »Wahrheitsgehalt von Dramatik« jenseits philosophischer Instrumentalisierungen Rechnung trägt (NzL, GS 11, S. 283). Der Schlüsselbegriff ist Parodie: Beckett parodiere die Philosophie wie die Formen des herkömmlichen Dramas, er parodiere nicht zuletzt den Existentialismus selbst (NzL, GS 11, S. 284).[7]

Daraus folgt die Aussichtslosigkeit bzw. Unzulässigkeit dreier Strategien für den Umgang mit dem *Endspiel*: die philosophische Instrumentalisierung, die bloße literaturhistorische Einordnung (und damit philosophische Entschärfung), die Ablehnung oder Anklage, wie sie etwa in Lukács Formalismusvorwurf gegen die spätbürgerliche Dekadenz steckt (und die dadurch ja im Grund auch Teil einer politischen Instrumentalisierung wird).

Als Kritik lief Adornos eigene Lektüre freilich Gefahr, dass sie sich in der Kritik selbst erschöpfte – und Becketts Stück dergestalt doch zum Vehikel eines philosophischen Richtungsstreits reduzierte, an dem er so

---

[7] Vgl. ferner NzL, GS 11, S. 302: »Emphatisch heißt Parodie die Verwendung von Formen im Zeitalter ihrer Unmöglichkeit.«

offensichtlich teilnahm. Es soll nun gezeigt werden, inwiefern Adorno dieser Paradoxie zu entkommen versuchte, nämlich buchstäblich in der Form eines Versuchs.

In Adornos Durchgang des Stückes mangelt es nicht an charakteristischen *dicta*: »Im Endspiel entfaltet sich ein historischer Augenblick, die Erfahrung [...] Nach dem Zweiten Krieg ist alles, auch die auferstandene Kultur zerstört, ohne es zu wissen; die Menschheit vegetiert kriechend fort nach Vorgängen, welche eigentlich auch die Überlebenden nicht überleben können, auf einem Trümmerhaufen, dem es noch die Selbstbesinnung auf die eigene Zerschlagenheit verschlagen hat.« (NzL, GS 11, S. 284f.) Die angeführten Belegstellen sprechen indes keineswegs eine eindeutige Sprache. Beckett lässt bewusst offen, nach oder vor welcher Katastrophe das Stück spielt. Das weiß auch Adorno. Seine kontextualisierende Vereindeutigung ist einmal mehr gegen eine letztlich von Heidegger inspirierte Hermeneutik gerichtet, die sich bei der Beschäftigung mit hoher Dichtung nicht die Hände mit Details schmutzig machen will: etwa mit dem Atomzeitalter oder der Ermordung der europäischen Juden, um die zwei bedeutendsten Themen zu nennen, an denen die gesammelten zeitgenössischen Geisteswissenschaften aus Adornos Sicht schamlos vorbeiforschen.[8] Gegen Heidegger heißt es: »Die negative Ontologie ist die Negation von Ontologie: Geschichte allein hat gezeigt, was die mythische Gewalt des Zeitlosen sich aneignete.« (NzL, GS 11, S. 319)[9]

Mit Beckett treibt Adorno die mystifizierende Deutung aus der Dichtung aus. Wo Heidegger sich bevorzugt Texten widmet, die eindeutig in einer konkreten Landschaft lokalisiert sind (»Der Ister«), um aus dem scheinbar erdverbundenen Wort dann aber das schlechthinnige Sein zu extrapolieren, sucht sich Adorno ein offenes und bewusst unterspezifiziertes Gebilde heraus, das er nicht auf die Seinsgeschichte, sondern auf die von Heidegger verachtete Historie bezieht. Der Existentialismus steht aus seiner Sicht auch dort in fataler Heidegger-Nachfolge, wo er historisch nicht leistet, was er großspurig angekündigt hatte. Er verschreibt sich der Existenz bloß dem Begriff nach und streiche in Wahrheit das »in Raum und

---

8 »Der natürliche Zusammenhang des Lebendigen ist zum organischen Abfall geworden. Unwiderruflich haben die Nationalsozialisten das Tabu des Greisenalters umgestoßen. Becketts Mülleimer sind Embleme der nach Auschwitz wiederaufgebauten Kultur.« (NzL, GS 11, S. 311)
9 Siehe auch S. 287: »Ontologie kommt nach Hause als Pathogenese des falschen Lebens.«

Zeit Individuierte« durch (NzL, GS 11, S. 287). Beckett dagegen zeige, was eine solipsistische Existenz gemein hat mit dem »Abstraktismus, der es zur Erfahrung nicht mehr bringt« (NzL, GS 11, S. 287)[10]. Das bedeutet freilich das Gegenteil einer Konkretisation von Ungeschichtlichem – »eben dieser Usus der existentialistischen Dramatiker ist so kunstfremd wie philosophisch rückständig« (NzL, GS 11, S. 319).

Dabei liegt Adorno freilich nichts ferner, als Beckett zum »politischen Kronzeugen« zu machen (NzL, GS 11, S. 289). Die undialektische Direktheit von Sartres *littérature engagée* musste ihm als Kurzschluss des phänomenologischen Verstrickungszusammenhangs erscheinen. Becketts Kunst gehorcht subtileren Gesetzen: »Die protestlose Darstellung allgegenwärtiger Regression protestiert gegen eine Verfassung der Welt, die so willfährig dem Gesetz von Regression gehorcht, daß sie eigentlich schon über keinen Gegenbegriff mehr verfügt, der jener vorzuhalten wäre.« (NzL, GS 11, S. 289)[11] Das ist ein Gratgang auf dem schmalen Steg zwischen politischer Propagandaliteratur und angeblich unpolitischer Verherrlichung des Einzelnen, wie ihn bestimmte Spielarten des Existentialismus pflegen. Dieser Einzelne sei nun aber »als geschichtliche Kategorie« überholt – Adorno erkennt die falsche individualistische Position, aller kundgetanen Subjektfeindschaft zum Trotz, als Subtext schon von *Sein und Zeit*: »Becketts Dramatik verläßt sie wie einen altmodischen Bunker.« (NzL, GS 11, S. 291) Das Bild ist schief – warum sollte man einen Bunker der Mode wegen verlassen? –, doch gemeint ist wohl eine geistige Bunkermentalität, die außerhalb ihrer selbst nur noch Bedrohung sieht. Dabei soll nicht die Individuation selbst, sondern nur die Ideologie ihrer Unmittelbarkeit abgestritten werden. »Einzelmenschliche Erfahrung« sei vermittelt und bedingt – absolute Autonomie werde in ihrer Unglaubwürdigkeit vorgeführt (NzL, GS 11, S. 291). In seiner Lektüre des *Endspiels* gräbt er deshalb tiefer und verweist nicht nur auf die Katastrophen des Krieges, der Judenvernichtung oder der Atombombe, sondern auch auf die beklemmenden Szenen, die gleichsam aus einem beliebigen »Familienalltag« (NzL, GS 11, S. 297) zu stammen scheinen.

---

10 Auf S. 290 dann einer der Sätze, die den Lesefluss erstarren lassen: »Kein Weinen schmilzt den Panzer, übrig ist nur das Gesicht, dem die Tränen versiegten.« (NzL, GS 11, S. 290)
11 Zur Ablehnung des östlichen bürokratischen Realsozialismus mit seiner Widerspiegelungstheorie und veralteten Subjektivitätskonzeption siehe z. B. auch NzL, GS 11, S. 291.

Aus dieser Konstellation erst ist das Dilemma zu verstehen, das eine philosophische Perspektive erzwingt, die ohne Rekurs auf Literatur nicht mehr auskommt. Becketts Werk ist die inkarnierte Antinomie, an der sich eine Philosophie als ästhetische Theorie zu bewähren hat. Philosophisch mag das absolute Subjekt nicht mehr haltbar sein, aber der Kunst sei zugleich »der Übergang in die verpflichtende Allgemeinheit gegenständlicher Realität verwehrt« (NzL, GS 11, S. 291). Anders als in wissenschaftlichen Erkenntnisformen gilt in der Kunst »nur das, was in den Stand von Subjektivität eingebracht, was dieser kommensurabel ist«; ein Überlaufen in die bloße »Dingwelt« käme ihrer Selbstnegierung gleich (NzL, GS 11, S. 291). Becketts Stück sei exemplarisch im Aushalten dieser Antinomie, anstatt sich ihr zu entziehen. Ein ›Endspiel‹ ist es auch darin, dass es die äußerste Konsequenz aus ihr zieht und eine »Zone der Indifferenz« inszeniert, die das Verhältnis von Stofflichkeit, Form und Subjektivität, von Innerem und Äußeren auf seine abstrakte Unmöglichkeit hin gestaltet. Die Zeichen, die scheinbar symbolisch auf eine Subjektivität verweisen, illustrieren in Wahrheit, dass diese nicht mehr existiert (NzL, GS 11, S. 292). Becketts Figuren benehmen sich »primitiv-behavioristisch«; sie sind »verstümmelt« in einer »zur Notdurft verhutzelten Welt.« Gleichwohl macht Becketts reflexiver Sinn der Sinnlosigkeit eine Form von ›Überwinterung‹ möglich, anstatt Innerlichkeit gänzlich preiszugeben oder eine Weltanschauung daraus zu stricken. Wenn Nichtidentität den »geschichtliche[n] Zerfall der Einheit des Subjekts« bedeutet, der zugleich hervortreten lässt, »was nicht selbst Subjekt ist« (NzL, GS 11, S. 293f.), dann kann allein Kunst, deren Bedingung subjektives Erleben ist, die Erinnerung an eine Komplexität wachhalten, die in Gefahr ist und vielleicht immer schon war.

Adorno spricht vom *Endspiel* freilich nicht allein als Dichtung, sondern als Kunst in umfassenderem Sinne, als atonaler Musik auch, die »Ausdruckscharaktere zusammenfügt, bis ihre Folge ein Gebilde eigenes Rechts wird« (NzL, GS 11, S. 297)[12]. Aber Becketts Material ist die Sprache, und genau deshalb ist die Literatur für die Philosophie am Ende doch näher und provozierender. »Sprachzerfall« (NzL, GS 11, S. 306) sieht Adorno als Anliegen künstlerischer Selbstthematisierung – die Zersetzung der Sprache

---

12 In diesem Rahmen kann Adorno auch die minimalistische Poetologie Becketts begründen. Freudianisch gesprochen macht sich das Unausgesprochene geltend und scheint an jeder Stelle durch: »Im Akt des Weglassens überlebt das Weggelassene als Vermiedenes wie in der atonalen Harmonik die Konsonanz.« (NzL, GS 11, S. 289). Zur musikalischen Komposition des Stückes siehe auch NzL, GS 11, S. 313.

lasse sich bis in Hamms Diktion nachweisen, der sich selber für einen Künstler hält (NzL, GS 11, S. 307f.). Die Kunst identifiziert und thematisiert auf diese Weise aber auch ein genuines Problem der Philosophie selbst, das ihr ureigenes Medium betrifft. Sie steht nicht außerhalb des Sprachzerfalls, sondern mitten in ihm, womöglich ist sie selber dieser Sprachzerfall. Das *Endspiel* zeigt der Philosophie deshalb am Ende, dass die Kritik nicht bei der Zertrümmerung stehen bleiben muss, ohne gleichzeitig affirmativ zu werden. Es ist der Weg der Kunst, der der Philosophie nur unter der Bedingung offensteht, dass sie sich nicht mit ihm identifiziert, sondern auch hier auf reflexiver Distanz besteht. Im Nachdenken über Literatur, die selber über Gesellschaft nachdenkt, lässt sich Philosophie als sprachliches Kunstwerk gestalten, ohne in die idealistische Falle des Schöpfersubjekts zu fallen. Die Logik des Gemachtseins des betrachten Werkes kann nur auf den verschlungenen Pfaden des gemachten Essays nachvollzogen werden. Auf diese Weise erhebt sich Adornos »Versuch« über den Status einer bloßen Position, die mit anderen streitet.

Diesen Weg deutet Adorno schon im Titel an: Als »Versuch« ist Adornos Text eine Form des Philosophierens, die er im berühmten Essay mit dem selbstreflexiven Titel »Der Essay als Form« analysiert hat. Dieser gehört zweifellos zum Kernbestand eines imaginären literaturphilosophischen Kanons nicht allein, weil hier ein philosophischer Text im Medium seiner selbst über das Problem seiner Verfasstheit nachdenkt, sondern weil die Ablehnung der Dichotomie von Wissenschaft und Kunst, die der Kunst den Part der Irrationalität zuweist, seine Prämisse ist. Der Essay ist für Adorno genau jene Form, die zwischen den Polen oszilliert und sie damit als Pole infrage stellt. Der Essay verwende Begriffe ohne als literarisches Genre zugleich auf einen idealistischen Schöpfungsmythos festgelegt zu sein, denn er verhält sich immer zu etwas außerhalb seiner selbst, nicht von ihm Hervorgebrachten. Gegen den Positivismus gerichtet ist die Auffassung, dass Begriffe durchaus nicht immer präzise definiert und unveränderlich sein müssen, gegen Heidegger der Einspruch der negativen Dialektik, derzufolge Philosophie dem Auseinanderfallen, nicht der Identität von Sein und Denken Rechnung tragen muss. Als Bewusstsein der Nichtidentität und Kritik am System und an der Methode versucht der Essay, die Kritik des Begriffs seit Kant, Hegel und Nietzsche ernst zu nehmen: in seinem Verlauf sind die Begriffe, derer er sich bedient, immer erst zu entwickeln. Die Gefahr, belegt durch die Geschichte des Essays, lauert für Adorno freilich im Ausnutzen der geistigen Freiheit, indem er es sich allzu leicht macht oder aber auf den bloßen marktgängigen Effekt schielt. Das

Gegenprogramm besteht in der Ablehnung jeglicher Didaktisierung: »Vertagung der Erkenntnis verhindert sie bloß« (NzL, GS 11, S. 23).

Der »Versuch, das Endspiel zu verstehen«, setzt dieses Programm in die Tat um. Die *Ästhetische Theorie* blieb Fragment nicht in inhaltlicher Hinsicht, sondern weil es Adorno nicht mehr gelang, sie in der ihr gemäßen essayistischen Form vorzulegen. Wo sich die Philosophie zur Unmittelbarkeit hingezogen fühlt – sei es ontologisch oder positivistisch – setzt Adorno auf die Vermittlung durch jene Kunst, deren Existenzbedingung die Vermittlung schlechthin ist: Sprachkunst. In der Sprache wird dem Denken selbst sein vermittelnder Charakter offenbar, umso mehr in der Beobachtung des sprachlichen Kunstwerks, als seine Beschreibung, die zugleich Reflexion auf sich selbst ist. Bei aller berechtigten, ja notwendigen Kritik an der Kritischen Theorie im allgemeinen und Adorno im Besonderen: hier kann man lernen, warum Literatur in der Philosophie immer dann auftaucht, wenn es um etwas geht.

Horst Bredekamp
Adornos *Ästhetische Theorie*

Zwei Zugänge

1 Lektüre 1: Nach 1970

Adorno hat wie vielleicht kein Zweiter dazu beigetragen, dass sich zumindest Teile der neomarxistischen Linken seit den 1970er Jahren nicht auf die Orthodoxie der DKP oder die militant autoritäre China- und Albanien-Euphorie der so genannten K-Gruppen einließen, und er hat es im Bereich der Philosophie verstanden, über die Musik eine Versöhnung von Ästhetik und Werkanalyse zu leisten. Zwischen beiden Bereichen bestand seit Walter Benjamins Aufruf zur »Politisierung der Kunst«, obwohl aus vollständig anderem historischen Rahmen formuliert, ein Zusammenhang (Benjamin 1963, S. 51). Die Ankündigung der *Ästhetischen Theorie* zog daher nicht nur erkenntnistheoretische, sondern auch politische Erwartungen auf sich. Ich habe dies in Marburg in jenem Klima erlebt, das Ulrich Raulff glänzend charakterisiert hat (vgl. Raulff 2014, S. 22) und an das ich mit Blick auf Martin Warnke und das kunsthistorische Element dieses ungeheuer produktiven Milieus auch meinerseits zu erinnern versucht habe (vgl. Bredekamp 2017).

Als der Suhrkamp Verlag bekannt gab, dass trotz des unfertigen Status dieses Opus eine Veröffentlichung möglich sei, war die Spannung beträchtlich. Als der Band im Jahr 1970 als Bd. 7 der *Gesammelten Schriften* herauskam, beeindruckte er bereits in seinem gewaltigen Umfang. Schon das erste Durchblättern zeigte, dass der Text vor allem durch die endlos langen Absätze wie ein erratischer Koloss daherkam, der den Gestus des letzten Wortes verstärkte. Der gegenüber der Titelseite in kleiner Schrift gedruckte Eintrag wirkte daher wie eingeschmuggelt: »Die aus dem Nachlass herausgegebene ›Ästhetische Theorie‹ wurde vom Autor nicht vollendet«. Das »Editorische Nachwort« dagegen verdeutlichte unmissverständlich, dass der gesamte Text von Adorno keinesfalls zur Veröffentlichung freigegeben worden wäre, und dass es einer »verzweifelten Anstrengung« bedurft hätte, aus ihm ein Gewicht zu machen, das »in die Waagschale zu werfen« gewesen wäre. (ÄT, GS 7, S. 538) Umso unverständlicher erschien es, dass das Textkorpus selbst geradezu schlackenlos in seiner unkommentierten Form erschien. Kein Hinweis verdeutlichte Auslassungen,

Einfügungen oder Alternativen. Dieses Opus war offenkundig aus der Genugtuung darüber erschienen, dass ein Text, dessen Existenz kaum mehr vermutet wurde, doch in einer voluminösen Form hatte gleichsam gerettet werden können. Die hermetische Form war offenkundig eine Art Overkill der Bedenken, ihn zu publizieren.

Das Buch machte zwar Furore, aber in die gespannte Wahrnehmung, die in Gesprächsrunden und Seminare mündete, mischte sich auch Skepsis. Sie entzündete sich zunächst daran, dass die durchaus kostspielige Ausgabe weder ein Begriffs- noch ein Namensregister enthielt. Es zeugt von der Intensität der Auseinandersetzung mit diesem Stoff, dass bald nach Erscheinen unabhängig vom Verlag an verschiedenen Orten Sach- und Personenregister erstellt wurden, die in vervielfältigter Weise zirkulierten. Mein Exemplar enthält ein auf mechanischer Grundlage verfasstes und deutliche Spuren der damals üblichen, mit Matrizen arbeitenden Produktionstechnik aufweisendes, insgesamt 22 Seiten umfassendes Register, dessen Herkunft sich jedoch nicht mehr erschließen lässt. Möglicherweise sind hier Bemühungen von Martin Warnke und Klaus Herding um ein Begriffs- und Personenregister eingeflossen (Freundl. Mitteilung von Martin Warnke, Juli 2019). In der zweiten Auflage der *Ästhetischen Theorie* wurde im Dezember 1971 ein Sachindex gedruckt. Er erschien mit der Vorbemerkung: »Neu ist das Begriffsregister, erarbeitet wurde es am Seminar für Vergleichende und Allgemeine Literaturwissenschaft an der Freien Universität Berlin im Zusammenhang mit einer Übung über die ›Ästhetische Theorie‹, die Peter Szondi noch im Sommersemester 1971 hielt. So inadäquat Adornoschen Texten ihre Verzettelung nach Stichwörtern ist, im Fall der dickichthaft verschlungenen ›Ästhetischen Theorie‹ dürfte das Register eine legitime Hilfe bieten.« (Adorno/Tiedemann 1971, S. 544) Helmut Dahmer hat in der Mitte der 1990er Jahren ein »Namenregister« zunächst zu seinem eigenen Gebrauch erstellt, das in der 6. Auflage der *Ästhetischen Theorie* von 1996 Aufnahme fand (vgl. Dahmer 1996, S. 571–577 [Freundl. Mitteilung von Helmut Dahmer, 11. Juli 2019]).

Das Zeugnis dieser unterschiedlichen Register ist sprechend genug. Meinem maschinenschriftlichen Exemplar liegt eine nicht weniger aufschlussreiche Einleitung bei, die mit dem Titel »Fürs Warburg-Archiv. Ein Nebenprodukt des Adorno-Seminars« überschrieben ist. Die Bemerkungen zu dem von »Abbild« bis »Zwölftontechnik« reichenden Sachregister beziehen sich darauf, dass Begriffe wie »Abstrakte Kunst«, »Kennerschaft«, »Neoklassizismus«, »Spätstil« und »Auschwitz« vermisst werden. Der Kommentar zum von »d'Alembert« bis »Zola« gehenden Personenverzeichnis endet mit der Feststellung: »Eine Merkwürdigkeit ist die Alliteration: Beckett, Benjamin und Beethoven, Schönberg und Strindberg (und nicht nur sie) nennt Adorno gern zusammen – was unterstreicht, dass die ›Ästhetische Theorie‹ auch als ›Ästhetische Poesie‹ zu lesen ist (weit mehr als Peter Weiss' *Ästhetik des Widerstands*).« Der Anlass dieses Textes war, wie es seine Überschrift aussagt, eine Erfassung jener Textstellen der »Ästhetischen Theorie«, die auf den Seiten 15, 219 und 526 den Kunsthistoriker Aby Warburg erwähnen. Damit zeugt er vom Versuch, dem Hamburger Impuls der Kulturwissenschaftlichen Bibliothek Warburg nachzugehen, den Wolfgang Kemp in seiner Untersuchung über das Verhältnis Walter Benjamins zum Warburg-Kreis grundlegend erschlossen hat. Sie wurde in den von Hans-Joachim Kunst, Franz-Joachim Verspohl und mir selbst initiierten und auch mitherausgegebenen »*Kritischen Berichten*« publiziert.[1] Hierin lag die erste kunsthistorische Frucht, die von Adornos Ästhetik ausging.

2 Lektüre 2: nach 2000

Als ich eingeladen war, die Frankfurter-Adorno Vorlesung des Jahres 2007 wahrzunehmen, um Grundzüge meiner »Theorie des Bildakts« vorzustellen, habe ich mich ein zweites Mal ausgiebig mit Adornos *Ästhetischer Theorie* beschäftigt. Meine Überzeugung, dass im Wechselspiel mit der konstruktiven Perzeption des Betrachters in der Form des Werkes latent eine eigene Physis der Aktivierung angelegt ist, fand ich in unterschiedlichen Zusammenhängen bestätigt. Hierzu gehörte die zentrale Aussage, dass sich Kunst nicht in der Anschaulichkeit seitens des Betrachters erschöpfe, sondern vielmehr als materialisierte Form über jenen dialektischen »Dingcharakter« verfüge, der eine »Resultante im Kräftespiels im Werk« sei. Kunst, so heißt es in diesem Zusammenhang, »denkt selbst« (ÄT, GS 7, S. 152f.). So erhellend wie bestätigend ich diese monadologische Bestimmung der Kunst empfand, so blieb dennoch der Eindruck, dass deren Folgen in der *Ästhetischen Theorie* nicht in der Form selbst nachgegangen worden sei. Die Tragik der philosophischen Ästhetik, die im Kunstwerk

---

[1] Es handelt sich um das »Mitteilungsorgan des Ulmer Vereins für Kunstwissenschaft«, dem 1965 gegründeten kunsthistorischen Reformorganisation (Hrsg. v. Hans-Joachim Kunst; ab Jg. 3 mit Horst Bredekamp und Franz-Joachim Verspohl): Kemp 1973; Kemp 1975.

vollzogene Sinnlichkeit der Idee zu behaupten und zu begründen, nicht aber intrinsisch auszuweisen, schien mir in Adornos *Ästhetischer Theorie*, die doch mit der Erwartung verbunden war, diese Kluft zu überbrücken, nicht überwunden.

Umso größer war die Überraschung, als im Jahr 2009 jene Vorlesung erschien, in der Adorno seine ›Ästhetische Theorie‹ dem Frankfurter Publikum zwölf Jahre zuvor entfaltet hatte. Sie enthielten Ausführungen, die stärker, als ich es jemals hätte vermuten können, meinen Versuch zum Bildakt in wesentlichen Zügen entsprachen. Hierzu gehörte die Aussage, dass ein Kunstwerk, das den Namen verdiene, »in sich ein Kraftfeld« sei, das »unter den Augen gewissermaßen lebendig wird« (NL 4/3, S. 168). Wie eine Vorwegnahme der Kritik am radikalen Konstruktivismus erschien mir die Feststellung, dass »das Kunstwerk seine Qualität an sich selbst hat und nicht in der Relation auf einen wie immer gearteten Betrachter« (NL 4/3, S. 248). Das Kunstwerk sei »als ein in sich Lebendiges zu erfahren« (NL 4/3, S. 269f.); nicht das Leben des Betrachters, sondern das des Kunstwerks gäbe den Rahmen und den Rhythmus der Erfahrung vor. Adornos wie eine Blaupause der Lehre des Bildakts wirkende Argumentation steigerte sich zur Feststellung, »daß man das Kunstwerk mitvollzieht, indem man in dem Kunstwerk darin ist, daß man – wie man es ganz schlicht nennen mag – darin lebt« (NL 4/3, S. 188). Es käme darauf an, dass der Mensch »in dem Puls, in dem Rhythmus des eigenen Lebens ganz und gar eins wird mit dem Leben des Kunstwerks« (NL 4/3, S. 169). Eine Fülle weiterer Bestimmungen des Phänomens der Pseudolebendigkeit des Kunstwerks durchzieht die gesamte Vorlesung (Bredekamp 2010, S. 323f.; vgl. Bredekamp 2018, S. 316f.). Dieses Vertrauen in die autonome Kraft der in sich komplexen Form war zudem in einer Sprache entwickelt, die sich von der Hermetik der »Ästhetik« unterscheidet.

Die angekündigte textkritische Edition ausgewählter Typoskripte erzeugt vor diesem Hintergrund eine eigene Spannung. Es könnte sich erweisen, dass sie gegenüber deren Erstdruck des Jahres 1970 stärker an die Lebendigkeit der Vorlesung von 1958/59 anknüpft, als es bislang erfahrbar war. Möglicherweise, und hierin liegt die weitere Erwartung, ereignet sich ein Text, der heute, in der Zeit zunehmender Linearität des Denkens, in der die Formen der inneren Komplexität und des Widersinns auf Unverständnis oder gar Widerwillen stoßen, stärker in die »Waagschale« zu werfen ist, als es Adorno zu Lebzeiten erhoffte.

Literaturverzeichnis

Adorno, Gretel/Tiedemann, Rolf (1971): »Editorisches Nachwort zur zweiten Auflage (Dezember 1971)«. In: GS 7. 2. Aufl. Frankfurt am Main: Suhrkamp, S. 544.
Benjamin, Walter (1963): Das Kunstwerk im Zeitalter seiner technischen Reproduzierbarkeit. Frankfurt am Main: Suhrkamp.
Bredekamp, Horst (2010): Theorie des Bildakts. Berlin: Suhrkamp.
Bredekamp, Horst (2017): Marburg als geistige Lebensform. Versuch über Martin Warnke aus Anlass seines achtzigsten Geburtstages am 12. Oktober 2017. Göttingen: Ulrich Keicher.
Bredekamp, Horst (2018): Der Bildakt. 2. Aufl. Berlin: Klaus Wagenbach.
Dahmer, Helmut (1996): »Namenregister«. In: Theodor W. Adorno (1996): Ästhetische Theorie. 6. Aufl. Frankfurt am Main: Suhrkamp, S. 571–577.
Kemp, Wolfgang (1973): »Walter Benjamin und die Kunstwissenschaft. Teil 1: Fernbilder. Benjamin und Aby Warburg«. In: Kritische Berichte. Bd. 3, Nr. 3, S. 30–50.
Kemp, Wolfgang (1975): »Walter Benjamin und die Kunstwissenschaft. Teil 2: Benjamin und Aby Warburg«. In: Kritische Berichte. Bd. 3, Nr. 1, S. 5–25.
Raulff, Ulrich (2014): Wiedersehen mit den Siebzigern. Die wilden Jahre des Lesens. Stuttgart: Klett-Cotta.

Bazon Brock
Die *Ästhetische Theorie* ist ein Kunstwerk und nicht Wissenschaftsgetue

Abb. 1: Denkerei mobil auf Rügen, im Thesenwitz manchmal patzig

Das Werk spricht mich an, es öffnet mir die Augen; ich werde augenblicklich meines Interesses gewahr, ihm konfrontiert zu bleiben, denn dieses vom Werk geweckte Interesse führt mich zu den Konstellationen und Beziehungsgeweben, die meine Lebenswelt ausmachen! Mein Interesse bindet das Werk an seine mögliche Wirkung als Gegebenheit für die Erfahrung von Welt. Ich fühle mich vom Werk erkannt und beginne, mit ihm zu leben wie mit anderem Leben, mit Artefakten und der Natur, als die wir vorkommen.

Endlich eröffnet sich die Chance, Adorno in seinem Selbstverständnis als Künstler ernst zu nehmen. Die Edition des »bloßen« Arbeitsmaterials im Zustand letzter Stunde erschließt Einsicht in Adornos künstlerisches Potential und in seine ästhetischen Vorgehensweisen.

Er schrieb ja keine Theorie des Ästhetischen, sondern demonstrierte die ästhetische Hervorbringung von Theorie. Theorie als Gattungsname wie Lyrik, Essay, Drama, Roman. Theorie schreiben, wie man Gedichte oder Romane schreibt. Wie man Historiografie betreibt.

Als 1906 Mommsen, der Wissenschaftsheroe der Geschichtsschreibung schlechthin, den Nobelpreis für Literatur erhielt, waren die Juroren weiter als die heutigen: Sie wussten, dass zu schreiben, also literarisch tätig zu sein, auch erstrangig für Historiker ist. Seit augusteischen Zeiten bekannte man *ut pictura poesis*, dass also jede Art des Ausdrucks, der Darstellung, der Veröffentlichung schon Erkenntnischarakter habe. Mit Adornos Worten »Die Unablösbarkeit der Darstellung vom Dargestellten« wird die Darstellung, das Ästhetische also, selber zum wesentlichen Faktor der Erkenntnisstiftung.

Nach Adornos Abschied wollte man, Gretel und Rolf waren ja keine Künstler, die *Ästhetische Theorie* doch lieber gewohnheitsgemäß als eine Theorie des Ästhetischen erscheinen lassen. Herauskam eine Stapelordnung gefällter Baumstämme, die man als Wald auszugeben verpflichtet schien. Ich nannte das vor Jahrzehnten »Oberförsterei eines Wissenschaftsideals« oder »Oberpriesterei«, als hätte Adorno wie ein Normalwissenschaftler mal eben Wissenschaftsstandards und EU-Normen zu erfüllen gesucht.

Apropos Standards der Wissenschaft: Wir wissen dank bewährter Vermessung um die Horizonte, die Reichweiten unserer Ambitionen. Die unausweichliche Beschränktheit in Horizonten ist gewiss; aber die Annäherung misslingt trotz aller klarer Fixierbarkeit des Horizonts. Wer sich dem Horizont nähert, um seine Kenntnisse über das Jenseits des Horizonts zu bewerten, erreicht die fließende Grenze der Wahrnehmbarkeit nie, obwohl die Grenze doch sichtbar vor ihm liegt. Soweit Wissenschaft! Und darüber hinaus? Den Horizont malen! Die Grenze poetisch simulieren, die notwendig beschränkten Horizonte der handelnden Personen, vor allem aber die der Wissenschaftler, dramatisch inszenieren. Dann singen die Wissenschaftler und schmatzen, und ihre Hantierungen werden zum Ballett des objektiven Geistes, eben zu einem lebendigen Werk (siehe Adornos Briefe zur Verlebendigung durch Liebespraxis).

Endlich, endlich, endlich
Dreimal ist es gelungen, Wissenschaftler als Editoren mit ihren Verhältnissen zum Tanzen zu bringen:

atens: Die Germanisten in der Präsentation der Schreibarbeit Hölderlins: KD Wolff edierte unterm Roten Stern Dokumente der Hölderlinschen Arbeit als Dichter, die faszinierender zu sein vermögen als die millionenfach verbreitete Zeile »Dir starb, Liebes, keiner zuviel« und ähnlichen Flaschenabfüllungen zum Besäufnis von Kriegern. Hundert Jahre hat es gedauert, seit der junge Krieger Norbert von Hellingrath bei Brinckmanns vor vielen Rilkes und sehnsuchtsgestopften Damen vorgetragen hatte, was ihm vom Hölder in die Hände gefallen, bis dass es nun als Edition überirdischer Hand verfügbar geworden ist.

btens: Hundert Jahre währte der Kampf um die fällige Anerkennung von Musils *Der Mann ohne Eigenschaften (MoE)* als größtem denkbaren Romanwerk der poetischen Erzeugung von historischer Wahrheit durch bloßes Fortschreiben in Unaufhörlichkeit. Noch Reich-Ranicki, der FAZ-geadelte, kenntnisreichste Poseur der deutschsprachigen Literatur, hielt Musils *MoE* für eine Versagung: Weder anständiger Roman noch feuilletonreifer Essayismus, weder Kulturtheorie noch philosophische Weisheit! In jeder Hinsicht misslungen eben! Man hätte ihm, RR, ewiges Leben aufbrummen müssen, damit er doch noch, schließlich und endlich, *MoE* als geniale ästhetische Operation erkennen würde: als eine Anabasis *eis allo genos*, Musils *AZ*, sozusagen, denn er war ja so sehr gebüldet.

Und ctens: Nun endlich, endlich, endlich von mutigen Freidenkern und institutionell Unbestochenen erhalten wir Zugang zu Adornos Selbsterweis, wie sehr er Künstler sei vor allen anderen Rollen, dessen Geist über dem Papier schwebte in den Jahren der Schöpfung der *Ästhetischen Theorie*, Schöpfung durch diktieren und fixieren der Differenz von Gedanke und Begriff.

Jetzt kann ein Jahrhundertwirrnis aufgeklärt werden, die idiotische Unterscheidung von Hirn- und Handarbeit als Verhältnis von Theorie und Praxis. Das war stets eine gedankenlose Begriffsscharade.

Denn erstens ist eine Theorie zu formen handwerkliche Arbeit des Schreibens, Exzerpierens, Suchens und Findens.

Zweitens ist mit dem Theoretiker immer nur der Betrachter, Leser, Hörer gemeint gewesen, dem zum Beispiel im griechischen Theater als *theoros* die Aufgabe zukam, aus den Ereignissen auf der Szene einen Sinnzusammenhang zu bilden, indem die demonstrierten Handlungen und Sprechakte als Teile eines offenen Erzählzusammenhangs erscheinen. Der *theoros* muss das Gezeigte deuten und dann bedeutend werden lassen. Der Theoretiker ist also der Beobachter der Ereignisabfolgen auf der Bühne oder der Betrachter der Bildergalerie oder der Konzerthörer, der aus akustischen Expressionen Strukturen wie Melodien und kompositorische Selbstreferenzen erkennen muss, damit die Musik zu ihm spricht. Vor allem aber müssen die Theoretiker Ausdrucksintentionen oder Verweise auf Ereignisse erschließen, die im Augenblick der Wahrnehmung nicht vor Augen oder Ohren stehen, aber als Erinnerungen den Einbruch seiner Wirklichkeit ins Spiel auf der Szene begründen.

Drittens ist entgegen dem Allgemeinverständnis des Verhältnisses von Theorie und Praxis zu lernen, dass die Theorie nicht den gedanklichen Teil einer Arbeit kennzeichnet oder deren Plan, der dann im Arbeitsverlauf und als Arbeit realisiert werden sollte. Einfachste, also grundsätzliche Erfahrungen zeigen, dass Pläne eben nicht plan realisiert werden können, weil die ästhetische Differenz von gedanklicher Arbeit und Kommunikation in Sprachen unaufhebbar ist. Eine Philosophie ist nicht sprachliche Vergegenständlichung des schon gegebenen Gedankensystems; der sprachliche Ausdruck des Gedankens verändert ihn unweigerlich, sodass man gar nicht wissen kann, was man denkt oder glaubt, gedacht zu haben, bevor man nicht hört, was man beim vermeintlichen Ausdruck vorgefasster Gedanken sagt. Die ästhetische Differenz wird noch überboten oder fordert noch größeres Raffinement vom Theoretiker, also von jedermann, wenn man bedenkt, dass man durch mutwilliges Lügen absichtsvoll für einen vermeintlichen Gedanken einen irreführenden sprachlichen Ausdruck wählen kann; ganz zu schweigen von der epistemologischen Differenz, die uns die Natur in Mimikry und Tarnung aufnötigt, weil damit der Zusammenhang von Wesen und Erscheinung zerschlagen wird.

Adornos *Ästhetische Theorie* basiert beispielhaft auf der produktiv gewordenen Differenz von Begriff und Gedanke in der allmählichen Verfertigung der Gedanken beim Reden. Unumgehbare, wenn auch wagemutige Brückenschläge über Abgründe, über den *chorismos*, den Gap und die Cleavage – für Adorno das Urmodell der Vermittlung der Verschiedenheit des Gleichen – fasst der Begriff Experiment oder zu deutsch: Versuch. Versuch aber heißt Versuchung für alle, die zur Selbstbezüglichkeit ihrer Aussagen, vor allem der moralischen, fähig sind. Also Selbstversuchung und Selbsterregung des Geistes als das Sprechen in der Stille und das Sehen im Dunkeln.

Und führe uns schreibend in Versuchung zum Denken, damit wir uns darin bewähren können. Denken des Undenkbaren, aber als Gedanke gefasst! Vorstellen des Unvorstellbaren, aber als ein Bild des »Nicht« oder »Un«, gerade weil es im Bilde nicht einmal Negation geschweige denn

Konjunktive gibt! Darstellen des Undarstellbaren, aber als szenisches Geschehen!

Die Selbstversuchung des Denkens lässt Begriffe nicht in ihrer sprachlichen Gestalt aufgehen. Das erzeugt Metaphorik, Poesie aus der Erfahrung, dass Denken und Sprechen, Sprechen und Schreiben, Vorstellen und Darstellen niemals identisch werden können (außer in der Mathematik). Die *Ästhetische Theorie* entwickelt sich aus solcher unabweisbarer Nichtidentität. Das Denken schlägt Funken im Zunder der Sprache. Der Denkende beginnt, öffentlich zu glühen. Und wir, seine Theoretiker brennen für die Sache. So erlebten vor allem die zahlreichen Künstlernaturen in der Adorno-Corona sein Denkamt hochgestimmt und klagenvoll.

> Und keiner ahnt das Rätsel der Verstrickten
> Da eines Tags wird das Werk lebendig.

Jetzt sind mit der in Aussicht gestellten textkritischen Edition die schönen Tage von Aranjuez gekommen.

Hauke Brunkhorst
Wahrheit, Rezeption, Gesellschaftskritik

Adornos Kritik der Kulturindustrie steht ebenso im Zentrum der *Ästhetischen Theorie* wie die künstlerische Avantgarde. Beide Seiten der modernen Ästhetik, der esoterischen der Spezialisten und der exoterischen der Massen sind in demselben, komplexen Begriff der Wahrheit begründet, der ihre sachliche mit ihrer normativen Seite verbindet.

Adornos Theorie der modernen Kunst unterstellt ihr einen Doppelcharakter, der die Kunst der Avantgarde ebenso durchzieht wie die Kulturindustrie. Einerseits ist Kunst wie bei Luhmann ein Funktionssystem, das Adorno mit Durkheim *fait social* nennt, andererseits beansprucht Kunst als *fait social* eine ästhetische Autonomie, die in ihrem Wahrheitsanspruch und nicht in ihrer Funktion begründet ist.

Die eigentliche Leistung von Adornos Ästhetik sehe ich mit Tilo Wesche darin, dass er eine an Kant anschließende, aber marxistisch motivierte, auf weltverändernde Praxis gerichtete Rezeptionsästhetik als Wahrheitsästhetik durchführt, den starken, praktischen Wahrheitsbegriff auf dem Weg ins Publikum also nicht verliert.[1]

Damit löst sich auch der alte Streit um die wahrheitsästhetische Beschränkung von Adornos Ästhetik und seine vorgebliche Fixierung auf die klassische Moderne auf. Nur das kunstkonsumierende und kunsträsonierende Publikum kann den »Prozeß« des Kunstwerks als eines »work in progress« vollenden und von neuem in Gang setzen (ÄT, GS 7, S. 46).[2] Das Publikum ist bei Adorno nicht nur in Gestalt von »Interpreten, Kommentatoren, Kritikern«, sondern auch als diffuses Massenpublikum stets präsent. Es ist, auch wo es nicht direkt betroffen ist, nie ins Museum geht, kein Buch liest und keinen Konzertsaal besucht, auch ohne direktes Wissen und bewusste Anschauung von der »gesellschaftlichen Wirkung« der Kunst betroffen, die auch durch die indirekte Vermittlung ästhetischer Objekte zur »Veränderung der Gesellschaft« beitragen kann (ÄT, GS 7, S. 289, S. 448, S. 360). Die Kunst hat einen moralischen Wert, weil sie uns für Leiden, auch noch die durch Moral selbst verursachten, empfänglich macht.[3]

---

[1] Vgl. Wesche 2018).
[2] Vgl. Seel 2003, S. 183. Zur Unterscheidung des kunsträsonierenden vom kunstkonsumierenden Publikum: Habermas 1969, S. 176ff.
[3] Ich danke Achim Vesper für eine Diskussion dieses Punktes.

1 Arbeit

Werk ist das Kunstprodukt, weil es durch Arbeit angeeignete und geformte Materie ist: »Die ästhetische Produktivkraft ist die gleiche wie die der nützlichen Arbeit«, während das »ästhetisches[] Produktionsverhältnis [...] alles [ist], worin die Produktivkraft sich [gesellschaftlich, H. B.] eingebettet findet und woran sie sich betätigt« (ÄT, GS 7, S. 15f.). Die in Raffaels Gemälden verausgabte, abstrakte Arbeit ist dieselbe wie die, die im technisch reproduzierbaren Pornofilm, in einem Plattenbau oder in der Rüstungsindustrie steckt. »Die Arbeit am Kunstwerk ist gesellschaftlich durchs Individuum hindurch, ohne daß es dabei der Gesellschaft sich bewußt sein müßte.« (ÄT, GS 7, S. 250)

Durch die abstrakte, vergesellschaftete Arbeit unterscheidet sich die moderne Kunst von der vormodernen, und das erklärt auch die rasch wachsende Abstraktheit und Komplexität der Werke, die sie ebenso kommentarbedürftig macht (Kunstkritik) wie die moderne Wissenschaft (Wissenschaftsjournalismus).[4] So wie die moderne Wissenschaft reflexives Wissen produziert, so produziert die moderne Kunst reflexive Dinge: »Dinge zweiter Ordnung«, die »selbst denken« (ÄT, GS 7, S. 152).[5] Sie sind nicht im Kopf, sondern draußen in der Welt. Sie existieren als Dinge, die sich in der Welt zur Welt und zu sich verhalten. Adorno beschreibt sie analog zum theoretischen Denken als »Verhalten, eine Gestalt von Praxis«, die, in Anspielung auf Marx, »der verändernden verwandter ist als eines, das um der Praxis willen pariert« (KG, GS 10, S. 798).[6]

Als Arbeitsprodukte sind Kunstwerke Ausdruck des »Fortschritts der ästhetischen Materialbeherrschung« auf dem geschichtlichen Weg, der von der konkreten zur abstrakten Arbeit führt (ÄT, GS 7, S. 303; vgl. Hindrichs 2011). Der Fortschritt der Materialbeherrschung ist, da er letztlich auf die Aneignung des materiellen (und organischen) Naturstoffs (»Material«)

---

4 Einer der vielen Punkte, in denen Adornos Ästhetik mit Gehlens, aber auch Luhmanns Beobachtungen der modernen Kunst übereinstimmen, zumal sich alle die Kommentarbedürftigkeit aus dem zugleich »informativen« und »irritierenden« oder »verstörenden« Charakter dieser Kunst erklären (ÄT, GS 7, S. 146; Gehlen 2016, S. 53f., 96f., 162ff.; ähnlich: Luhmann 1995, S. 9, S. 38; vgl. auch Bubner 1989).

5 Gehlen spricht dementsprechend von »Reflexionskunst« (Gehlen 2016, S. 152, S. 217, S. 223f.).

6 Das war 1968 polemisch auf den scheinrevolutionären Aktivismus einiger seiner Studenten bezogen.

zurückgeht, immer einer rationaler »Naturbeherrschung«: der »ästhetischen Herrschaft« und »Verfügung der Werke über alles ihnen Heterogene« (ÄT, GS 7, S. 15f, S. 80, S. 148, S. 314f.).[7] Rationalisierungsprozesse, Abstraktionsleistungen, Theorien und Bergriffe der »positivistischen Tatsachenwissenschaften« (Husserl 1976, § 2) erweisen und verwirklichen ihre Wahrheit in der technischen und instrumentellen Beherrschung vergegenständlichter Prozesse (vgl. auch Marcuse 1965). Sie sind Instrumente oder Medien, um einer Welt von Objekten den Willen des jeweiligen Subjekts aufzunötigen. »Die Theorie«, schreibt Karl Popper in der *Logik der Forschung* von 1934, »ist das Netz, das wir auswerfen, um ›die Welt‹ einzufangen – sie zu rationalisieren, zu erklären und zu beherrschen. Wir arbeiten daran, die Maschen des Netzes immer enger zu machen« (Popper 1971, S. 31). Das nennt Adorno die Herrschaft des Begriffs und das zugehörige Verhältnis zur Welt mit Marx ›Verdinglichung‹ (DA, GS 3, S. 141; vgl. auch Theunissen 1978 und Theunissen 1980).

Der Witz von Adornos Verständnis der Herrschaft des Begriffs liegt nun aber darin, dass er die klassische Repressionstheorie – z. B. der freudschen Psychoanalyse, die Unterdrückung wie einen rational konstruierten Deckel versteht, der einen Dampfkochtopf brodelnder Triebnatur verschließt (Dreyfus/Rabinow 1987, S. 157ff.) – durch eine dialektische Herrschaftstheorie ablöst, derzufolge eine Befreiung der Natur von der Herrschaft rationaler Arbeit, kapitalistischer Ausbeutung und bürokratischer Staatsapparate jetzt nicht mehr durch Wegsprengen des Rationalitätsdeckels zustande gebracht werden kann.[8] In der dialektischen Theorie ist Herrschaft nicht mehr der Deckel auf dem Topf, sondern mit dem Emanzipationsprozess so verschränkt, dass Freiheits- und Herrschaftspotentiale sich wechselseitig verstärken und gleichzeitig wachsen, was aber nicht heißt, dass man nicht mehr zwischen Herrschaft und Emanzipation unterscheiden könnte. Nur im Rahmen einer dialektischen Herrschaftstheorie macht der Gedanke einer Befreiung, Resurrektion oder Versöhnung mit der Natur überhaupt Sinn, denn was befreit, erneuert, versöhnt werden soll, ist – wie

---

7 Die Verbindung von Arbeit (Marx) und Rationalisierung (Weber) geht zurück auf: Lukács 1923.
8 Wegen der unumkehrbaren Geist-, Rationalitäts- bzw. Vernunftabhängigkeit jedes Versuchs Natur von Herrschaft zu befreien, ist der Begriff des Naturschönen, so schön er ist, letztlich »schwach« (ÄT, GS 7, S. 104). Auch hier trifft Adorno sich mit Gehlen: »Kunst wird nicht durch Emotionen erweckt, sondern durch andere Kunst.« (Gehlen 2016, S. 127) Die »Kunst [ist] die Mutter der Kunst [...]. Man wird an der Kunst zum Künstler, nicht an der Natur« (Gehlen 2016, S. 174).

Adorno nicht müde wird zu wiederholen – nicht eine wie immer ursprüngliche, naturbelassene Natur (Subjektivität oder Individualität), die es gar nicht gibt (und wenn, dann nur als »Grauen des Diffusen«), sondern die immer schon vergesellschaftete Natur, die den mühseligen Weg der Arbeit, der Wissenschaft und der Kunst vom Konkreten zum Abstrakten schon hinter sich gebracht hat und aus dieser Perspektive dann erkennt, dass die Abstraktionsleistung schon von der konkreten Arbeit vorausgesetzt wurde (ND, GS 6, S. 160).

Sigmar Polkes Ironie hat den Weg der Kunst von der konkreten zur abstrakten Arbeit, der auch einer von naturhaft fremdbestimmter zu gesellschaftlich selbstbestimmter Praxis ist, ins Bild gesetzt. Im Jahr 1969 malt er in die rechte, obere Ecke der weißen Leinwand ein schwarz lackiertes Dreieck und darunter, am unteren Bildrand in Schreibmaschinenschrift den konkreten Imperativ: »Höhere Wesen befahlen: rechte obere Ecke schwarz malen!«

Wenig später lässt das Vertrauen in höhere Wesen nach und der Maler beteiligt sich immer häufiger an Gemeinschaftsarbeiten, um dem gesellschaftlichen Rationalisierungsprozess künstlerischer Gesamtarbeit schon in der eigenen Produktion möglichst nahe zu kommen (Pohlmann 2012, S. 21ff.). Ein Beispiel ist »Can you always believe your eyes?« von 1976, einer wandfüllenden Gemeinschaftsarbeit, auf der sich graffitiartig mehrere, mit Sprayfarbe und Schablonen aufgebaute Schichten überlagern (Mueller 2015).

Damit lässt Polke den Kommentar, auf den die Kunst angewiesen ist, ins Kunstwerk zurückfließen. Aber daraus wird kein Kommentar, sondern ein weiteres, ironisch reflektierendes Stück Kunst, kann das Werk, das stumme Ding, das aufgeschlagene Buch, das Notenblatt sich doch nicht, es mag sich wenden wie es will, selbst rezipieren.

2 Wahrheit

An Adornos Begriff ästhetischer Wahrheit lassen sich drei Aspekte unterscheiden. Ein darstellender, der auf die Negativität der Gesellschaft bezogen ist, ein normativer, der Negativität durch Kunst negiert, ein utopischer, der sich darauf bezieht, was wir hoffen dürfen.

Zunächst zur Darstellung. Aus demselben Grund, aus dem Sätze mit Schnee, Ribosomen oder Energiequanten wahr oder falsch sind, können auch Kunstwerke wahr oder falsch sein (nicht aber eine Landschaft).

Kunstwerke stellen etwas angemessen oder unangemessen dar. Adorno vertritt nun aber die viel stärkere These, dass ihr Wahrheitsanspruch nur dann einlösbar ist, wenn sie »die reale Negativität des gesellschaftlichen Zustands« erkennbar machen (ÄT, GS 7, S. 39).[9] Deshalb sind Becketts Stücke »grau wie nach Sonnen- und Weltuntergang« (ÄT, GS 7, S. 126f.). Auch wenn bereits der Begriff der Negativität eine Wertung enthält, geht es hier doch primär um die kognitive Seite ästhetischer Wahrheit, die eng mit dem zutreffenden oder unzutreffenden Urteil verbunden ist (ÄT, GS 7, S. 189). Das Kunstwerk geht über die »diskursive«, »apophantische« Logik der propositional ausdifferenzierten, kognitiv darstellenden Aussage (Urteil) zwar hinaus, aber kein Kunstwerk kann ein wahrheitserschließendes Potential ohne implizites Urteil und die »immanente Logizität des diskursiven Denkens« haben (ÄT, GS 7, S. 205, siehe auch ÄT, GS 7, S. 152).

Für Adorno ist der innere Bezug der Kunst auf die Negativität der Gesellschaft eine Errungenschaft der Moderne. Erst seit Baudelaire versteht die Kunst, die mit gutem Grund schon vorher negativ war, sich selbst im »Ton von Unheil« (ÄT, GS 7, S. 38). Mit der postauratischen Moderne der zweiten Hälfte des 19. Jahrhunderts »zeichnet sich erstmals eine aus der Mitte der bürgerlichen Gesellschaft selbst entstehende Gegenkultur gegen den besitzindividualistischen, leistungs- und nutzenorientierten Lebensstil des Bürgertums ab« (Habermas 1969, S. 118f.). Die affirmative Kunst, die der herrschenden Klasse allabendliche Entlastung von den Pflichten eines entbehrungsreichen Berufslebens bietet, »radikalisiert« sich in der Hochzeit der Pariser Boheme zur »Negation« der bürgerlichen Praxis und ihres schönen Scheins. Die Kluft zwischen Avantgarde und Bürgertum bringt die »Wahrheit ans Licht [...], daß in der bürgerlichen Gesellschaft Kunst nicht die Verheißung, sondern die unwiederbringlichen Opfer der bürgerlichen Gesellschaft zur Sprache bringt« (Habermas 1969, S. 119; vgl. auch Marcuse 1970). Der vom Kunstwerk ausgehende Prozess dieses Zursprachebringens erzwingt den Übergang zur Rezeptionsästhetik.

Trotz ihrer polemischen, herausfordernden Stellung ist die Negativitätsthese schwer zu bestreiten, macht die moderne Kunst doch »bevorzugt von Dissonanzen Gebrauch« und räumt »der Darstellung von Leid einen zentralen Platz ein« (Vesper 2014, S. 208). Nicht nur an den ästhetischen

---

9 Negativität ist aber kein Alleinstellungsmerkmal der Kunst. Sie teilt es z. B. mit manchen politischen Manifesten wie dem der kommunistischen Partei von 1848 und der erwähnten Flugschrift und dem Antrag von Sieyés, aber auch mit den Weltreligionen der Achsenzeit und der Kritik der politischen Ökonomie.

Produkten der Moderne, sondern auch an den Tragödien der klassischen Antike zeigt sich, »daß Kunst in besonderer Weise zur Artikulation negativer Erfahrungen geeignet ist« (Vesper 2014, S. 208).[10] Die antiken Tragödien sind jedoch, auch wenn sie Negativität darstellen, nicht schon zu dem Zeitpunkt modern, an dem Sophokles sie niedergeschrieben und die Athener sie aufgeführt haben. Sie werden erst modern im Licht der modernen Kunst, die uns, der »Aufklärung die Treue« haltend, erkennen lässt, was an der alten modern ist und deshalb Bestand hat und was nicht (ÄT, GS 7, S. 130). Beethoven wird modern erst nach Schönberg. Erst jetzt wird wahr, dass die »äußerste Integration«, die Beethovens Symphonien dem Tonmaterial aufnötigen, die »Desintegration« aus sich hervortreiben, die, wie wir jetzt sehen, die nachfolgenden Künstler »mobilisieren« (ÄT, GS 7, S. 73f.). Die Evolution hätte schließlich auch anders verlaufen können, und dann wäre Beethoven auch nicht latent modern, gibt es doch keine Latenz ohne Manifestation. Umgekehrt lässt der fortlaufende Entwicklungsprozess auch die Moderne altern (D, GS 14, S. 143–167; ähnlich wiederum Gehlen 2016, S. 193).

Das Negative wird, wenn nicht zum einzigen, so doch zu einem wesentlichen Kriterium des Gelingens und damit des Wahrheitsgehalts der Werke:

> Was Nietzsches Geschmack an Wagner irritierte, das Aufgedonnerte, Pathetische, Affirmative und Überredende bis in die Fermente der kompositorischen Technik hinein, ist eins mit der gesellschaftlichen Ideologie, welche die Texte verkünden. Sartres Satz, vom Standpunkt des Antisemitismus aus ließe kein guter Roman sich schreiben, trifft genau den Sachverhalt. (ÄT, GS 7, S. 421)[11]

---

[10] Zur negativitätsästhetischen Modernität *avant la lettre* der griechischen Tragödien vgl. Menke 2005.

[11] Beispiel einer Alternative zu Adornos Negativitätsästhetik ist Dieter Henrichs Hölderlininterpretation, die, plakativ gesagt, eine affirmative, auf Abschluss und Synthesis gerichtete Ästhetik des modernen Selbst (Ich, Person) ist. Einmal abgesehen von der Richtigkeit der Hölderlininterpretation, ist Henrichs nicht übermäßig »affirmative« Ästhetik des individuellen Subjekts, dessen Dasein sie als fragil, mit sich überworfen, unversöhnt und zerstörbar versteht, durchaus mit Adornos Negativismus zerschnittener Synthesen kompatibel (vgl. Brunkhorst 2001). Erst wenn eine »moderne Metaphysik« (Henrich), die ja als Metaphysik »abschlußhaft« (Adorno) aufs Ganze gehen, irgendeinen platonischen Heilssinn behalten muss, am Ende doch den Abgrund zwischen Ich und Welt ins gute Ganze aufhebt, schwindet mit der Kompatibilität zur Negativitätsästhetik auch deren Plausibilität.

Adornos Negativitätsästhetik schließt, wie das Zitat zeigt, auch affirmativ aufgedonnerte Werke ein, die einen Wahrheitsgehalt artikulieren, aber nicht einlösen können. Der Anspruch auf Wahrheit ist egalitär und universell. Selbst »der erbärmlichste Kitsch, der doch notwendig als Kunst auftritt«, kann »nicht verhindern, was ihm verhaßt ist, das Moment des An sich, den Wahrheitsanspruch, den er verrät« (ÄT, GS 7, S. 465). Auch die Kulturindustrie kann, selbst wenn sie es leugnet, den Anspruch auf Wahrheit und Autonomie ihrer Produkte nicht vermeiden. »Noch in Kunstwerken [...], die bis ins Innerste mit Ideologie versetzt sind, vermag der Wahrheitsgehalt sich zu behaupten« (ÄT, GS 7, S. 345). Das erklärt, warum das Verhältnis der esoterischen und hermetischen Werke zur Kulturindustrie in der Wahrheitsfrage variabel ist, wie sich spätestens in den 1960er Jahren gezeigt hat.

In der Negativität, die das Kunstwerk darstellt, kommen – das ist der zweite Aspekt der Wahrheit – »Unrechtserfahrungen« zum Ausdruck, die auf die »Verletzung berechtigter Ansprüche« zurückgehen (Wesche 2018, S. 18). Das Bild »sagt, [...] Seht einmal«, und wenn man hinschaut, sieht man, wie der amerikanische Traum auf Andy Warhols *Green Disaster* (1963) zum Alptraum wird (ÄT, GS 7, S. 251). Das Desaster, das sich zeigt, zeigt sich so, dass die zutreffende Darstellung den Schluss nahelegt, es würde genau darin bestehen, dass der Traum zu einer Wirklichkeit gehört, die berechtigte Ansprüche verletzt. Der Traum ist eine Selbsttäuschung, die durch den in der Interpretation manifest werdenden Wahrheitsgehalt des *Green Disaster* erschüttert wird.[12]

Die Verletzung berechtigter Ansprüche, die das Bild »negativ reflektierend« darstellt, sind universell (ÄT, GS 7, S. 38f und S. 358, siehe auch S. 65). Ein Unrecht an einem Ort der Erde wird, in der berühmten Formulierung Kants, an allen Orten gefühlt. Folter ist ein Angriff, der die moralische Integrität einer und eines jeden von uns »quälbaren Körpern« (Brecht) gleichermaßen verletzt. Deshalb, weil Unrechtserfahrung universell ist, können nicht nur Spezialisten der Wissenschaft und der Kunst voneinander (Familienpathologen von Tolstoi, Klee von der Gestaltpsychologie, Avantgardemaler von Adorno usw.), sondern wir alle, jede und jeder kann »durch die Kunst etwas über die Welt lernen«, was wir so nicht, oder nur selten, aus den Wissenschaften, wohl aber in ähnlicher Weise aus vielen religiösen Texten und einigen politischen Reden und Manifesten lernen können (Vesper 2014, S. 208). Darüber hinaus sind berechtigte Ansprüche

---

[12] Zum Begriff der Selbsttäuschung: Wesche 2018, S. 46ff.

unbedingt, denn Adorno versteht sie nach dem nicht-instrumentellen, deontologischen Muster kategorischer Imperative, aber zugleich als Ausdruck eines dem Leid unmittelbar widersprechenden Impulses: »Es soll nicht gefoltert werden« (ND, GS 6, S. 281).

Warhols *Green Disaster* zeigt aber nicht nur, dass der amerikanische Traum zu einer Welt gehört, die berechtigte Ansprüche verletzt, sondern drittens auch, dass diese Welt im Ganzen falsch ist. Die stummen Werke selbst sagen das nicht, sondern bringen es durch ihre Form zum Ausdruck, die Adorno zugleich als ästhetischen Schein (sinnliche Erscheinung) versteht, der zugleich Vorschein gewaltloser Selbstbestimmung ist (ÄT, GS 7, S. 361).

Ein Beispiel solcherart gewaltloser Selbstbestimmung wird in der Produktion von Polkes Bild *Chinesisches Meer* (1983) ins Bild gesetzt. Der Maler überantwortet sein Hirn den giftigen Dämpfen von Farben, die licht- und feuchtigkeitsempfindlich genug sind, um das Bild selbst in die Lage zu versetzen, sich seiner musealen Verdinglichung zu entziehen. Bei der Produktion von Bildern wie *Chinesisches Meer* von 1983 treibt der Maler in monatelanger Arbeit die rationale Herrschaft über das komplexe Farbmaterial bis zum äußersten, bugsiert die Leinwand dann in die Waagerechte, überlässt sie für weitere Monate rostenden Farbpigmenten und dickflüssigen, düsteren Lackseen, die langsam austrocknen, um sich selbst ins Bild zu setzen (Pohlmann 2012, S. 20f.). Was sich da von selbst ins Bild setzt, ist die vom beherrschenden Geist ihrer Produktion nicht mehr beherrschte »Andersheit« der einzelnen Farbpartikel, Kleckse und Flüssigkeiten: die »geistferne, materiale Seite der Werke«, »woran sie sich betätigen« (ÄT, GS 7, S. 19). Dadurch wird der Schein erzeugt, materialbeherrschende Rationalität schlage urplötzlich in Emanzipation um, indem sich das Material gewaltlos von solcher Herrschaft befreit und den Kreislauf der Gewalt durchbricht.

Wo es, wie auf den Wellen des *Chinesischen Meeres*, gelingt, das Material durch rationale Herrschaftstechnik zu einer Art Selbstgesetzgebung zu provozieren, »stehen«, so Adorno, noch die »aggressivsten« Kunstwerke – wie Warhols *Green Disaster* – »für Gewaltlosigkeit« (ÄT, GS 7, S. 359). Adorno beschreibt diese Form der ästhetischen Darstellung als dissonante »Synthesis«, die den »Elementen [des Kunstwerks] nicht bloß angetan« wird, sondern eine in sich brüchige »Einheit« hervorbringt, die »auf den Eingriff in die Wirklichkeit, auf reale Herrschaft verzichtet« (ÄT, GS 7, S. 19 und S. 202). Was das *Chinesische Meer* zeigt, ist »das Scheitern der herrschaftlichen Anstrengung zur Identität« (DA, GS 3, S. 139). Aber auch solches Scheitern, das Scheitern der ästhetischen Herrschaft, bleibt scheinhaft, denn die rationale Herrschaftstechnik des Produzenten bleibt Herrin des Verfahrens, sie wechselt nur von der strengen Rolle des Konstrukteurs zu der sanfteren »des Regie führenden Beobachters« (Pohlmann 2012, S. 20). Deshalb ist der »Fleck der Lüge von Kunst nicht wegzureiben [...]. Selbst an radikaler Kunst ist so viel Lüge, wie sie das Mögliche, das sie als Schein herstellt, dadurch herzustellen versäumt. Kunstwerke ziehen Kredit auf eine Praxis, die noch nicht begonnen hat und von der keiner zu sagen wüsste, ob sie ihren Wechsel honorieren« (ÄT, GS 7, S. 129). Nicht nur ist Kunst »Echo des Leidens sondern verkleinert es«; es gibt ästhetische Wahrheit nur um den Preis der »Verblendung« (ÄT, GS 7, S. 38f. und S. 64, siehe auch S. 338, S. 394, S. 401). Der »Scheincharakter der Kunstwerke, die Illusion ihres Ansichseins weist darauf zurück, dass sie in der Totalität ihres subjektiven Vermitteltseins an dem universalen Verblendungszusammenhang von Verdinglichung teilhaben; dass sie, marxisch gesprochen, ein Verhältnis lebendiger Arbeit notwendig so zurückspiegeln, als wäre es gegenständlich« (ÄT, GS 7, S. 252).[13]

3 Produktion und Konsumtion

Sprachähnlichkeit der Kunstwerke heißt für Adorno, dass sie der Jedermanns-Wahrheit des Urteils in ihrem gesamten Dasein verpflichtet bleiben: »Ist keines je Urteil, so birgt doch ein jegliches Momente in sich, die vom Urteil stammen, richtig und falsch, wahr und unwahr« (ÄT, GS 7, S. 189).[14] Alle Dichtungen »sind durch ihre unmittelbare Teilhabe an der kommunikativen Sprache, von der keine ganz loskommt, auf ein Wir bezogen« (ÄT, GS 7, S. 251).

Das Kunstwerk besitzt durch seine Sprachähnlichkeit eine Affinität zur propositionalen, normativen und utopischen Wahrheit, so wie auch die propositionale, normative, utopische Wahrheit eine Affinität zur ästhetischen besitzt, was Übersetzungen in beide Richtungen möglich macht. *Green Disaster* stellt die Negativität des »Fortschritt[s] barbarischer Beziehungslosigkeit« negierend dar, indem das Bild sich – in einer Art performa-

---

[13] Mittlerweile sind Schein und Illusion auf ganzer Breite der Kunstproduktion reflexiv geworden: Koch 2016
[14] Vgl.: »Nichts wäre rätselhaft an [Kunstwerken], käme nicht ihre immanente Logizität dem diskursiven Denken entgegen« (ÄT, GS 7, S. 205).

tiver Geste – zeigt (DA, GS 3, S. 169). Schaut man hin, sieht man etwas, das »etwas« darstellt, »indem es sich darbietet«; seine »Weltpräsentation« ist performative »Selbstpräsentation« (Seel 2003, S. 183). Sartre nennt diese Form performativer Selbstpräsentation treffend passive Aktivität.[15] Wenn Kunstwerke denken, wie Adorno sagt, dann denken sie als der *extended mind* ihrer Produzenten und Konsumenten. Kunst ist »wie andre Teile unseres Denkens in Form von Notizbüchern, Instrumenten und Computerdatein externalisiert« (Grundmann 2016, S. 36). Im Kubismus ist, so Gehlen pointiert, der Neukantianismus verkörpert, in der Kunst Klees die Gestaltpsychologie (Gehlen 2016, S. 96). Der Surrealismus ist Bild gewordene Psychoanalyse, und umgekehrt lernt die Psychoanalyse nicht nur aus der kommunikativen Sektion ihrer Patienten, sondern ebenso aus Literatur und Malerei.

Das ästhetische verkörperte Denken bietet sich einem Publikum dar, um ihm etwas zu sagen. Aber das kann es nicht, weil sein Sprechakt unvollständig ist, nicht explizit macht, was der Dichter sagen will. Deshalb hat das kategorische, aber implizit bleibende »Es soll nicht ...« keine unmittelbar illokutionäre Bindungskraft wie der Ruf des Polizisten. Dessen Ruf hat eine Mittelungsabsicht, das Kunstwerk keine, es stellt, was es darstellt, »frei von Mitteilungsabsichten dar« (Wesche 2018, S. 82). Die Werke sind Subjekte ohne Intersubjektivität, sie helfen niemandem, nicht einmal, wenn lyrische Hausapotheke draufsteht. Illokutionäre, verbindende Kraft gewinnen sie nur durch die, die sie sehen und etwas mit und aus ihnen machen, indem sie die Werke in ihre Diskurse und ihr Leben einbeziehen. Die Werke warten stumm »auf ihre Interpretation«, »harren« in passiver Aktivität »sehnsüchtig der Dechiffrierung« (ÄT, GS 7, S. 193f.).

Die vollständige Abhängigkeit des werkhaften Daseins von der interpretierenden, kritisierenden, ignoranten, sachverständigen, verschlossenen, verdrucksten, vorurteilsvollen, wütenden, fragenden, schockierten, begeisterten und verärgerten Stimme der fremden Anderen ist der Prozess ihres Verzehrs, ihrer teils destruktiven, teils produktiven Konsumtion.

Der Wahrheitsgehalt der Werke ist deshalb nur im gesamten gesellschaftlichen Prozess ihrer Produktion, Konsumtion und Rezeption, der das verkörpert, was sie sagen und tun wollen, aber von sich aus nicht können

---

[15] Sartre hat diesen Gedanken seinem riesigen Flaubert-Fragment zugrunde gelegt: Sartre 1977–1979.

(ÄT, GS 7, S. 264ff.).[16] Das Dasein des Kunstwerks ist sein Werden, und das zeigt die reflexiv gewordene Moderne, indem sie es in sich einbezieht:

> In schroffem Gegensatz zur herkömmlichen kehrt die neue Kunst das einst versteckte Moment des Gemachten, Hergestellten selbst hervor. [...] Bereits die vorige Generation hat die reine Immanenz der Kunstwerke, die sie ins Extrem trieb, zugleich eingeschränkt: durch den Autor als Kommentator, durch Ironie, durch Stoffmassen, die kunstvoll vorm Eingriff der Kunst behütet wurden. Daraus ist das Vergnügen geworden, Kunstwerke durch den Prozeß ihrer eigenen Hervorbringung zu substituieren. Virtuell ist jedes heute, als was Joyce Finnegans Wake deklarierte, ehe er das Ganze veröffentlichte, work in progress. (ÄT, GS 7, S. 46; vgl. Seel 2003, S. 183)

Die Konsumtion ist als »Interpretation, Kommentar, Kritik« produktive Konsumtion eines auf die eine oder andere Weise räsonierenden Publikums, wobei die kleinste kommunikative Einheit des Räsonierens die einfache Negation ist (ÄT, GS 7, S. 289 und S. 448). Mit der Artikulation von Negationen beginnt der Konsumtionsprozess. Die »Interpretation« der Werke durch Aufführung, Kunstkritik und Wissenschaft, aber auch durch wegwerfende Gesten der Museumsbesucher, Begeisterungsstürme im Parkett, Buhrufe von den Rängen ist für das Werden, das die Werke sind, konstitutiv: »Werden aber die fertigen Werke erst, was sie sind, weil ihr Sein ein Werden ist, so sind sie ihrerseits auf Formen verwiesen, in denen jener Prozeß sich kristallisiert: Interpretation, Kommentar, Kritik. Sie sind nicht bloß an die Werke von denen herangebracht, die mit ihnen sich beschäftigen, sondern der Schauplatz der geschichtlichen Bewegung der Werke an sich«, denn der »Wahrheitsgehalt der Werke« selbst »überschreitet« in und durch Interpretation, Kommentar und Kritik deren stummes Dasein, um es »von den Momenten seiner Unwahrheit« zu »scheiden«, ist doch genau das »die Aufgabe der Kritik« (ÄT, GS 7, S. 289).

Nicht das Werk, die, die es hören, sehen, betatschen, riechen, lesen, abschmecken oder sich – wie durch Gregor Schneiders *Haus-Ur* auf der Biennale 2001 – hindurchzwängen, können allein durch Interpretation, Kommentar und Kritik dessen Wahrheitsanspruch einlösen und als Kritik in die konsumtive Produktion zurückfließen lassen. Dadurch wird der von Gezänk, Konflikt und Widerspruch durchzogene Prozess von Produktion

---

16 Zur zentralen Bedeutung des Prozesscharakters der Kunst bei Adorno vgl. Seel 2003, S. 183; Sonderegger 2011. Für Adorno sind die Werke nicht nur stillgestellter, sondern realer Produktions- und Konsumtionsprozeß, vgl. Hindrichs 2001.

und Konsumtion, in dem sich das Kunstwerk so lange verändert, bis es vergessen, verschwunden und verrostet ist, ein permanenter Lernprozess.

4 Gesellschaftskritik

Zum Publikum gehören alle. Auch wer keine Museen besucht, ins Kino geht, Comics liest oder Symphonien hört, ist der »gesellschaftlichen Wirkung« der Kunst ausgesetzt (ÄT, GS 7, S. 359). Kunst ist »Praxis«, aber eine, die »nichts aufredet« (ÄT, GS 7, S. 361). Trotzdem, ja: gerade deswegen trägt die »höchst mittelbare Teilhabe an dem Geist«, der »in Kunstwerken sich konzentriert [...], in unterirdischen Prozessen [...] zur Veränderung der Gesellschaft bei« (ÄT, GS 7, S. 359, siehe auch S. 530ff.). Praktische Wirkung haben Kunstwerke »in einer kaum dingfest zu machenden Veränderung des Bewußtsein[s]« (ÄT, GS 7, S. 360). Sie sind als unvollständige Sprechakte, als Darstellungen ohne Mitteilungsabsicht »latente Praxis«, deren »geschichtliche Genese [...] auf Wirkungszusammenhänge« zurückverweist, die »nicht spurlos in ihnen« verschwinden (Produktion), so dass auch »der Prozeß, den ein jedes Kunstwerk in sich vollzieht«, sich als »Modell möglicher Praxis« seinem Publikum präsentiert (Konsumtion). Es kommt in der Kunst nicht »auf die Wirkung«, sondern auf »ihre eigene Gestalt« an: »ihre eigene Gestalt wirkt gleichwohl« (ÄT, GS 7, S. 359). Ihre Abgeschlossenheit (ästhetische Autonomie) ist »nicht eins mit Unverständlichkeit. Statt dessen wäre ein Zusammenhang hermetischer Dichtung mit sozialen Momenten zu unterstellen« (ÄT, GS 7, S. 475f.). Je hermetischer sie sind, desto größer ihre mögliche Wirkung. Ihr Wahrheitspotential verwirklicht sich aber nur, wenn sie einem »objektiven Bedürfnis nach einer Veränderung des Bewußtseins, die in Veränderung der Realität übergehen könnte [...], durch den Affront der herrschenden Bedürfnisse [entspricht], die Umbelichtung des Vertrauten, zu der sie von sich aus tendieren« (ÄT, GS 7, S. 361).

Die Wahrheitswerte (wahr/falsch) dieses Entsprechungsverhältnisses verteilen sich gleichermaßen, wenn auch nicht immer gleichmäßig auf Kunst und Kulturindustrie. Die hegemoniale Tendenz der Kulturindustrie beschreiben Horkheimer und Adorno 1944 als einen umfassenden »Verblendungszusammenhang« (DA, GS 3, S. 216). Die für Technik und Wissenschaft konstitutive Vergegenständlichung und Verdinglichung hat eine, vom frühen Lukács bis zum späten Husserl einleuchtend beschriebene, imperiale Tendenz zur Selbstobjektivierung, die das verändernde, performative Verhalten der sozialen Akteure zur Welt durch ein Denken von der Welt her substituiert (DA, GS 3, S. 42f. und S. 244). Die imperiale Tendenz von Technik und Wissenschaft, die ihre (emanzipatorischen) Möglichkeiten nicht erschöpft, kommt den Verwertungsimperativen und den herrschenden Interessenlagen des Spätkapitalismus entgegen und verstärkt sie. Aufklärung wird in der marktunterworfenen Kulturindustrie zum »Massenbetrug«[17].

Der Anteil der Kultur an der Erzeugung, Erhaltung und Vertiefung ungerechter Herrschafts- und Ausbeutungsverhältnisse ist aber keineswegs eine Erfindung der Kulturindustrie: »Die reinen Kunstwerke, die den Warencharakter der Gesellschaft allein dadurch schon verneinen, daß sie ihrem eigenen Gesetz folgen, sind immer zugleich auch Waren.« (DA, GS 3, S. 166)[18] Von Anbeginn war die »Autonomie« der Kunst deshalb »ein Moment von Unwahrheit«, der »Blindheit« und »Lüge« »beigesellt« (DA, GS 3, S. 166; vgl. auch ÄT, GS 7, S. 9, S. 17 und S. 129). Weil Kunstwerke als *fait social* »immer ihre eine Seite der Gesellschaft zukehren, strahlte die in ihnen verinnerlichte Herrschaft auch nach außen. Unmöglich, im Bewußtsein dieses Zusammenhangs, Kritik an der Kulturindustrie zu üben, die vor der Kunst verstummte« (ÄT, GS 7, S. 34).

Das ist auch eine wesentliche Implikation des Satzes, nach Auschwitz gäbe es kein Gedicht mehr, das von Barbarei frei sei, und gilt auch für jeden Satz, der – wie derjenige Adornos – genau das behauptet. Spätestens im düsteren Schatten von Auschwitz erscheint die ganze bisherige Kultur, soweit sie unter dem Bann gesellschaftlicher Herrschaftsverhältnisse stand, als Barbarei. Der viel diskutierte Aphorismus, nach Auschwitz ein Gedicht zu schreiben, sei barbarisch, findet sich Text von 1949, »Kulturkritik und Gesellschaft«, der 1951 in einer Festschrift für den Soziologen Leopold von Wiese erschien.[19] Um ihn nicht falsch zu verstehen, muss man ihn im Kontext zitieren, der mit dem Satz beginnt: »Die gesamte traditionelle Kultur [wird heute] nichtig.« Das gilt auch selbstbezüglich von der *Dialektik der Aufklärung* von 1944 und Adornos Essay von 1949: »Noch das äußerste

---

[17] So der Untertitel des Kapitels zur Kulturindustrie: DA, GS 3, S. 128; vgl. auch Adorno, Résumé über Kulturindustrie, 69; ÄT, GS 7, S. 90 und S. 370.
[18] Schon Platons »Ideen sind an den Kulturhimmel geschrieben, indem sie bei Platon schon gezählt, ja Zahlen selbst, unvereinbar und unveränderlich beschlossen waren« (DA, GS 3, S. 143).
[19] Zur Komplexität der Wirkungsgeschichte, die dem Satz Flügel verlieh, so dass er seine globale Reise mit und ohne Bezug auf seinen Autor antreten konnte, vgl. Johann 2017.

Bewußtsein vom Verhängnis droht zum Geschwätz zu entarten. Kulturkritik findet sich der letzten Stufe der Dialektik von Kultur und Barbarei gegenüber: nach Auschwitz ein Gedicht zu schreiben, ist barbarisch, und das frißt auch die Erkenntnis an, die ausspricht, warum es unmöglich ward, heute Gedichte zu schreiben.« (KG, GS 10, S. 30f.) »Gedicht« steht hier paradigmatisch für alle gegenwärtige und vergangene Kunst und Kultur, die Kritik Adornos an ihr immer eingeschlossen.[20] Der Satz darf aber, wie Adorno in der jahrzehntelangen Diskussion einschränkte, nicht so verstanden werden, dass Künstler keine Gedichte mehr schreiben sollten, sondern nur solche, die den geschichtlichen Schrecken des 20. Jahrhunderts und die »Barbarei« ausdrücken, die die werkimmanente Dialektik von Autonomie und *fait social* in sich reflektieren, indem sie sich, nicht anders als die neue Musik, als das Kunstwerk, das sie sind, zugleich dementieren.[21]

Umgekehrt finden sich auch in der Kulturindustrie Wahrheitsmomente, die ein latentes Widerstandspotential darstellen, das sich, wie spätestens die 1960er Jahre gezeigt haben, kulturrevolutionär aktualisieren lässt. Nur so lange halten »Autos, Bomben und Film [...] das Ganze zusammen, bis ihr nivellierendes Element am Unrecht selbst, dem es diente, seine Kraft erweist« (DA, GS 3, S. 169). Das war 1944 auf den Krieg gegen den autoritären Staat und das faschistische Ungleichheitsregime Kontinentaleuropas bezogen, dem die Kulturindustrie mit Autos, Bomben und Filmen diente, an dessen Zerstörung im Namen der Egalität sie aber ebenso beteiligt war.

Wahr ist die Kulturindustrie genau dort, wo die »zeitgenössische Massenkultur [...] gegen den Begriff des Sinns und die Behauptung rebelliert, das Dasein sei sinnvoll«, und wahr wird sie, wo sich die »Extreme ganz oben und ganz unten« berühren (ÄT, GS 7, S. 178; siehe auch ÄT, GS 7, S. 162). Sofern sie gegen den Begriff des Sinns rebelliert, ist die Kulturindustrie die exoterische Seite der esoterischen, hermetischen und avancierten Werke der Moderne, die Synthesen nur entwerfen, um sie zu »zerschneiden«, während sich umgekehrt in der Avantgarde der 1960er Jahre

---

20 »Alle Kultur nach Auschwitz, samt der dringlichen Kritik daran, ist Müll.« (ND, GS 6, S. 359) Ähnlich: Johann 2017. Johann entwickelt den historischen Kontext der Beziehung von ästhetischer Aufklärung und Barbarei von Schiller bis Adorno und verfolgt die Spuren bis in die unmittelbare Gegenwart, in der zuletzt Jerry Saltz Adornos aporetisches Diktum mit der heutigen amerikanischen Popkultur in Beziehung gesetzt hat.
21 Ganz in diesem Sinn hatte Brecht in dem sich selbst dementierenden Gedicht »An die Nachgeborenen« schon in den 1930er Jahren den Satz Adornos der Sache nach vorweggenommen, vgl. auch ÄT, GS 7, S. 65f.

nicht nur die Künste untereinander, sondern auch mit der Kulturindustrie »verfransen« (ÄT, GS 7, S. 209). In der Rebellion gegen das Höhere und den höheren Sinn des Leidens vereinigt sich schon bei Mahler die »Vulgärmusik« mit der hermetischen Kunst: »Jakobinisch stürmt die untere Musik in die obere ein.« (DmM, GS 13, S. 184) Der 1911 gestorbene Gustav Mahler nimmt die Schallplattenindustrie sogar vorweg, wenn etwa im zweiten Satz der *Fünften Symphonie* »das Berlinische ›Wenn Du meine Tante siehst‹ aus den zwanziger Jahren« anklingt (DmM, GS 13, S. 184). Auf John Cage vorgreifend, öffnet schon Mahler die Fenster, um die »selbstgerechte Glätte« der E-Kultur »vom übermäßigen Klang der Militärkapellen und Palmengartenorchester«, dem »Wirbel von Pauken aus der Ferne« und »Stimmgeräuschen [...] demolieren« zu lassen (DmM, GS 13, S. 185). »Schamlos paradieren seine Symphonien mit dem, was allen in den Ohren liegt, Melodienresten der großen Musik, schalen volkstümlichen Gesängen, Gassenhauern und Schlagern.« (DmM, GS 13, S. 184)

Das »Maß der Könnerschaft«, die technische »Perfektion«, die Wagners *Tristan* alt aussehen lässt, die »feinen Nuancen«, die »fast die Subtilität der Mittel eines Werks der Avantgarde« erreichen, können auch der »Wahrheit«, die sie noch verleugnen, dienen (DA, GS 3, S. 137). *Green Disaster* und die Kunst der 60er Jahre haben hier unmittelbar an die Kulturindustrie angeschlossen, und die Comics dieser Zeit füllen heute die Museen. Heimlich kommuniziert der zu fehlerloser Perfektion fortgeschrittene »Stil« der Kulturindustrie mit dem »Stil des großen Kunstwerks«, der im »notwendigen Scheitern der [...] Anstrengung zur Identität« sich selbst »negiert«. Da sie, von wenigen Ausnahmen abgesehen, nicht mehr scheitert, »nur noch Stil« ist, gibt die Kulturindustrie umgekehrt das Geheimnis des ästhetischen Stils aller Kulturprodukte, vom großen Werk bis zum erbärmlichsten Kitsch, von der Weimarer Klassik bis zu den B-Movies preis: »den Gehorsam gegen die gesellschaftliche Hierarchie« (DA, GS 3, S. 139). So verstärkt die Kulturindustrie das wohlbegründete »Mißtrauen« der unteren sozialen Klassen »gegen die traditionelle Kultur als Ideologie«, und das könnte sich auch gegen den unverhüllten »Schwindel [der] industrialisierten« wenden, »werden die depravierten Kunstwerke mit dem Schund zusammen, dem das Medium sie angleicht«, doch »insgeheim von den Beglückten«, die die »Kulturwaren durchschauen«, »verworfen« (DA, GS 3, S. 170 und S. 172). Der Stand der technischen und ästhetischen Produktivkräfte, nicht zuletzt des kulturellen Wissens, der in der Kulturindustrie verkörpert ist, untergräbt den Gehorsam gegen die Hierarchie. Er wird nur noch durch die »technisch erzwungene Allgegenwart des Stereotypen«, die »Macht der Wiederholung über das Dasein« und die »bloße Imitation dessen, was ohnehin schon ist«, gewährleistet, könnte sich aber jederzeit auch gegen die Fesseln des Systems wenden. »Sogar in der schwächlichsten Gestalt der Imitation ist der Drang, modern zu sein, auch ein Stück Produktivkraft.« (ÄT, GS 7, S. 159)

Deshalb »heftet [...] sich das Interesse ungezählter Konsumenten« mit gutem »Grund [...] an die Technik« (DA, GS 3, S. 144). Ideologischen Rückhalt, so Adorno 1963 in einem Radiovortrag, »hat die Kulturindustrie gerade daran, daß sie vor der vollen Konsequenz ihrer Techniken in den Produkten sorgsam sich hütet« (KG, GS 10/1, S. 64). Es scheint nur noch ein winziger Schritt zu fehlen, damit die Kulturindustrie das falsche Bewusstsein, das sie intellektuell unterminiert, um es dem entsubjektivierten Habitus umso tiefer einzubrennen, durchschlägt. Auf der Höhe rationaler Materialbeherrschung, die alles in Planmäßigkeit überführen möchte, kommt es dann doch zu Provokationen der Kontingenz, die dem Material die Freiheit erschließen, sich zumindest in wenigen Momenten »Mark Twainscher Absurdität« selbst zu bestimmen, um zu einem »Korrektiv« der esoterischen Kunst zu werden, blitzt doch in »manchen Revuefilmen, vor allem aber in der Groteske und den Funnies [...] für Augenblicke die Möglichkeit« der »Negation« entfremdeter Arbeit »auf« (DA, GS 3, S. 150).

Die »Kulturindustrie hat ihr Wahrheitsmoment daran, daß sie einem substantiellen, aus der gesellschaftlich fortschreitenden Versagung hervorgehenden Bedürfnis genügt; aber durch ihre Art Gewährung wird sie zum absolut Unwahren« (ÄT, GS 7, S. 461). Evident wird diese veränderliche Dialektik von Wahrheit und Unwahrheit an der Universalisierung der Warenform durch die ubiquitäre Konsumwerbung, die den Alptraum der Unterkonsumtionskrise, der mit jeder Runde steigender Gewinne im Monopolkapitalismus zurückkehrt, nur noch zu verdrängen vermag, indem sie das kapitalistische Leistungsprinzip unterminiert: »Amusement, ganz entfesselt, wäre nicht bloß der Gegensatz zur Kunst, sondern auch das Extrem, das sie berührt.« (DA, GS 3, S. 150) Weil der Fortschritt der Aufklärung und der Technik jede Form selbstbestimmungsresistent vorenthaltener Gratifikation negierbar macht, enthalten die *Minima Moralia* eine entschiedene Absage an den stillschweigenden Konformismus der psychoanalytischen Kunst- und Kulturtheorie: »Künstler sublimieren nicht.« (MM, GS 4, S. 284)[15]

---

22 Zum Protest der Boheme gegen den bürgerlichen Triebaufschub vgl. auch Habermas 1973, S. 118f.

Auch das »Zerrbild der Solidarität«, das die Kulturindustrie zeichnet, ist noch ein Bild der Solidarität (DA, GS 3, S. 149). Die Kulturindustrie, die die Menschen bei der Stange hält, trägt gleichzeitig dazu bei, dass »es mit dem bei der Stange halten immer schwieriger geworden« (DA, GS 3, S. 167). In der Rebellion gegen den Sinn kommuniziert der Wahrheitsgehalt der hermetischen Werke untergründig mit dem der Kulturindustrie: »Der Bürger wünscht die Kunst üppig und das Leben asketisch; umgekehrt wäre es besser.« (ÄT, GS 7, S. 27)

Literaturverzeichnis

Brunkhorst, Hauke (2001): »Die Tücke des Knechts, Sammelrezension neuer Bücher von Judith Butler, Slavoj Zizek und Dieter Henrich«. In: ZEIT Literatur 8, S. 93–94.
Bubner, Rüdiger (1989): Ästhetische Erfahrung. Frankfurt am Main: Suhrkamp.
Dreyfus, Hubert L./Rabinow, Paul (1987): Michel Foucault – Jenseits von Strukturalismus und Hermeneutik. Frankfurt am Main: Athenäum.
Gehlen, Arnold (2016): Zeit-Bilder. Frankfurt am Main: Klostermann.
Grundmann, Thomas (2016): »Stellungnahme«. In: Information Philosophie 4, S. 28–38.
Habermas, Jürgen (1969): Strukturwandel der Öffentlichkeit. Neuwied: Luchterhand.
Habermas, Jürgen (1973): Legitimationsprobleme im Spätkapitalismus. Frankfurt am Main: Suhrkamp.
Hindrichs, Gunnar (2011): »Der Fortschritt des Materials«. In: Richard Klein/Johann Kreuzer/Stefan Müller-Doohm (Hrsg.): Adorno Handbuch. Stuttgart: Metzler, S. 47–58.
Husserl, Edmund (1976): Die Krisis der Europäischen Wissenschaften und die transzendentale Phänomenologie. Haag: Nijhoff.
Johann, Wolfgang (2017): »Das Diktum Adornos. Debatten, Adaptionen, Poetiken«. Vortragsmanuskript. In: Forschungskolleg Kritische Theorie (19.02.2017). Kassel.
Koch, Gertrud (2016): Die Wiederkehr der Illusion. Der Film und die Kunst der Gegenwart. Berlin: Suhrkamp.
Luhmann, Niklas (1995): Die Kunst der Gesellschaft. Frankfurt am Main: Suhrkamp.
Lukács, Georg (1923): Geschichte und Klassenbewußtsein. Berlin: Malik.
Marcuse, Herbert (1965): »On Science and Phenomenology«. In: Boston Studies in the Philosophy of Science 2, S. 279–290.
Marcuse, Herbert (1970): »Über den affirmativen Charakter der Kultur«. In: Herbert Marcuse: Kultur und Gesellschaft 1. Frankfurt am Main: Suhrkamp, S. 56–101.
Menke, Christoph (2005): Die Gegenwart der Tragödie. Frankfurt am Main: Suhrkamp.
Mueller, Sabine Elisa (2016): »Alibis: Sigmar Polke. Retrospektive«. Im Museum Ludwig (Köln), bis 05.07.2015, ARTBLOG COLOGNE. http://www.artblogcologne.com/besprechung-sigmar-polke/, besucht am 24.11.2016.
Pohlmann, Luisa (2012): Die Ironie in der Kunst Sigmar Polkes. Berlin: Universität der Künste.

Popper, Karl (1971): Die Logik der Forschung. Tübingen: Mohr.
Sartre, Jean-Paul (1977–1979): Der Idiot der Familie. Gustave Flaubert 1821 bis 1857. 5 Bde. Dt. Übersetzung von Traugott König. Hamburg: Rowohlt.
Seel, Martin (2003): Ästhetik des Erscheinens. Frankfurt: Suhrkamp.
Sonderegger, Ruth (2011): »Ästhetische Theorie«. In: Richard Klein, Johann Kreuzer, Stefan Müller-Doohm (Hrsg.): Adorno Handbuch. Stuttgart: Metzler, S. 414–427.
Theunissen, Michael (1978): »Begriff und Realität: Hegels Aufhebung des metaphysischen Wahrheitsbegriffs«. In: Rolf-Peter Horstmann (Hrsg.): Seminar: Dialektik in der Philosophie Hegels. Frankfurt am Main: Suhrkamp, S. 324–359.
Theunissen, Michael (1980): Sein und Schein: Die kritische Funktion der Hegelschen Logik. Frankfurt am Main: Suhrkamp.
Vesper, Achim (2014): »Kunst als Erschütterung der Kategorie des Sinns?«. In: Friedrich Vollhardt (Hrsg.): Hölderlin und die Moderne. Festschrift Dieter Henrich. Berlin: Schmidt, S. 195–209.

Josef Früchtl
Erfahrungssättigung

Auch mit Büchern machen wir Erfahrungen. Wir erinnern uns, wann wir sie zum ersten Mal gelesen und welchen Eindruck sie auf uns gemacht haben. Wenn eine Erfahrung machen heißt, mit etwas konfrontiert zu werden, das man nicht kennt, einem Sachverhalt, dem man nicht ausweichen kann, weil er das intellektuelle Ordnungssystem der eigenen Weltwahrnehmung durchbricht, weil er also zugleich herausfordernd und weitertreibend wirkt. Und wenn eine Erfahrung machen heißt, etwas (wie) zum ersten Mal kennen zu lernen, so dass es fortan exemplarisch für ein Ganzes steht; etwa wenn man als junger Rucksacktourist in Italien an einer Ausfallstraße hinter Florenz einem Bauern (zu einem unglaublich billigen Preis) Tomaten abkauft, sie verzehrt und mit Staunen feststellt, wie gut (aromatisch, herzhaft, säuerlich-süß) Tomaten schmecken können, das Wort »pomodoro« in diesem Augenblick also schlagartig Sinn erhält, so sehr, dass man bereit ist, auch die mythologische Bedeutung zu akzeptieren, der pomo d'oro sei ein Goldapfel. Wenn dies Charakteristika von Erfahrung sind, ist meine Lektüreerfahrung eines philosophischen Buches zur Ästhetik eindeutig zurückgebunden an Adornos *Ästhetische Theorie*. Es gab mir in seiner sprachlich hoch elaborierten Form, ebenso rätselhaft wie unwiderstehlich, zu verstehen, wie eine politisch imprägnierte Philosophie des Ästhetischen zu sein habe.

Das Buch erfreut sich aus meiner Sicht des kontingenten Vorteils einer jugendlich intensiven, prägend starken und durchdringenden Lektüre. Zum ersten Mal habe ich es 1975 gelesen, dem Jahr, in dem ich nach Frankfurt am Main ging, um dort im Wintersemester mein Philosophiestudium zu beginnen. Ich hatte damals manche von Adornos Aufsätzen – »Was bedeutet: Aufarbeitung der Vergangenheit?«, »Fernsehen als Ideologie« in dem schmalen Band *Eingriffe* der »edition suhrkamp« – bereits gelesen. Denn als Gymnasiast in einem politisierten Umfeld war ich in der Auseinandersetzung mit erzkonservativen, lernunfähigen Lehrern wissbegierig. Die Ausläufer der Studentenrevolte hatten die Schulen auch auf dem bayerischen Land erreicht. Willy Brandt, der die öffentliche Parole ausgegeben hatte, wir sollten endlich »mehr Demokratie wagen«, musste 1974 zurücktreten, nachdem er 1969 als erster sozialdemokratischer Kanzler die Alt-Herren-Riege der CDU abgelöst hatte, mit einem Bundeskanzler, Kurt Georg Kiesinger, der 1933 in die NSDAP eingetreten war, und einem CSU-Politiker, Franz Josef Strauß, der »die roten Ratten« dorthin jagen wollte, wo sie hin gehörten: »in ihre Löcher« (*Die Welt* v. 23. Sept. 1974). Auch Adorno wurde zusammen mit anderen Weggefährten der Frankfurter Schule verleumderisch verantwortlich gemacht für Gewaltaktionen der protestierenden Studenten und sogar der terroristischen »Roten Armee Fraktion«. Der CDU-Ministerpräsident Hans Filbinger, auch er vormals Mitglied der NSDAP und während des 2. Weltkriegs als »furchtbarer Jurist« (Rolf Hochhuth) Marinerichter[1], tat sich hier besonders hervor. Ein ganz anderes Thema trat 1972 erst mit dem Buch *Die Grenzen des Wachstums* (*The Limits to Growth*) in den Vordergrund, dem sogenannten »Bericht des Club of Rome zur Lage der Menschheit«, und erhielt ein Jahr später eine ungeahnte politische Bedeutung, als arabische Ölstaaten ein Embargo gegen die westlichen Staaten verhängten, eine ökonomische Waffe gegen die Unterstützung Israels im Krieg mit Ägypten und Syrien, der am 6. Oktober 1973, am jüdischen Feiertag Jom Kippur, begonnen hatte. Das Fahrverbot für Autos, das die Bundesregierung im November für vier Sonntage erließ, hatte zwar den angenehmen Nebeneffekt, dass man die Erfahrung machen konnte, wie es ist, auf einer Autobahn spazieren zu gehen oder Rad zu fahren, führte aber auch in schockartiger Evidenz die Abhängigkeit des ökonomische Wachstums von der Ressource Öl vor Augen.

Vor diesem Hintergrund bietet Adornos *Ästhetische Theorie* eine willkommene Verschmelzung von Politik, Philosophie und Kunst, wobei Kunst vor allem moderne Kunst meint und Philosophie die jugendliche, man kann auch sagen: pubertäre, aber im theoretischen Kern doch klassische Einstellung, dass es hier ums Ganze gehe; dass diese Art des Denkens trotz der notwendigen analytischen Präzision und trotz aller metaphysischen und ideologischen Fallstricke aufs Ganze gehe. Freilich ist hier ein kleiner, aber entscheidender Zusatz nötig: aufs Ganze muss dieses Denken letztlich unabgesichert und ungeschützt gehen, also im Wissen um die eigene Verletzbarkeit und historische Hinfälligkeit.

Was die historische Dimension betrifft, so gehört zu den grundlegenden Elementen der Kritischen Theorie um Max Horkheimer, die auch Theoretiker des äußeren Zirkels wie Siegfried Kracauer und Walter Benjamin umfasst, die Erfahrung vom modernen Erfahrungsverlust, vorangetrieben durch Wissenschaft, Technik und die traumatischen Großereignisse der zwei Weltkriege des 20. Jahrhunderts. Aber bei diesem negativen Befund hat es nicht sein Bewenden. Vor allem mit Benjamin teilt Adorno eine

---

1 Zur Auseinandersetzung Filbingers mit dem Dramatiker Rolf Hochhuth vgl.: https://de.wikipedia.org/wiki/Filbinger-Affäre, besucht am 6. Juni 2019.

Konzeption – von einer Theorie kann nicht die Rede sein – des Erfahrungsbegriffs, die innerhalb der vielfältigen philosophiegeschichtlichen Tradition, innerhalb der *Songs of Experience*, wie Martin Jay sie in einer Hommage an William Blake genannt hat, »the most complex and lyrical song«, die vielschichtigste und ästhetischste Variante darstellt (Jay 2005, S. 314). Es ist vor allem das mimetische Vermögen, das den Erfahrungssubjekten auch und gerade unter Gefährdungsbedingungen dazu verhilft, sensibel zu bleiben für das, was Erfahrung ausmacht, dasjenige, was der Verbalisierung entgleitet und nur in Korrespondenzen zwischen den Worten und Sätzen aufscheint. In ihrer Kernbedeutung meint Mimesis bei Adorno ja eine sensitive, auf Empfindlichkeit und Feinfühligkeit geeichte Fähigkeit, die die zweifache Funktion erfüllt, die Selbsterhaltung eines schwachen, machtlosen Subjekts zu gewährleisten und dennoch wenigstens zum Teil auch auf die humane Seite der Existenz zu verweisen, auf das, was über instrumentelle Rationalität hinausweist.

Die Verschmelzung von Politik, Philosophie und Kunst steht also in den 1970er Jahren unter dem Vorzeichen der wiederentdeckten Erfahrungskonzeption. Am sinnfälligsten kommt dies zum Ausdruck in Michael Rutschkys »Essay über die siebziger Jahre«, den er mit »Erfahrungshunger« überschreibt (Rutschky 1980). 1972 erscheint auch Hans Robert Jauß' *Kleine Apologie der ästhetischen Erfahrung*, der er wenige Jahre später *Ästhetische Erfahrung und literarische Hermeneutik* folgen lässt (Jauß 1972 und 1977), und 1973 erscheint Rüdiger Bubners Aufsatz »Über einige Bedingungen gegenwärtiger Ästhetik«, der Adorno allerdings nicht als kantianischen Erfahrungs-, sondern als hegelianischen Wahrheitstheoretiker beschreibt und, wie weitgehend auch Jauß, den politischen Aspekt ausklammert (Bubner 1989, S. 9–51).

Je öfter oder intensiver man Adornos *Ästhetische Theorie* und seine anderen Schriften liest, desto unvermeidlicher stellt sich aber auch eine Leseerfahrung ein, die der Intention ihres Autors zuwiderläuft. Der Horizont der Erfahrung wird nämlich nicht nur erweitert, sondern auch eingeengt. Wie der Rabe in Edgar Allen Poes berühmtem Gedicht stets sein »Nevermore« krächzt, so stellt sich bei der Lektüre von Adorno stets wieder der »Rabe Entfremdung« (Demetz 1965) alias »Verdinglichung« alias »Verblendungszusammenhang« ein. Hat man einmal gelernt, die Welt mit den Augen Adornos zu sehen, gibt es nichts, was nicht sogleich einzuordnen wäre: das Lächeln der Kassiererin im Supermarkt – keine kalte Profitstrategie, aber doch deren Maske; der Junkie, der einen um etwas Geld anbettelt – eine armselige Verkörperung des Schuldzusammenhangs; ein blühender Kirschbaum im Frühling – zartes Versprechen des Glücks und zugleich Ablenkung vom Entsetzen. Wer nach Erfahrungen hungert, wird des Automatismus, der selbst noch in der raffiniertesten dialektischen Kehre steckt, irgendwann überdrüssig. Er, sie oder wer auch immer weiß, dass man ohne Theorien nicht auskommt, aber man möchte es doch erst einmal auf eigenen Faust probieren. Lieber sich in Einzelheiten verlieren, als von vornherein Bescheid wissen.

Freilich kommt auch Adorno selber sich immer wieder in die Quere. Die Spannung zwischen Theorie und Erfahrung bleibt auch bei ihm bestehen. Das zeigt sich nur wenig in der *Ästhetischen Theorie*, dem Buch, das als philosophisch-ästhetische Summa gedacht ist und mit Beispielen, vor allem mit konkreten Kunstwerkanalysen geizt. Es zeigt sich aber immer wieder in überraschenden interpretativen Wendungen, in einzelnen Essays und in Interpretationsschwierigkeiten, wie sie sich speziell in musikalischen Werken ergeben. »Es sind die materialen Arbeiten vor allem zur Musik, in denen Adorno offen gegen eigene dialektische Prämissen ketzert« (Klein et. al. 2019, S. IX). Das Kriterium für die Qualität einer Theorie besteht in dem Grad, in dem sie erfahrungsgesättigt ist, dem Maß, in dem sie der konzeptuell widerspenstigen Erfahrung Raum lässt.

Für einen Studenten wie mich, der durch die Proteste der späten 1960er Jahre politisch wach geworden ist und Mitte der 1970er Jahre in Frankfurt, also am richtigen Ort, Adornos *Ästhetische Theorie* zu lesen und mit anderen heftig zu diskutieren beginnt, gibt es einen gesellschaftlichen Bereich, der von Anfang an in Konflikt steht mit der Theorie, die man vor Ort studiert: der Bereich der Populärkultur. Er ist in der Bundesrepublik jener Jahre und in den anderen Staaten der sogenannten westlichen Welt bereits ein massiver sozialer Faktor. Die »leichte Kunst« der Unterschicht ist zur dominanten Kultur der massendemokratischen Gesellschaften geworden. Kino und Radio haben sich schon seit dem Beginn des 20. Jahrhunderts etabliert, das Fernsehen zieht in Westeuropa zwischen 1965 und 1975 nach. Vor allem aber ist es, vorbereitet durch den amerikanischen Rock 'n' Roll der 1950er Jahre, die Rock- und Popmusik der 1960er Jahre, die ein kulturelles, nationen- und klassenübergreifendes Erdbeben auslöst (Maase 1997, S. 235ff.). In den Jahren zwischen 1962 und 1963, als die Beatles mit »Please Please Me« ihren ersten großen Hit landen und 1963 mit »She Loves You / Yeah, Yeah, Yeah« den Siegesschrei der Jugend markieren, vollzieht sich mit fulminanter Geschwindigkeit eine Revolutionierung der populären Musik, in der eine neue Band auf die andere folgt und eine Art von Rockmusik die andere jagt. Die Rolling Stones gefallen sich als böse Buben, The Who singen gewollt stotternd über »My Generation« und zertrümmern Schlagzeug samt Elektrogitarre, Cream fusioniert in zwanzigminütigen Stücken Blues, Hard- und Psychedelic-Rock mit der Improvisationskunst des Jazz, The Doors adeln die Rockmusik mit poetischer Qualität, Frank Zappa würzt alles mit Spaß und Anarchie, Jimi Hendrix, »the God of guitar«, zerzaust in Woodstock in nie gehörten jaulenden Tönen die US-amerikanische Nationalhymne, Janis Joplin singt mit rauchiger Whiskey-Stimme, Pink Floyd schwebt im düsteren Synthesizer-Sound davon in andere musikalische Dimensionen, Led Zeppelin leitet satten Hardrock ein.

Adorno, so muss man ohne Zweifel sagen, heute noch viel mehr als in den 1960er und 1970er Jahren, steht dieser Musik verständnislos und zumeist forsch ablehnend gegenüber. Ab und zu finden sich, vor allem in der *Einleitung in die Musiksoziologie* (1962 und 1968), kleine Konzessionen, aber im Großen und Ganzen steht sein Urteil fest: Diese Art von Musik – Adorno bezieht sich vor allem auf den Schlager und den Jazz – bietet nichts Neues, sie trägt nichts bei zu dem von ihm gepriesenen »Fortschritt des musikalischen Materials«, ist diesem gegenüber zurückgeblieben und bleibt gefangen im Konsumkapitalismus. Es ist daher aussichtslos zu glauben, man könne politischen Protest mit Popmusik zusammenbringen. Dem Protestsong über den Vietnamkrieg ergeht es vielmehr nicht anders als allen anderen Songs der populären Musik: er wird zur genießbaren Ware.[2] Wer Adorno in dieser Hinsicht nicht zustimmen kann, ihn gleichwohl aber als philosophisch-ästhetischen Lehrer aufs Höchste schätzt, findet sich in der intellektuellen Schizophrenie wieder, als Theoretiker etwas verurteilen zu müssen, was er als erfahrungshungriger Zeitgenosse umgekehrt hocherfreut willkommen heißt. Letztlich zählt natürlich die Erfahrung mehr als die Theorie, und so beginnt man, die Theorie zu erweitern, indem man die Erfahrung integriert.

Man folgt dabei den Hinweisen, die Adorno selber gibt. So gibt es in der *Ästhetischen Theorie* nur wenige Passagen zum Begriff der Kulturindustrie, den Adorno und Horkheimer in der *Dialektik der Aufklärung*, geschrieben im kalifornischen Exil während des Zweiten Weltkriegs, mit den Filmstudios von Hollywood vor Augen, eingeführt haben. Doch ist nicht schwer zu sehen, dass ein Absatz wie der über das Mimetische und das

---

2 Vgl. Kemper 1991; zu Adornos Kritik des Jazz vgl. zusammenfassend Mohr 2019; vgl. auch das kurze Statement Adornos auf: https://www.youtube.com/watch?v=-njxKF8CkoU, besucht am 10.07.2019.

Alberne, der die Nähe der Kunst zur Welt der Kinder und der Clowns herausstellt (ÄT, GS 7, S. 180ff.), sich zustimmend auch auf das Kino als zentralem Sektor der Kulturindustrie beziehen kann. Adorno tut dies an anderer Stelle in der Tat und verweist mit kindlich-anarchischer Freude auf die Marx Brothers (D, GS 14, S. 48f.) oder Charlie Chaplin (KG, GS 10/1, S. 362ff.). In seinem Aufsatz »Résumé über Kulturindustrie«, einem kurzen Text aus dem Jahr 1963, streut Adorno deutlicher Zweifel an der monolithisch erscheinenden alten These, wenn er annimmt, »dass das Bewusstsein der Konsumenten selber gespalten ist«, sie mehr oder weniger bewusst in einer kulturellen Schizophrenie leben, da sie einen »Betrug wollen, den sie selbst durchschauen«; dass die Redeweise, die Welt wolle betrogen sein (*mundus vult decipi*), also einen verzweifelten, zynischen oder entspannt-paradoxen Willensakt zum Ausdruck bringt (KG, GS 10/1, S. 342).[3] Die Rolling Stones bringen dies 1974 auf die berühmte musikalische Formel: »I know it's only rock 'n roll but I like it.« »Tell me lies, tell me sweet little lies«, heißt es später bei Fleetwood Mac im Fahrwasser des Mainstream-Rock der 1980er Jahre.

Auch was den Film betrifft, lässt sich von Adornos *Ästhetischer Theorie* weitaus mehr produktiv Gebrauch machen, als er selber andeutet, und zwar vor allem unter zwei Aspekten. Zunächst unter einem eher kulturhistorischen und gesellschaftstheoretischen Aspekt. Man betrachtet den Film dann auf der Folie der von Hegel vorgestellten und von Jürgen Habermas (1985) sowie Charles Taylor (1994) erneuerten Theorie der Moderne. Der Film erscheint dann als Allegorie einer modernen Subjekttheorie. Bestimmte Genres – der Western, der Thriller und der Science-fiction Film – werden vor diesem Hintergrund lesbar als Ausdrucksformen der Figur des Helden in der Moderne. Oder umgekehrt, das Subjekt wird zum (ambivalenten, männlichen) Helden der Moderne, dessen Geschichte auf unterschiedlichen und sich überlappenden Ebenen – einer klassischen, agonalen und hybriden Ebene – erzählt werden kann. Was wir »die Moderne« nennen, ist demnach keine fest umgrenzte Einheit. Vielmehr besteht sie aus Überlappungen, Parallelen und Bedeutungsverschiebungen der einzelnen archäologischen Ebenen. Gefragt, was denn so faszinierend sei am Western, am Thriller und am Science Fiction-Film, an der Figur des

---

[3] Peter Sloterdijk theoretisiert diese Haltung in seiner *Kritik der zynischen Vernunft* (1983) zwar ausgebreitet im Rückgriff auf die Weimarer Republik, erkennt darin aber auch eine Erfahrung seiner Generation nach 1968. Sie vor allem praktiziere Zynismus als »aufgeklärtes falsches Bewusstsein«.

Westernhelden, des Gangsters (oder seiner Gegenspieler, nämlich des dubiosen Privatdetektivs und des fanatischen Polizisten) und schließlich am Cyborg, kann man dann antworten: Es ist die Faszination des Selbst in seinen verschiedenen Dimensionen, der Art, wie es sich selbst begründet, mit sich selbst im Widerstreit steht und sich selbst je neu erschafft.

Der zweite Aspekt einer ästhetischen Theorie des Films ist im engeren Sinn philosophisch, nämlich epistemologisch und vor allem ontologisch-existenziell interessant. Adorno steht in diesem Kontext der philosophischen Phänomenologie und dem Existenzialismus näher, als man gemeinhin annimmt. Er streift die Thematik, wenn er in der *Ästhetischen Theorie* über den Sprachcharakter der Kunst nachdenkt: »Etruskische Krüge in der Villa Giulia«, einer ehemals päpstlichen Sommerresidenz im Norden Roms, die das Museo Nazionale Etrusco beherbergt, »sind sprechend im höchsten Maß und aller mitteilenden Sprache inkommensurabel. [...] Das Sprachähnliche an den Vasen berührt sich am ehesten mit einem Da bin ich oder Das bin ich, einer Selbstheit, die nicht erst durchs identifizierende Denken aus der Interdependenz des Seienden herausgeschnitten ward. So scheint ein Nashorn, das stumme Tier, zu sagen: ich bin ein Nashorn« (ÄT, GS 7, S. 171f.). Das »Da bin ich« oder »Das bin ich« meint in traditioneller philosophischer Terminologie das Dass-Sein (*quodditas*) der Dinge im Gegensatz zu ihrem Was-Sein (*quidditas*). Der Existenzialismus nimmt davon seinen Ausgangspunkt mit dem Lehrsatz, dass Existenz der Essenz zeitlich und logisch vorausgeht. Denn um etwas begrifflich bestimmen oder identifizieren zu können, muss es in seinem bloßen Dasein zunächst einmal im doppelten Sinne angenommen, das heißt empfangen und unterstellt werden. Epistemologisch entspricht ihm nicht das begriffliche Bestimmen, sondern das Zeigen bzw. im phänomenologischen Sprachgebrauch das Sich-Zeigen. In diesem Sinne schreibt Adorno, wiederum im Kontext des Sprachcharakters der Kunst: »Was Bilder sagen ist ein Seht einmal« (ÄT, GS 7, S. 251). Sie fordern zum Hinschauen auf. Aber sie können das nicht wörtlich tun, sondern allenfalls in einer Art deiktischer Geste. Sie »deuten« also, wie Adorno fortfährt, auf etwas, und das, worauf sie deuten, ist ein Doppeltes: sie selbst und durch sie hindurch so etwas wie eine Idee im hegelschen Sinn, eine begriffene Wirklichkeit. Auf diese deiktische Geste, so kann man folgern, ist der Film spezialisiert. Als ein ästhetisches Medium, das konstitutiv und im mehrfachen Sinn auf Bewegung aufruht, auf einem Raum-Zeit-Kontinuum, ist es in der Lage, diese Geste selber vorzuführen. Wenn es richtig ist, wie Alexander Kluge anmerkt, dass es das Bild ist, das Adorno am Film stört, dass er »ein Bilderfeind« ist, dem »die Verteidigung der unsichtbaren Bilder am Herzen liegt« (Kluge 1989, S. 112–113), dann bietet gerade das primär visuelle Medium des Films in seiner gestischen Kraft ein Reich für unsichtbare Bilder. Dann geschieht es, dass ein Film »abhebt, wirklich abhebt, sich löst von der Schwerkraft des Bedeutens und Erzählens und mitsamt seinen Bildern davondriftet« (Nicodemus 2019). Adorno würde das gewiss gefallen.

Literaturverzeichnis

Bubner, Rüdiger (1989): »Über einige Bedingungen gegenwärtiger Ästhetik«. Wiederabgedruckt in: Rüdiger Bubner: Ästhetische Erfahrung. Frankfurt am Main: Suhrkamp, S. 9–51.
Demetz, Peter (1965): »Der Rabe Entfremdung«. In: Merkur, 19. Jg., Heft 213, S. 1194–1196.
Habermas, Jürgen (1985): Der philosophische Diskurs der Moderne. Zwölf Vorlesungen. Frankfurt am Main: Suhrkamp.
Jauß, Hans Robert (1972): Kleine Apologie der ästhetischen Erfahrung. Konstanz: Universitätsverlag.
Jauß, Hans Robert (1977): Ästhetische Erfahrung und literarische Hermeneutik. Bd. I: Versuche im Feld der ästhetischen Erfahrung. München: Fink.
Jay, Martin (2005): Songs of Experience. Modern American and European Variations on a Universal Theme. Berkeley: University of California Press.
Kemper, Peter (1991): »Der Rock ist ein Gebrauchswert. Warum Adorno die Beatles verschmähte«. In: Merkur, 45. Jg., H. 510/511, S. 890–902.
Klein, Richard/Kreuzer, Johann/Müller-Dohm, Stefan (2019): »Vorrede zur zweiten Auflage«. In: Richard Klein/Johann Kreuzer/Stefan Müller-Dohm (Hrsg.): Adorno-Handbuch. Leben – Werk – Wirkung. 2., erweiterte u. aktualisierte Aufl. Berlin: Metzler.
Kluge, Alexander (1989): »Die Funktion des Zerrwinkels in zertrümmernder Absicht. Ein Gespräch zwischen Alexander Kluge und Gertrud Koch«. In: Rainer Erd/Dietrich Hoß/Otto Jacobi/Peter Noller (Hrsg.): Kritische Theorie und Kultur. Frankfurt am Main: Suhrkamp, S. 106–124.
Maase, Kaspar (1997): Grenzenloses Vergnügen. Der Aufstieg der Massenkultur 1850–1970. Frankfurt am Main: Fischer.
Mohr, Georg (2019): »Jazz als Interferenz«. In: Richard Klein/Johann Kreuzer/Stefan Müller-Dohm (Hrsg.): Adorno-Handbuch. Leben – Werk – Wirkung. 2., erweiterte u. aktualisierte Aufl. Berlin: Metzler, S. 194–201.
Nicodemus, Katja (2019): »›Einfach abgehoben!‹, Rezension des Films ›Burning‹ des südkoreanischen Regisseurs Lee Chang Dong«. In: DIE ZEIT Nr. 24 v. 06.06.2019.
Rutschky, Michael (1980): Erfahrungshunger. Ein Essay über die siebziger Jahre. Köln: Kiepenhauer & Witsch.
Sloterdijk, Peter (1983): Kritik der zynischen Vernunft. Frankfurt am Main: Suhrkamp.

Taylor, Charles (1994): Quellen des Selbst. Die Entstehung der neuzeitlichen Identität. Frankfurt am Main: Suhrkamp.
Wikipedia: https://de.wikipedia.org/wiki/Filbinger-Affäre (06.06.2019).
Youtube: https://www.youtube.com/watch?v=-njxKF8CkoU (27.08.2010).

Eva Geulen
Festung und Falle

Freiburg, Sommersemester 1982

Ute Guzzoni hält ein Proseminar zum Odysseus-Exkurs der *Dialektik der Aufklärung* ab, dienstags von 14.00 bis 16.00, und gleich anschließend noch einmal als Hauptseminar. Beide Veranstaltungen finden im überfüllten Hörsaal mit ansteigenden Bänken statt: undenkbar, sich da je zu melden oder zu äußern. Aber ich ging regelmäßig hin. Der von Herrn Kittler angebotenen Veranstaltung zur Bibliothek in der Literatur blieb ich nach der zweiten Sitzung jedoch fern. Es ging nämlich gar nicht um Bücher, sondern um Computer, und die überschaubare Anzahl der schwarz gekleideten Jungs war noch einschüchternder als die Massen bei Frau Guzzoni.

In den Semesterferien entstand die erste universitäre Hausarbeit zum Verhältnis zwischen Odysseus' Heimkehr nach Ithaka und dem Begriff der Versöhnung in Adornos und Horkheimers Odysseus-Exkurs. Es schien irgendwie dringlich, zwischen der Literatur und ihrer philosophischen Heimholung im Begriff zu unterscheiden. Um diese Arbeit herum wurde viel Adorno gelesen: verschiedene Vorlesungen, die Hegel-Studien, auch die *Negative Dialektik* (was man so lesen nennt). ÄT blieb verschlossener Brocken und uneinnehmbare Festung: reingeschaut, zugemacht. So genau und beispielsarm wollte ich es nicht wissen.

Baltimore, Wintersemester 1983

An andere Küsten verschlagen gab es vorläufig keine Heimkehr, aber etwas zu versöhnen. Neil Hertz und Samuel Weber machten mit einer Psychoanalyse bekannt, die mit dem, was ich darüber bei Gerhard Kaiser in Freiburg erfahren hatte, nicht kompatibel war. Die erste Hausarbeit dort galt also der Dialektik von Herrschaft bei Adorno und Freud. Wo ich jetzt war, herrschte Freud, und Adorno war (bestenfalls) Knecht. Wie man damit fertig wurde, hatte ich gelernt; Dialektik geht immer. ÄT blieb ungelesen im Regal. Und es gab Benjamin, sehr, sehr viel Benjamin.

1985 war Werner Hamacher auf der Bildfläche erschienen, und der bot neben mehr Benjamin auch Adorno an. Die erste für seine Veranstaltung angefertigte Hausarbeit galt Adornos Eichendorff-Aufsatz, mir noch heute einer der liebsten. Unter den Lyrik-Essays Adornos und vor allem im Vergleich zu *Parataxis* ist er der unverkrampfteste, bis zur Unaufmerksamkeit gelockert und dem ›Sprachgefälle‹ philosophiefern und erotikaffin hingegeben. In diesem Text schien eine Theorie der Sprache versteckt, von der ich nicht nur glaubte, sie sei auf der Höhe dessen, was ich von Heidegger und Benjamin kannte, sondern die auch einen Kontrapunkt zur verquälten negativen Dialektik des Kunstwerks als autonom und *fait social* bildete. Jetzt führte kein Weg mehr an ÄT vorbei; da war doch etwas gewesen mit dem konstitutiven Rätselcharakter aller Kunstwerke und ihrer Sprachähnlichkeit. Da ich endlich im Besitz einer Ausgabe mit Begriffsregister war, wurden die entsprechenden Passagen herausgefiltert und mühevoll dechiffriert. Diese Vorarbeiten waren als theoretische Unterfütterung für die Ausarbeitung der Sprachtheorie des Eichendorff-Aufsatzes gedacht, aber es fügte sich nicht zusammen. Was im Aufsatz mutig gesetzt wurde und mir intuitiv einleuchtete, blieb im diskursiven Zusammenhang der ÄT opak und selber Rätsel.

Rochester, Wintersemester 1990/91

ÄT zum ersten Mal ganz und am Stück gelesen. Fredric Jamesons Buch (*Late Marxism*, 1990) hatte Zugänge gebahnt und Wege gewiesen. Er gab zu verstehen, man dürfe nicht auf philosophische Erhellung und begriffliche Durchdringung setzen, sondern habe die schwierigen Sätze so zu lesen, als seien sie Literatur gewordene Dialektik. Insgeheim dankbar für diese Anweisung, wollte ich es aber gleich noch besser machen: Zugunsten einer ganz und gar (sozusagen Eichendorff-mäßig, also romantisch) entfesselten Dialektik bei Adorno wurde Jameson in einer längeren Rezension für *TELOS* (Geulen 1991) besserwisserisch zurechtgewiesen.

Berlin, Wintersemester 1997

Für das Büchlein zum *Ende der Kunst* (Geulen 2002) sollte Adorno Kür sein. Nach den Hegel-Pflicht-Qualen war das immerhin Rückkehr auf lange vertrautes Terrain. Zum zweiten Mal wurde ÄT ganz gelesen. Mit dem Motiv eines Endes der Kunst zwischen seiner utopisch aufgeladenen Selbsterübrigung in einer befreiten Gesellschaft und seiner apokalyptischen Koinzidenz mit der Kulturindustrie hatte ich eine Wünschelrute an der Hand, die mich halbwegs sicher durch den Text geleitete. Sie schlug gelegentlich aber auch bei ganz anderen Dingen aus: u. a. Mimesis-Konzeption, Gender-Fragen, Fetischismuskonzept, Bedeutung von Scham und Eros, Rolle der Beispiele. Aus der Festung war unversehens ein Steinbruch geworden. Über Jahre konnte ich mich da bedienen; die Liste vereinzelter Themen wurde sukzessive und gelegenheitsgebunden in verschiedenen Aufsätzen mehr oder weniger erschöpfend abgearbeitet. ÄT war oft Ausgangspunkt, wurde kursorisch gestreift, aber als die Festung zur Ruine zerfallen war, misstraute ich dem Text als Text. (Im Rückblick würde ich sagen: ÄT ist der einzige (Groß-)Essay, den Adorno je geschrieben hat. Was er im berühmten *Der Essay als Form* an Zügen versammelt hat, trifft nämlich auf keinen seiner Essays, einschließlich des genannten, zu, wohl aber auf ÄT.)

Bonn, Sommersemester 2003
Im ersten Bonner Semester wurde ein Hauptseminar zu »Adorno und das Glück des Scheiterns« angeboten. ÄT kam nicht vor. Anfangs waren auch einige Frauen da. Sie kamen nach wenigen Wochen nicht mehr. Nur männliche Studenten der Philosophie harrten aus. Etwas lief gründlich falsch.

Bonn, Sommersemester 2012
Juliane Rebentischs Buch über die *Kunst der Freiheit* (Rebentisch 2012) war kürzlich erschienen und wurde im letzten Bonner Semester zum Anlass für ein Seminar zu Schillers *Briefen über ästhetische Erziehung* und Adornos ÄT. Für Letztere blieben sieben Sitzungen. Der Vorlauf mit dem auch sperrigen Schiller machte eine neue Strategie möglich. Statt gewollter Vereinzelung der Sätze ging es nun um die großen Bögen und Überblick: Systematik um jeden Preis durch kalkulierte Überwältigung. Wir waren allesamt gnadenlos überfordert. Aber dieses Mal blieben auch Frauen.

Berlin, Sommersemester 2018
Die Adorno-Jubiläen warfen ihre Schatten. Was die ÄT anging, blieb es beim Bedürfnis nach Ordnung, Struktur und Übersicht. Jetzt wurde auch die bisher immer nur aktuell wahrgenommene Forschungsgeschichte etwas systematischer und aus einer gewissen Distanz heraus aufgearbeitet. Die Lektüre der *Ästhetik-Vorlesung 1958/59* überraschte mit ihrer Zugewandtheit und versöhnte mit vielem, was mir an ÄT zuerst nur fremd und befremdend erschienen und über die Jahre unerträglich geworden war, ohne dass ich dieses Unbehagen hätte begründen können und es deshalb der Fragment gebliebenen Textgestalt zurechnete. Mit dem Fokus auf Form wurde ÄT gegen Verächter und Bewunderer gleichermaßen wüst und ratlos verteidigt. Heiß war es, und kalt ließ sie mich. In diesem Sommer wurde beschlossen, der ÄT-Falle künftig auszuweichen und die Zumutungen dieses verrätselten Textes auf sich beruhen zu lassen.

Berlin, Anfang Sommersemester 2019
Gemeinsames Seminar mit Alexander García Düttmann »Philosophen lesen Lyrik« an der Universität der Künste. Für die Auftaktsitzung haben wir auf Alex' Vorschlag den Studierenden jene zwei Seiten aus dem Kapitel zu »Rätselcharakter, Wahrheitsgehalt, Metaphysik« herauskopiert, an deren Ende Adorno das »Mausfallen-Sprüchlein« von Mörike zitiert:

> Das Kind geht dreimal um die Falle und spricht:
> Kleine Gäste, kleines Haus.
> Liebe Mäusin, oder Maus,
> Stell dich nur kecklich ein
> Heut nacht bei Mondenschein!
> Mach aber die Tür fein hinter dir zu,
> Hörst du?
> Dabei hüte dein Schwänzchen!
> Nach Tische singen wir
> Nach Tische springen wir
> Und machen ein Tänzchen:
> Witt witt!
> Meine alte Katze tanzt wahrscheinlich mit. (ÄT, GS 7, S. 187f.)

Es ist oft beobachtet worden, dass ausgerechnet dieses Sprüchlein das einzig vollständig zitierte literarische Beispiel in ÄT sei. Dagegen wurde argumentiert, dass Adorno auch dieses bei einer Überarbeitung wohl getilgt hätte. So oder so hat dieses halb-magische, halb-komische Einsprengsel etwas Rührendes, weil es so offensichtlich deplatziert ist.

Der dem Rätselcharakter gewidmete Abschnitt, an dessen Ende die Verse zitiert werden, beginnt wuchtig: »Alle Kunstwerke, und Kunst insgesamt, sind Rätsel« (ÄT, GS 7, S. 182). Das Verstehen löst sie so wenig wie die Reflexion und ihre Begriffe. Ihr Geheimnis gleicht Poes berühmtem ›purloined letter‹ (vgl. ÄT, GS 7, S. 185). Endlich spitzt eine Formulierung den Befund paradoxal zu: »Das Rätsel lösen ist soviel wie den Grund seiner Unlösbarkeit angeben: der Blick, mit dem die Kunstwerke den Betrachter anschauen.« (ÄT, GS 7, S. 185) Vorher hatte es im selben Register unerwartet-unheimlicher Belebung schon geheißen, der Rätselcharakter kehre auch bei längerer Beschäftigung immer »wieder wie ein spirit« (ÄT, GS 7, S. 183).

Der nächste Absatz trägt den prinzipiellen Rätselcharakter in die Unverständlichkeit moderner Kunst, insbesondere Lyrik: »Die gescholtene Unverständlichkeit der hermetischen Kunstwerke ist das Bekenntnis des Rätselcharakters aller Kunst. An der Wut darüber hat teil, daß solche Werke die Verständlichkeit auch der traditionellen erschüttern.« (ÄT, GS 7,

S. 186) Zu den Folgen gehört, dass die manifest unverständlichen Texte noch am ehesten verständlich sind. Soll das umgekehrt vom nur allzu verständlichen »Mausfallen-Sprüchlein« auch gelten?

Bevor es seinen Auftritt hat, schlägt Adorno noch einige Haken. Offenbar assoziiert er Unverständlichkeit in der Lyrik unmittelbar mit dem Vorkommen von Begriffen, was man anhand seiner Eichendorff- und Hölderlinstudien belegen könnte. Dass Begriffe nicht unverwandelt in Literatur eingehen, wird am Beispiel der Sonate in einem Trakl-Vers (»Es sind Zimmer, erfüllt von Akkorden und Sonaten« [ÄT, GS 7, S. 186]) etwas umständlich erläutert und dieser Befund dann erweitert auf alle Worte eines Gedichtes, auch jene, »die es der kommunikativen Rede entlehnt« (ÄT, GS 7, S. 187). Damit ist Adorno auch schon bei den lyrischen Antipoden Trakls in der Moderne, Brecht und William Carlos Williams, angelangt. Auch deren Gedichte gehorchen dem Gesetz der Verwandlung: »Das Gesangsfeindliche des Tons und die Verfremdung der erbeuteten Fakten sind zwei Seiten desselben Sachverhaltes.« (ÄT, GS 7, S. 187) Übergangslos ist Adorno dann bei der Möglichkeit von Urteilen in Gedichten: »Verwandlung widerfährt im Kunstwerk auch dem Urteil.« (ÄT, GS 7, S. 187) Dieser Umstand stellt infrage, »ob Kunstwerke überhaupt engagiert sein können, selbst wo sie ihr Engagement hervorkehren« (ÄT, GS 7, S. 187). Das ist auf Brecht gemünzt. Wozu Kunstwerke sich verbinden, »ist auf kein Urteil zu bringen, auch nicht auf das, welches sie selbst in Worten und Sätzen fällen« (ÄT, GS 7, S. 187). Und als Beispiel für eine engagierte Kunst, die nicht auf den Nenner des Urteils zu bringen ist, das sie ostentativ fällt, wird ausgerechnet Mörike, und ausgerechnet mit dem »Mausfallen-Sprüchlein« angeführt. Zunächst bringt Adorno eine scheinbar offensichtliche Lesart im Konjunktiv auf den Weg. (Das Verfahren, eine zu verwerfende Lesart heraufzubeschwören, um sie dann zu revidieren, gehört zur Technik von Adornos Auseinandersetzungen mit Literatur.) Vom »Mausfallen-Sprüchlein« heißt es: »Bescheide man sich bei seinem diskursiven Inhalt, so käme mehr nicht heraus als die sadistische Identifikation mit dem, was zivilisiertes Brauchtum den als Parasiten geächteten Tieren antut« (ÄT, GS 7, S. 187). Aber wer soll sich hier sadistisch identifizieren? Das Kind oder das Gedicht, die ja keineswegs identisch sind, denn das Kind wird szenisch im Gedicht eingeführt und spricht nicht mit dessen Stimme.

Nach dem Zitat wird das sadistische Motiv im Zeichen des »Hohns des Kindes« noch einmal alludiert und dann gekippt in die freundlichere Imago eines »gemeinsamen Tanzes von Kind, Katze und Maus, mit den beiden Tieren auf den Hinterbeinen« (ÄT, GS 7, S. 188). Das Bild im Kopf kommt Adorno zum »gesellschaftlichen Inhalt« des »Mausfallen-Sprüchlein«, dessen Sprache »einen abscheulichen, sozial eingeübten Ritus« eben durch seine genaue Erfüllung letztlich doch »verklagt« (ÄT, GS 7, S. 188). Bei allem Respekt für die seit einigen Jahren in den Fokus gerückte Bedeutung der Tiere bei Adorno, greift diese Kategorie? Nicht weniger apodiktisch heißt es von der Form, »welche die Verse zum Nachhall eines mythischen Spruchs fügt [...] Echo versöhnt« (ÄT, GS 7, S. 188).

Hier wird mit den Kanonen ästhetischer Theorie auf Spatzen, respektive Mäuse gezielt – und nicht getroffen. Das Sprüchlein imitiert nicht bloß, sondern es parodiert die alte, von Adorno seit der *Dialektik der Aufklärung* so oft erzählte Geschichte von der Bezwingung von Natur durch selbst naturhafte Magie. Zu seiner Dialektik im Miniaturformat gehört, dass werbende Höflichkeitsfloskeln aus dem erotisch tingierten Register der Geselligkeit in pseudomagische Beschwörungsformeln verwandelt werden. Nur deshalb kann sich überhaupt das Bild vom Tanz zu dritt einstellen. Aber die Pointe des Gedichtes liegt woanders und bleibt unerwähnt. Seine Ironie hat es am Verhältnis von der Mausefalle zu einer Katze, die offenbar zu alt zum Mäusejagen ist oder so sehr Haustier, dass sie keine Lust mehr auf Mäuse hat. Daran lassen sich weitere Überlegungen zur entstellten Welt dieses Verschens anknüpfen, aber alle führen in andere Richtungen als die von Adorno gewiesenen Wege zur Form und zum gesellschaftlichen Gehalt. Der Evidenz-Effekt des »So ist es« (vgl. García Düttmann 2004), den Adornos Literatur-Interpretationen haben können, bleibt hier aus. Vielleicht war der Zwang, einen Punkt zum urteilslosen Urteilen von Kunst machen zu wollen, zu stark, vielleicht auch das pädagogische Begehren der beispielhaften Erläuterung zu groß, oder das Beispiel war einfach schlecht gewählt. Nicht unmöglich ist freilich auch, dass Adorno um die Diskrepanz zwischen Text und Deutung wusste und er genau darauf setzte, dem raunenden Tiefgang über die konstitutive Rätselhaftigkeit aller Werke zwischen Trakl und Brecht mit dem exzentrischen Mörike ein Schnippchen zu schlagen und so die eigene Hermetik gezielt zu unterbieten mit einem Vers, den es in diesen Kontext nur scheinbar verschlagen hat. Im Odysseus-Exkurs der *Dialektik der Aufklärung* war darauf aufmerksam gemacht worden, dass verschlagen werden und verschlagen sein bei Homer dasselbe bedeuten (vgl. DA, GS 3, S. 83). Das »Mausfallen-Sprüchlein« in ÄT: schräger Fehlgriff oder letzte Raffinesse? Jedenfalls: rätselhaft.

Berlin, Juni 2019
Kürzlich habe ich einen letzten kurzen Text zu Adorno zugesagt. Den ebenso eingerechnet wie das vorliegende Resümee und den Rezensionsessay zu Jameson, sind im Laufe der Jahre 13 Texte zu diesem Autor zusammengekommen. Das reicht. Nur einer gilt ausschließlich ÄT anlässlich ihres 50-jährigen Jubiläums. Er hat Handbuchcharakter, ist der längste und am wenigsten gemochte. Mit einem ungeliebten Text sollte man eine Serie jedoch nicht schließen. Die Herausgeber eines anderen Handbuches – bald gibt es nur noch Handbücher! –, zur Reiseliteratur, haben vier Seiten zum Odysseus-Exkurs der *Dialektik der Aufklärung* erbeten. Das ist noch einmal Heimkehr, und damit ist gut schließen.

Literaturverzeichnis

García Düttmann, Alexander (2004): So ist es. Ein philosophischer Kommentar zu Adornos »Minima Moralia«. Frankfurt am Main: Suhrkamp.
Geulen, Eva (1991): »Fredric Jameson, Late Marxism: Adorno, Or, the Persistence of the Dialectic«. In: TELOS 89, S. 155–166.
Geulen, Eva (2002): Das Ende der Kunst. Lesarten eines Gerüchts nach Hegel. Frankfurt am Main: Suhrkamp.
Jameson, Fredric (1990): Late Marxism. Adorno, Or, the Persistence of the Dialectic. London: Verso.
Rebentisch, Juliane (2012): Die Kunst der Freiheit. Zur Dialektik demokratischer Existenz. Berlin: Suhrkamp.

Lydia Goehr
Form und Satz in Adornos *Ästhetischer Theorie*

Bemerkenswert viele Sätze in Adornos *Ästhetischer Theorie* finden schon im weitgespannten Spektrum seiner früheren Schriften wiederholten Ausdruck. Kann man das Buch also als Kulminationspunkt seines Lebenswerks lesen? In gewissem Sinne ja. Mit seiner posthumen Veröffentlichung hat es ein Eigenleben angenommen, obwohl es zum Zeitpunkt des unzeitigen Todes seines Verfassers unvollendet war. Es steht viel, ja, zu viel in der *Ästhetischen Theorie*. Auch wenn die ersten Herausgeber die Aufgabe, einen kohärenten Text herzustellen, hervorragend gelöst haben (wobei Kohärenz eines der Themen des Buches ist), bleibt das Gefühl, dass eine weitere Überarbeitung von Adornos eigener Hand ihm jene Art von Klarheit verliehen hätte, die er in den Büchern erreichte, die er zu seinen Lebzeiten veröffentlichte. Ich denke hier weniger an die gedankliche Deutlichkeit jener wunderbaren universitären Vorlesungen, die er als Vorbereitung auf die Abfassung des Buches hielt, sondern mehr an die expressive Prägnanz, die mit der Form des Essays verbunden ist, einer Form, mit der Adorno beträchtliche Erfahrung hatte. Die Essayform passt gut zu dem Eindruck, dass er die Kapitel der *Ästhetischen Theorie* aus mehr oder weniger in sich geschlossenen Passagen erarbeitet hat, die manchmal als aphoristisch bezeichnet werden – ein Hinweis darauf, dass jede von ihnen, wie in Benjamins *Passagenwerk* oder Adornos eigener *Minima Moralia*, ein gedankliches Abbild der Welt enthält oder dass, in ihrem Oszillieren zwischen Gedrängtheit und Anmerkungscharakter, jede von ihnen sich dem enigmatischen Wesen der Paralipomena Schopenhauers, der Diapsalmata Kierkegaards und der fröhlichen Abschnitte Nietzsches nähert.

Als nächstes möchte ich fragen, ob es vielleicht gerade Adornos spezifische Art und Weise der Auseinandersetzung mit *ästhetischer Theorie* war, die es ihm unmöglich machte, *eben dieses* Buch endgültig fertigzustellen. Es hat mir lange zu denken gegeben, dass es Adorno, obwohl er sich dreißig Jahre lang mit der Absicht trug, nie gelang, jenes Buch zu vollenden, in dem er Beethoven in den Mittelpunkt seiner *Philosophie der Musik* gestellt hätte. Bücher über Wagner, Mahler und Berg, aber warum nicht dieses? Für Adorno deutet bereits die Idee einer ästhetischen Theorie, die Art und Weise, wie die beiden Begriffe *ästhetisch* und *Theorie* zwangsläufig in einem produktiv-destruktiven Widerspruch zueinander stehen, darauf hin, dass man ein Buch über ästhetische Theorie vielleicht immer nur in einer Art Trial-and-Error-Verfahren schreiben kann, nur als einen Versuch, eine Art unaufhörliches Vorspiel und niemals abgeschlossene Vorbereitung *zu* einer Theorie. Ich habe lange den Verdacht gehegt, dass dies auch für eine *Philosophie der Musik* gelten müsse: Denn war es nicht immer wieder die Musik, von der es hieß, sie sei beispielhaft für die *Musikalität* und *mimetische Qualität*, die dem *Ästhetischen* innewohnt, auf die man sich berufen hat, um dem zwangsläufigen Streben jeder *Theorie* nach explanatorischer Vollständigkeit oder In-sich-Geschlossenheit ihrer Begrifflichkeit etwas entgegenzusetzen. Dies wurde Adorno offenkundig immer wichtiger, je mehr er zu der Auffassung kam, dass die Theorie ihre Allgemeingültigkeit auf Kosten dessen erlangte, was das Besondere lebendig werden ließ. Er hatte nichts gegen Allgemeingültigkeit, nur gegen das zunehmende (gesellschaftliche und akademische) Bedürfnis, dem Besonderen den Garaus zu machen.

Er stellte sich zudem zeitlebens die Frage, ob jene Art des Denkens, die dem philosophischen Unternehmen eigen ist, überhaupt noch möglich sei, so als ob sie irgendwann einmal möglich gewesen wäre, ohne dass er dabei geglaubt hätte, es hätte je einen tatsächlichen Zustand gegeben, in dem sie verwirklicht gewesen wäre. Er stellte dieselbe Frage in Bezug auf die Erfahrungen des Lebens und auf die Kunst. Er betrachtete das Verständnis davon, was *Theorie* leisten sollte und was man ihr historisch als Leistungen zuschrieb, als Teil einer Entwicklung hin zu einer falschen Beschreibung der Welt und von allem, was dazu geführt hat, dass die Welt so wie sie ist der Fall ist. Rückblickend auf das *Nicht mehr*, sah er die verpasste Gelegenheit für etwas Mögliches, für etwas wie Freiheit, sich zu verwirklichen. In der verpassten Gelegenheit hatte die Geschichte der verwirklichten gesellschaftlichen Formen das, was verpasst worden war, in ein Abseits der Möglichkeiten abgeschoben, wo es auf eine neue Gelegenheit wartete, in Erscheinung zu treten. Adorno beschrieb dieses Abseits als Orte, Räume und Zeiten für und der Verborgenheit, Heimlichkeit, Stille, Spur, des Rückzugs, der Verweigerung und des Widerstands. Er griff diese Begriffe in seiner *Ästhetischen Theorie* immer wieder auf, um die Frage zu stellen, ob sich die Theorie vor jenem Streben nach Affirmation und Positivität bewahren ließe, auf das sie nicht verzichten kann, das jedoch, je mehr es ein gegenläufiges Streben ausblendete, einer totalisierenden Verwaltung von Kultur und Gesellschaft in die Hände spielte.

Das Ästhetische wurde zur Bezeichnung für das, was eigensinnig die Möglichkeit oder das Versprechen einer Rettung aufrechterhielt, und dies umso mehr, als die Kern*begriffe* der Ästhetik – Schönheit, Hässlichkeit, Bild, Erscheinung, Form und Inhalt – eine falsche Herrschaft über die Disziplin ausübten, für die Disziplinierung jener *Theorie* sorgten, für die man den Namen *Ästhetik* gefunden hatte. Er suchte nach den Spuren dessen, was im Ästhetischen der Begrifflichkeit Widerstand leistete, in Kunstwerken und insbesondere in Werken seiner eigenen Zeit, die sich dem Status der Vollendung verweigerten und stattdessen die gebrochene Form des Fragments annahmen. Wenn er Kunstwerke betrachtete, um seine ästhetische Theorie zu untermauern, verengte er die ästhetische Theorie jedoch nicht auf gebrochene oder schwer zugängliche künstlerische Ausdrucksformen. Stattdessen suchte er eine Ebene der Reflexion, die einer *Theorie* des Ästhetischen angemessen war, eine Ebene, auf der der philosophische und gesellschaftliche Wahrheitsgehalt jeder These durch den Gegenstand, dem die These galt, in Frage gestellt wurde: die Funktionsweise der Formen und Materialien der Kunst. Dadurch, dass die ästhetische Theorie zu Adornos Art und Weise wurde, über jede Art von Theorie und damit über das gesamte Unternehmen der Philosophie nachzudenken, wurde das *Ästhetische Theorie* betitelte Buch zu einem unverzichtbaren kontrapunktischen Begleiter seiner *Negativen Dialektik*. Zusammen arbeiteten diese beiden letzten Bücher die unvermeidbaren Spannungen innerhalb jenes Projekts heraus, dem sich ihr Autor zeitlebens verschrieben hatte: der *Kritischen Theorie*. Wie, so fragte Adorno, kann die Kritische Theorie ihre kritische Dimension bewahren, angesichts der Notwendigkeit, vor der jede Theorie steht, alles, das Ganze, ja, das Absolute zu verstehen und zu erklären?

Adorno schrieb seine *Ästhetische Theorie*, um die Kategorien und Begriffe der Disziplin durchzudeklinieren, während er gleichzeitig den Beispielen, die er anführte, den Freiraum ließ, die aufgestellten Thesen zu unterlaufen. Die Beispiele, mit denen ästhetische Beispielhaftigkeit illustriert wird – wobei Beispielhaftigkeit ein weiterer Kerngedanke des Textes ist –, verlangen von uns, sein Buch als produktiven Hindernisparcours zu lesen. Wenn Kunstwerke beispielhaft für den Widerspruch sind, der schon in der Idee einer ästhetischen Theorie steckt, dann sollte man die als Beispiele angeführten Kunstwerke weniger unter dem Gesichtspunkt betrachten, dass sie die allgemeinen Aussagen bestätigen, die gemacht werden, sondern vielmehr, dass sie diese auf die Probe stellen, fraglich bleiben lassen. Adorno betrachtete die wahrhaftigsten dieser Kunstwerke als Fragen oder als unbeantwortete Fragen oder als Fragen, aus deren Beantwortung sich neue Fragen ergaben. Häufig stellte er seinen Beispielen das Wort

»vielleicht« voran, um daran zu erinnern, dass sich, in einer nicht a priori gegebenen Welt, kein Beispiel jemals perfekt zur Bestätigung einer allgemeinen Aussage eignet, während andererseits Beispiele jederzeit benutzt werden können, um einzufordern, dass Kunstwerke akademisch dem entsprechen oder pedantisch befolgen, was eine Theorie oder Gesellschaft als allgemeine Regeln oder Gesetze aufstellt. Denn wird die Forderung nach Befolgung der Regeln übermächtig, dann werden die Beispiele faktisch überflüssig, insofern das Kunstwerk seine Einzigartigkeit als ein widerspenstiges Besonderes verliert. Und all dies findet in demselben Spannungsverhältnis statt, in dem sich Menschen in einen Status der Knechtschaft und des Duldens versetzt sehen, wenn, in einem falschen totalisierenden Schema (der Ideologie der westlichen bürgerlichen Kultur und des Kapitalismus), den Menschen das Etikett »frei« angeheftet wird, wobei »Freiheit« der (falsche) Lohn für ihre (bereitwillige) Kapitulation ist.

Schon lange bevor ich mich gründlicher mit Adorno auseinandergesetzt hatte, wurden meine eigenen philosophischen Unternehmungen von der Frage nach bestimmten Beispielen geleitet, wobei ich mich für die vielen verschiedenen Arten und Weisen interessierte, in denen Gegenstände und Dinge ihrer Kraft und Bedeutung beraubt wurden, indem man sie zur Bestätigung einer Theorie ge- oder besser: missbrauchte, die, nach der Logik, nach der sie konstruiert war, ihre eigene Richtigkeit von Anfang an voraussetzte. Als ich dann begann, Adorno sorgfältiger zu lesen, zog mich die Art, wie er Beispiele verwendete, sofort in ihren Bann, nicht nur dort, wo er (wie ich) die Absicht verfolgte, die Unaufrichtigkeit einer ganzen Praxis oder Lebensform bloßzustellen, sondern auch dort, wo seine eigenen Beispiele das Ideologische streiften, wo er Partei zu ergreifen schien, etwa für Schönberg und gegen Strawinsky, und er damit die dialektischen Extreme deutlich werden ließ, die für die Konstruktion dessen, was er *kritische Modelle* nannte, notwendig sind. Ich habe mir daher im Hinblick auf diese Modelle stets die Frage gestellt, ob sie trotz seiner Parteinahmen brauchbar sind, nicht in dem Sinne, dass ich die Modelle reinwaschen wollte, um sie sauber einer allgemeinen Verwendung zuzuführen, sondern vielmehr, um zu versuchen, zu einem Verständnis jener Historizität zu kommen, die seine Modelle in seiner eigenen Zeit zugleich zeitgemäß und unzeitgemäß machte. Lässt mich das zu einer glühenden Verehrerin des Meisters werden? Nicht, solange wir seine eigene Kritik einer solchen Gefolgschaft ernst nehmen und versuchen, bei unserer Auseinandersetzung mit der Kritischen Theorie nicht das grundlegende Bewusstsein dafür zu verlieren, dass sie auf viele Arten und Weisen ihrer kritische Dimension verlustig gehen kann. Und besonders groß ist diese Gefahr, wenn es darum geht, einen Gedanken durch ein Beispiel auszudrücken. Ich möchte diese Spannung nun nochmals auf andere Weise illustrieren.

Vor fast zwanzig Jahren war ich in Berlin im Haus eines älteren Musikwissenschaftlers eingeladen, der mit Adorno gut bekannt gewesen war. Während wir am Esstisch saßen und darauf warteten, anzustoßen, beugte ich mich zu ihm hinüber und er flüsterte mir ins Ohr, dass er an Adornos Texten vor allem dessen Einzeiler schätzte, womit er, wie ich vermutete, andeuten wollte, dass es kaum der Mühe lohne, den Rest zu lesen. Ich lächelte, gab ihm jedoch zu verstehen, dass ich anderer Ansicht war. Heute ist mir klar, dass mir in meinem Widerspruch die Pointe seiner fast unhörbaren Bemerkung entging. Adorno wusste um die gesellschaftliche Bedeutung von Einzeilern, die sowohl in der Hoch- wie in der populären Kultur ihre Macht ausüben. Die Umwandlung von Kunst und Gedanken in Slogans war etwas, das ihn bei seinen Reflexionen über die Kulturindustrie faszinierte.

Erst vor kurzem hatte ich erneut Gelegenheit, über Einzeiler nachzudenken, als man mich zu einer Konferenz über die Kritische Theorie nach Rom einlud, genauer gesagt zur Teilnahme an einem Panel, das einem einzigen Satz aus der *Ästhetischen Theorie* gewidmet war. Er lautet: »So scheint ein Nashorn, das stumme Tier, zu sagen: ich bin ein Nashorn.« (ÄT, GS 7, S. 172) Um mich auf meine Lektüre dieser Zeile vorzubereiten las ich fünf weitere berühmte Sätze Adornos auf Englisch, die ich mir passenderweise aus dem Internet zusammensuchte. Ich wollte zeigen, dass man von beinahe allen seinen »Einzeilern« zu demselben katastrophischen roten Faden der menschlichen Geschichte gelangt, einem Faden, der ihm in seiner eigenen Zeit auf besondere Weise verknotet schien (ich habe kürzlich ein Buch über den roten Faden geschrieben). Hieß das, dass alle diese Sätze auf dasselbe hinausliefen? Natürlich nicht. Jeder sagte etwas Besonderes aus und erfasste zugleich das Gesamtbild. Adorno war sich dessen bewusst, weshalb er jede dieser Sentenzen häufig wiederholte. Jede war *in situ* beispielhaft, während sie gleichzeitig jenen Faden der menschlichen Geschichte fortspann, der fragte, ob auch nur ein einziger Gedanke in einer Gesellschaft überleben kann, deren reduzierte und in Warenform gebrachte Arten und Weisen der Vermittlung unübersehbar barbarische Züge annehmen.

Hier die Sätze, die ich auswählte, so wie man sie als Werbeslogans oder Graffiti an einer Wand finden könnte. Als eine Art, »die Zeichen an der Wand zu lesen«, daran sei erinnert, hat auch das Graffiti seine eigene faszinierende Geschichte. Man sollte die Sätze zunächst wie einen Witz lesen, den man schon kennt, mit müdem Amüsement:

> Nach Auschwitz ein Gedicht zu schreiben, ist barbarisch.
> Es gibt kein richtiges Leben im falschen.
> Freiheit wäre, nicht zwischen schwarz und weiß zu wählen, sondern aus solcher vorgeschriebenen Wahl herauszutreten.
> Auschwitz beginnt da, wo einer im Schlachthaus steht und denkt, es sind ja nur Tiere.
> Jedes Kunstwerk ist eine abgedungene Untat.

Den ersten Satz wiederholte Adorno während der 1950er und 1960er Jahre mehrfach. Jedes Mal, wenn er in Versuchung geriet, ihn zu widerrufen, erkannte er in ihm ein andauerndes Leiden, das nicht vergessen werden durfte. Dieses Leiden war eine Reaktion auf die Barbarei der jüngsten Geschichte, die er im Begriff Auschwitz zusammenzog, und angesichts derer er das Verfassen von Lyrik als eine so gut wie unvermeidliche Kapitulation vor einer sich totalisierenden Verwaltung betrachtete. Sich zu weigern, zu schreiben oder Kunst zu produzieren, bedeutete, dem Umstand Rechnung zu tragen, dass jedes Kunstwerk notwendigerweise die affirmative Tendenz hat, seinen Inhalt, wie radikal dieser auch sein mag, in Form eines befriedigenden ästhetischen Bildes zu übermitteln. Falsche Befriedigung war das Problem. Nach dieser extremen Diagnose fragte er nach den Bedingungen der Rettung, der *Möglichkeit,* die sich durch die *Unmöglichkeit* der Kunst eröffnete, Partei für diejenigen zu ergreifen, die am meisten gelitten hatten. Im Widerspruch der Kunst vermeinte er, den einzigen wahren Weg zu finden, Partei zu ergreifen, den *kritischen Weg*. Alle anderen Wege waren falsch. Aber vergegenwärtigen wir uns auch, wie er mit der Wiederholung dieser Sentenz dem Gedanken Ausdruck verlieh, während er zugleich die Aufmerksamkeit auf ihren Status als einen Satz lenkte, der, als bloße Parole seines Denkens aufgegriffen, nur dazu führen würde, dass sich Augen und Ohren – die Sinne – dem Sinn dessen verschlössen, was er in Wahrheit sagte:

> Kulturkritik findet sich der letzten Stufe der Dialektik von Kultur und Barbarei gegenüber: nach Auschwitz ein Gedicht zu schreiben, ist barbarisch, und das frisst auch die Erkenntnis an, die ausspricht, warum es unmöglich ward, heute Gedichte zu schreiben.
> Das perennierende Leiden hat soviel Recht auf Ausdruck wie der Gemarterte zu brüllen; darum mag falsch gewesen sein, nach Auschwitz ließe kein Gedicht mehr sich schreiben.

Den Satz, nach Auschwitz noch Lyrik zu schreiben, sei barbarisch, möchte ich nicht mildern.
Während die Situation Kunst nicht mehr zulässt – darauf zielte der Satz über die Unmöglichkeit von Gedichten nach Auschwitz –, bedarf sie doch ihrer.
Der Satz, nach Auschwitz lasse kein Gedicht mehr sich schreiben, gilt nicht blank, gewiss aber, dass danach, weil es möglich war und bis ins Unabsehbare möglich bleibt, keine heitere Kunst mehr vorgestellt werden kann.

Im zweiten Einzeiler werden in der gebräuchlichen englischen Übersetzung die Begriffe vertauscht: *Wrong life cannot be lived rightly*. Das Englische betont die *Unmöglichkeit*, richtig zu leben, während das deutsche Original die Betonung auf den *Zustand* legt, in dem wir uns befinden: *Es gibt kein richtiges Leben im falschen* oder, wenn Adorno den Satz nochmals aufgreift: *Gibt es wirklich kein richtiges Leben im falschen, so kann es eigentlich auch kein richtiges Bewußtsein darin geben*. Adorno kehrt hier das Hegel'sche Diktum *Das Wahre ist das Ganze* um, um festzustellen, dass das Falsche herrscht, wenn es kein *richtiges Bewusstsein gibt*, worauf die Frage folgt, *ob* falsches Leben zu richtigem Leben gemacht werden kann und wenn ja, unter welchen Bedingungen.

Der dritte Einzeiler ist ein Beispiel dafür, wie Adorno seine Essays *formal* zu einem Schluss führte, ohne dabei die negative Dialektik preiszugeben und auf fragwürdige Weise Schwarz zu Weiß zu machen. Er verweigerte die Bejahung eines falsch gelebten Lebens und beschränkte sich stattdessen auf eine winzige Geste in Richtung der Hoffnung auf ein anderes Leben, ein Leben, wie es sein würde oder möglich würde, wenn es nur möglich wäre. Er riss jenen Satz, der in Schwarz-Weiß über dem Tor der Konzentrationslager geschrieben stand, ARBEIT MACHT FREI, herunter, um geltend zu machen, dass Freiheit eine Wahl bedeutet, und sich damit dem diktatorischen Charakter zu verweigern, den derartige Aussagen angenommen hatten: *Freiheit wäre, nicht zwischen schwarz und weiß zu wählen, sondern aus solcher vorgeschriebenen Wahl herauszutreten*.

Der vierte, sowohl im Englischen wie im Deutschen vielzitierte Satz – *Auschwitz beginnt da, wo einer im Schlachthaus steht und denkt, es sind ja nur Tiere* – ist nicht zuletzt deshalb bemerkenswert, weil Adorno diese Worte (soweit mir bekannt) nirgendwo gesagt oder geschrieben hat. In ihm sind mehrere Sätze aus einer Passage über den entmenschlichenden menschlichen Blick zusammengezogen. Die Passage schildert, wie die Empörung der Öffentlichkeit gegenüber Grausamkeiten in dem Maße abnimmt, wie im Zuge einer gesellschaftlichen Schematisierung nach Rassen Menschen ihrer Menschlichkeit entkleidet werden, indem man sie zu Tieren degradiert: *es ist ja bloß ein Tier*. Die, die auf der Schlachtbank der

Geschichte auf ihrer Haut, die man zum Kennzeichen ihrer Rasse gemacht hat, die Wunden tragen, so meinen diejenigen, die ihnen diese Wunden zugefügt haben, erleiden und verspüren keinen Schmerz. Neben der Barbarei sieht Adorno jedoch auch ein Element der Parodie in den vielen Varianten der Ebenbildlichkeit, wenn Menschen sich selbst auf eine gottgleiche Stufe erheben, während sie andere zu bloßen Tieren degradieren. Aber ist es nicht mindestens genauso ideologisch, wenn Menschen im Tier etwas sehen, was nicht *bloß*, sondern *natürlich* ist, einen Gegenentwurf zur Zivilisation, gefühlsmäßig jenem Göttlichen verwandt, das der Menschheit vorgeblich abhandengekommen ist? Bleibt nicht das Menschliche das einzige, wofür sich der Egoist interessiert, der Tiere und Natur mit seiner Verehrung oder Verachtung gleichermaßen missbraucht?

Der fünfte Einzeiler lautet: *Jedes Kunstwerk ist eine abgedungene Untat*. Die englische Übersetzung von *abgedungene Untat* als *uncommitted crime* verfehlt den vollen, faustischen Sinn des Begriffs Untat als einer Tat, die ihre Wahrheit *preisgibt*, indem sie ihre eigene Verwirklichung als Erscheinung *zulässt*, in die Erscheinung *übergeht*. Auch wenn die Kunst nicht ohne die Erscheinung auskommen kann, so wird die Erscheinung, die zu einer kommunikativen Unmittelbarkeit wird, zur Todfeindin der Kunst erklärt, vor allem dann, wenn Bilder und Sätze aus großen Kunstwerken zu den populären Einzeilern einer leichtverdaulichen Kulturströmung werden. Adorno stellte diese Diagnose in einem *Zweite Lese* betitelten Abschnitt, dessen Überschrift man üblicherweise nicht buchstäblich als »zweite Lektüre«, sondern als »zweite Ernte« versteht, als ironisch-poetische Beschreibung eines Vorgangs in dem das, was zunächst als Wahrheit aus großen Kunstwerken hervortritt, in der Wiederholung zu einer farcenhaften Aneinanderreihung von Zitaten wird, die, bringt man sie rasch unter die Leute, das, was wahrhaftig ist, ins Dunkel zwingt, dazu zwingt, zu verbergen, was in der Tradition wahr ist. Wenn die Wahrheit verschrien ist, wartet die Zeit auf ein Nichts, das allegorisch ist, das heißt, ein Nichts, das mehr als einer hastigen Lektüre bedarf, um verstanden zu werden – mithin einer zweiten Lese, so wie Adorno schrieb.

Am Ende verfasste ich einen Essay über den Satz über das Nashorn, nicht zuletzt um, wie auch auf diesen Seiten, die Aufmerksamkeit auf die vielen zu-Tode-zitierten Sätze aus Adornos Oeuvre zu lenken. Je mehr diese Sätze zu Slogans werden, desto weniger besteht die Notwendigkeit ihre Quellen anzugeben (wie auch ich hier darauf verzichtet habe). Doch dieses Weglassen der Quellen hat eine weitergehende Pointe: Wenn man eine Lektüre der *Ästhetischen Theorie* unternimmt, so kann man einen einzelnen Satz oder ein einzelnes Wort herausgreifen und dann versuchen herauszufinden, wo sonst Adorno diesen Satz oder dieses Wort noch verwendet hat. Solche Erkundungen führen entlang zahlreicher faszinierender Wege und eröffnen nicht zuletzt ein Verständnis dafür, wie Adornos Arten sich zu wiederholen dazu führten, dass er in seinen Texten, so unterschiedlich sie sind, mit einer einzigen Stimme sprach. Weit davon entfernt, immer dasselbe zu sagen, sollten diese Wiederholungen uns jedoch nicht dazu verführen, sie bei unseren Lektüren für mechanisch austauschbar zu halten. Wie bei sich entfaltenden musikalischen Variationen sollte man sie als dem Empfinden eines geistigen Lebens entsprungen begreifen, das sich der Demaskierung jener falschen Arten der Ehrfurcht verschrieben hatte, die uns in Versuchung führen, einen Text so zu lesen, als ob nicht jede Zeile auch anders geschrieben oder gedacht sein könnte.

Da im dialektischen Denken letztlich immer noch ein weiterer Gedanke folgt, sollte man niemals zu lange bei dem Beispiel oder dem Satz, die bzw. den man ausgewählt hat, verweilen, in der Hoffnung, es möge sich herausstellen, dass sie ein für alle Mal stellvertretend für das Ganze stehen. Wenn ich mir andererseits einen Satz aussuchen dürfte, um meine Gedanken zusammenzufassen, dann wäre es der allererste Satz von Adornos Vorlesungen über Ästhetik: »Die philosophische Ästhetik [...] hat es schwer, insbesondere im Bereich der Philosophie.« (NL 4/3, S. 9) Jedes Mal, wenn ich diesen Satz lese, muss ich lachen und zugleich schaudert mich. Ich glaube, dass Adorno ihn formulierte, um eine zweite Chance zu eröffnen, angesichts der verpassten Gelegenheit, die er in den ersten Zeilen von Hegels Vorlesungen über die Ästhetik sah, wo behauptet wird, die *Ästhetik* habe sich einer *Philosophie der Kunst* – einer der ersten, die diese Bezeichnung explizit für sich beanspruchten – überantwortet. Doch während dieser Satz erlaubt, die ungeheure Schwierigkeit zu ermessen, ein Außenseiter in einer Disziplin zu sein, die alles ausschließt, was sie nicht mühelos erklären kann, ist es keine Alternative, aus dem Spiel auszusteigen. Für den Augenblick scheint es, als ob das eigene Denken in eine unmögliche Position gebracht worden wäre, dann aber begreift man, dass die Möglichkeit das ist, worum es in dem Spiel eigentlich geht. Und wo eine Möglichkeit ist, da ist Hoffnung. Auch darauf hat Adorno in jedem seiner Sätze hingewiesen, in Sätzen die, wenn sie der *Ästhetischen Theorie* Rechnung trugen, sich weigerten, zu vollständigen Sätzen zu werden, um nicht Gefahr zu laufen, das Denken in eine Sackgasse zu führen.

Übersetzt von Andreas Fliedner

Peter E. Gordon
Kunst, Vergänglichkeit und gesellschaftliches Leiden

Fünfzig Jahre nach dem Datum ihrer Erstveröffentlichung 1970 bleibt Adornos unvollendete *Ästhetische Theorie* ein Werk von großer Bedeutung. Dennoch drängt sich die skeptische Frage auf, ob ihre Argumente eine dauerhafte Gültigkeit behaupten können. Jeder Anspruch auf Zeitlosigkeit scheint unvermeidlich mit Adornos eigener grundlegender, an Hegel anknüpfender Überzeugung in Konflikt zu geraten, Philosophie sei ihre Zeit in Gedanken gefasst. Wenn dem so ist, dann wäre auch die *Ästhetische Theorie* zur Vergänglichkeit verurteilt: Ihre Thesen könnten nur so lange gültig bleiben, wie die geschichtliche Epoche andauert, der sie als ein Moment zugehört. Heißt das, die *Ästhetische Theorie* hat ihre Bedeutung *verloren* und muss als Teil der Vergangenheit betrachtet werden?

Diese Frage lässt sich nur beantworten, wenn man auf Adornos eigene kühne These in der *Ästhetischen Theorie* zurückgreift, dass genuin *ästhetische* Erfahrung selbst eine geschichtliche Kategorie ist, dass die »Kunst«, die selbst in einer bestimmten sozio-historischen Phase der menschlichen Geschichte entstand, vielleicht bald an ihr Ende gelangt. »Vorstellbar und keine bloß abstrakte Möglichkeit, daß große Musik – ein Spätes – nur in einer beschränkten Periode der Menschheit möglich war.« (ÄT, GS 7, S. 13) Was hier in Bezug auf die Musik festgestellt wird, gilt auch für die Kunst als Ganzes. »Kunst« in Adornos hochaufgeladenem und normativem Verständnis des Begriffs, wurde erst möglich, als sich die ästhetische Erfahrung vom kultisch-religiösen Ritual löste und begann, ihren eigenen spezifischen Gesetzen zu folgen. Dieses Ideal der *Autonomie* steht in enger Wechselbeziehung mit dem bürgerlichen Ideal politischer Autonomie: Es ist zugleich Unwahrheit und Wahrheit. Einerseits ist es reine Ideologie, andererseits verleiht es dem Ideal einer unbedingten Freiheit *jenseits* aller Ideologie Ausdruck. Kunst existiert für Adorno nur so lange, wie sie dialektisch danach strebt, sich von einer Gesellschaft abzugrenzen, von der sie dennoch ein Teil bleibt.

Dieses dialektische Ideal ästhetischer Autonomie ist fragil und historisch kontingent: Es bildete sich erst mit dem Zusammenbruch der Feudalgesellschaft heraus, das heißt, die Entstehung der Kunst wurde erst möglich, als die ästhetische Erfahrung einen Prozess der Säkularisierung durchlief und sich aus den Banden magischer und religiöser Rituale befreite. In diesem Sinne stimmt Adorno, wenn auch nur partiell, mit Benjamin darin überein, dass die ästhetische Erfahrung eine Auflösung der Aura voraussetzt. Doch durch die gesamte Argumentation Adornos in der *Ästhetischen Theorie* zieht sich der eigenartige und vielleicht widersprüchliche Gedanke, dass diese Auflösung *niemals vollständig sein kann*. Gegen Benjamin wendet Adorno ein: »Nicht nur das Jetzt und Hier des Kunstwerks ist [...] seine Aura, sondern was immer daran über seine Gegebenheit hinausweist, sein Gehalt; man kann nicht ihn abschaffen und die Kunst wollen.« (ÄT, GS 7, S. 73) Der Begriff der ästhetischen Autonomie ist bereits an sich antinomisch.

Diese dialektische Einsicht legt nahe, dass Kunst nur unter den Bedingungen der bürgerlichen Gesellschaft fortbestehen kann. Die Kunst *erbt* die feudalen und quasi-sakralen Energien, gegen die sie zugleich rebelliert, ohne sich vollständig von ihnen zu befreien. Die Kunst der Feudalzeit war mithin *noch nicht* Kunst, doch die bürgerliche Kunst ist *nur so lange* Kunst, wie sie von jenen auratischen Kräften zehrt, welche die spätbürgerliche kapitalistische Moderne dank ihrer entzaubernden Effekte zum Verschwinden bringt. Hierin mag die melancholische Bedeutung von Adornos These liegen, dass Kunst die »Säkularisierung von Transzendenz« ist und die Kunst in dieser entscheidenden Hinsicht keine Immunität von der »Dialektik der Aufklärung« für sich beanspruchen kann, sondern voll und ganz an ihr teilhat (ÄT, GS 7, S. 50).

Über die bisher skizzierten Überlegungen gelangt Adorno zu seiner spezifischen Auffassung von Kunst als einem kritischen Phänomen, genauer gesagt als dem Moment der gesellschaftlichen Totalität, in dem die Probleme der gesellschaftlichen Totalität zu einem thematischen Bewusstsein ihrer selbst kommen. »Die ungelösten Antagonismen der Realität kehren wieder in den Kunstwerken als die immanenten Probleme ihrer Form.« (ÄT, GS 7, S. 16) Diese These hat weitreichende Folgen für Adornos normative Auffassung von Kunst, da Kunst nur dann als *gelungen* gelten kann, das heißt, nur dann *als Kunst* gelungen ist, wenn sie als *wahre Darstellung einer falschen Gesellschaft* fungiert. Diese normative Auffassung von Kunst bedeutet, dass Kunst ihren eigenen Maßstäben gerecht werden kann, wenn sie kritisch ist: Sie muss die Irrationalität und das *Leiden* in der gesellschaftlichen Welt thematisieren, aus der sie hervorgegangen ist und deren dialektischer Bestandteil sie zwangsläufig bleibt. Kunst ist mithin die Transkription gesellschaftlichen Leidens.

Angesichts der verbreiteten und irreführenden vorgefassten Meinungen, die unser Verständnis Adornos noch immer beeinträchtigen, scheint mir diese Konzeption von Kunst, die sie als empfänglich für menschliches Leiden begreift, höchst bedeutsam. Adorno vertritt keine »elitäre« Ästhetik, wenn wir unter ästhetischem Elitarismus einen Standpunkt verstehen, der die Kunst über gesellschaftliche Probleme erhebt und selbstzufrieden erklärt, dass diese Probleme für das ästhetische Urteil irrelevant sind. Im Gegenteil: Adorno unterstreicht, dass Kunst *als Kunst* nur dann gelingen kann, wenn sie empfänglich für gesellschaftliche Probleme bleibt und diese Probleme als formale Elemente des Kunstwerks selbst aufgreift. Ja, Adorno ist dieser Gedanke so wichtig, dass er jeder Kunst, die versucht, sich vom bloß »Niederen« abzulösen, ausdrücklich ihren Wahrheitswert abspricht. »Die Spaltung« zwischen autonomer Kunst und Kulturindustrie, so Adorno, »ist die Wahrheit: sie spricht zumindest die Negativität der Kultur aus, zu der die Sphären sich addieren« (DA, GS 3, S. 157). Zu oft wird diese Kritik des Elitarismus übersehen, insbesondere von Lesern, die davon überzeugt sind, dass kommerzieller Erfolg das einzig legitime Kriterium ästhetischen Werts ist. Adorno verwirft dieses Kriterium jedoch eben deshalb, weil er die Sphäre des kapitalistischen Tauschs weit eher als Ursache gesellschaftlichen Leidens denn als dessen Lösung betrachtet.

Doch wenn Kunst nur dann Kunst sein kann, wenn sie als Transkription gesellschaftlichen Leidens fungiert, stellt sich die Frage: Was würde in einem kontrafaktischen Szenario, in dem alles Leiden beseitigt ist, aus der Kunst werden? Die Frage mag uns in einem Maße utopisch erscheinen, dass eine Antwort sich erübrigt. Doch sie kann nicht so einfach übergangen werden. Für Adorno besteht das Problem darin, dass er das Kunstwerk als *Monade* zu begreifen scheint, in dem präzisen Sinn, dass die intern-formalen Elemente des Kunstwerks zwar in Beziehung zu den extern-formalen Elementen der Gesellschaft stehen, diese Beziehung jedoch nicht-kausal ist: Es gibt keine »Fenster« zwischen Innen und Außen, zwischen Kunstwerk und Welt. Die nicht-kausale Beziehung fasst Adorno stattdessen als ein Aufgreifen formaler Homologie auf. Selbst Kunstwerke, die keinerlei explizit programmatischen Inhalt haben, präsentieren uns Homologien, die der Interpretation und der Kritik bedürfen. Diese monadische Konzeption des Kunstwerks legt nahe, dass das Kunstwerk nur dann verstanden werden kann, wenn sein Innen zum gesellschaftlichen Außen in Beziehung gesetzt wird: Ohne eine immanente Kritik des gesellschaftlichen Leidens, das es vermittels seiner Form thematisiert, würde das Kunstwerk unverständlich bleiben. Die Auffassung des Kunstwerks als Monade stellt Adorno somit vor ein ungewöhnliches Dilemma: Wenn die innere Form des Kunstwerks ein wahres Transkript gesellschaftlichen Leidens ist, dann hätte das Kunstwerk im utopischen Szenario einer Gesellschaft ohne Leiden sowohl seine innere Wahrheit als auch seinen gesellschaftskritischen Zweck verloren.

Adorno ist sich dieses Dilemmas nur allzu bewusst. Wenn das Kunstwerk seinen höchsten Zweck nur insofern erfüllen kann, als es gesellschaftliches Leiden thematisiert, würde es in Ermangelung dieses Themas zwangsläufig in Ideologie absinken oder schlicht verschwinden: »[A]ber mehr zu wünschen wäre, daß eines besseren Tages Kunst überhaupt verschwände, also daß sie das Leid vergäße, das ihr Ausdruck ist und an dem Form ihre Substanz hat.« (ÄT, GS 7, S. 386f.) Unter den gegenwärtigen Bedingungen kann das Kunstwerk nur insoweit Anspruch auf Gültigkeit erheben, als es diesem Ausdruckszweck gerecht wird. Das Leiden »ist der humane Gehalt, den Unfreiheit zur Positivität verfälscht« (ÄT, GS 7, S. 387). Ohne diesen Gehalt würden die höchste Bedeutung und der wichtigste Zweck der ästhetischen Erfahrung zu etwas anderem als sie gegenwärtig sind. »Was aber wäre Kunst als Geschichtsschreibung, wenn sie das Gedächtnis des akkumulierten Leidens abschüttelte.« (ÄT, GS 7, S. 387)

Adorno zögert, als Antwort auf diese Frage die gewagte Schlussfolgerung zu ziehen, »daß eines besseren Tages Kunst überhaupt verschwände«. Stattdessen erwägt er ein utopisches Szenario: »Möglich, daß in einer befriedeten Gesellschaft die vergangene Kunst wieder zufällt.« (ÄT, GS 7, S. 386) Unter solchen Umständen hätte Kunst nicht länger den kritischen Zweck, gegenwärtiges Leiden zu thematisieren. Kunstwerke, die zuvor *augenscheinlich* geschichtlich veraltet oder gesellschaftlich irrelevant geworden wären, würden eine Art »Auferstehung« erleben, ein neues, zweites Leben gewinnen. In Adornos Argumentation hat dieses Ideal einer genuin friedlichen Gesellschaft einen Status, der im vollen Sinne *messianisch* ist. Doch der Gedanke eines solchen kontrafaktischen Szenarios läuft Gefahr, eine Rechtfertigungsfunktion anzunehmen: Die Vorstellung, dass auch *in der Gegenwart* eine ästhetische Erfahrung ohne Leiden möglich ist, ist nur allzu verführerisch. Dies ist die Rolle jener zeitgenössischen Kunst, »die heute zum ideologischen Komplement der unbefriedeten geworden ist« (ÄT, GS 7, S. 386). Adorno verwirft somit jede Art von Kunst, die unter den gegenwärtigen gesellschaftlichen Verhältnissen *ausschließlich* gesellschaftliche Versöhnung thematisiert und diese Vorstellung von Versöhnung nicht mit der unbestreitbaren Tatsache des in der Gesellschaft vorhandenen Leidens verschränkt. Eine solche ideologische Kunst, die »zu affirmativer Abbildlichkeit und Harmonie zurückkehrte, wäre Opfer ihrer Freiheit« (ÄT, GS 7, S. 386). Es gehört zu Adornos Kernüberzeugungen als

Sozialphilosoph, der messianischen Verlockung dieser ästhetischen Möglichkeit zu widerstehen. Er hat wenig Vertrauen darauf, dass ein solcher Zustand jemals tatsächlich eintreten könnte. Dieser spielt in seinem Werk vor allem die Rolle eines kontrafaktischen Ideals, das die Dringlichkeit der Aufgabe einer ästhetischen Kritik bekräftigt: »Gegenüber der Forderung, die damit an ihn ergeht, ist aber die Frage nach der Wirklichkeit oder Unwirklichkeit der Erlösung selber fast gleichgültig.« (MM, GS 4, S. 281)

Unbenommen dieser in erster Linie *kritischen* Funktion erkennt Adorno zugleich – und es ist entscheidend sich dies zu vergegenwärtigen –, dass Kunst die dialektische Simultaneität thematisiert, die zwischen gesellschaftlichem Leiden und einem gesellschaftlichen Glücksversprechen besteht, das ständig gebrochen wird. In einer Gesellschaft, in der Glück nicht als Allgemeinzustand möglich ist, kann die *promesse du bonheur* nicht wahrhaftig erfüllt werden. Aber das Versprechen bleibt dennoch als normatives Ideal bestehen, an dem unser gegenwärtiges Leiden gemessen werden kann. Dieses unerfüllte Versprechen ist nichts anderes als der kontrastierende Maßstab des Leidens: Ohne einen solchen Maßstab würde das Kunstwerk keinen inneren Antagonismus aufweisen: Es würde zu einer uniformen und undialektischen Nachbildung des Leidens werden, dem es sich außerhalb seiner selbst gegenübersieht. »Kein Kunstwerk hat ungeschmälerte Einheit; ein jedes muß sie vorgaukeln und kollidiert dadurch mit sich selbst. Konfrontiert mit der antagonistischen Realität, wird die ästhetische Einheit, die jener sich entgegensetzt, zum Schein auch immanent.« (ÄT, GS 7, S. 160) Nur aus der Perspektive einer bürgerlichen und apologetischen Ästhetik kann dem Kunstwerk ein rein immanenter und mit sich selbst versöhnter »Sinn« zugeschrieben werden. Ein gelungenes Kunstwerk muss die gegenwärtige Unmöglichkeit dieser Versöhnung und die Erkenntnis betonen, dass ein solcher Sinn bloßer Schein ist. »Daß diesem [Sinn], wann immer er im Kunstwerk sich manifestiert, Schein gesellt bleibt, verleiht aller Kunst ihre Trauer; sie schmerzt desto mehr, je vollkommener der geglückte Zusammenhang Sinn suggeriert; gestärkt ist die Trauer vom O wär es doch.« (ÄT, GS 7, S. 161)

Zu den überzeugendsten Argumenten in Adornos *Ästhetischer Theorie* zählt die dialektische These, dass Kunst der gesellschaftlichen Welt zwar zugehört, sich jedoch gleichzeitig aus ihr in die Immanenz ihrer eigenen formalen Verfahren zurückzieht. Allzu oft wird diese These als »Flucht« aus der gesellschaftlichen Verantwortung in einen bloßen Ästhetizismus missverstanden. Doch ein solches Ausweichen liegt Adorno fern. Sein Hauptanliegen ist es, ein vertieftes Verständnis der Voraussetzungen der gesellschaftskritischen Macht von Kunst zu gewinnen. Die Kunst erhält sich ihre Fähigkeit, empfänglich für ihre gesellschaftliche Umgebung zu sein, nur, indem sie Distanz zu dieser Umgebung wahrt. »In der Utopie ihrer Form beugt Kunst sich der lastenden Schwere der Empirie, von der sie als Kunst wegtritt.« (ÄT, GS 7, S. 161) Diese Einsicht verbindet die Anerkennung ästhetischer Autonomie und ihre Verneinung zu *einer* Kunstauffassung: Die Transzendenz der Kunst ist nur eine unvollständige, doch die Transzendenz der Kunst besteht allein im Bewusstsein ihrer gesellschaftlichen Immanenz. Die Kunst, so könnte man sagen, thematisiert ihre eigene gesellschaftliche Schuld, weil sie nach dem Ideal einer ästhetischen Autonomie strebt, von der sie zugleich weiß, dass sie eine Illusion ist. (»Leichte Kunst« so schreiben Horkheimer und Adorno im Kapitel zur »Kulturindustrie« in der *Dialektik der Aufklärung*, »hat die autonome als Schatten begleitet. Sie ist das gesellschaftlich schlechte Gewissen der ernsten« [DA, GS 3, S. 157].) Nur dank dieses doppelten Bewusstseins gelingt es der Kunst, ihre zweifache Rolle als Seismograf gesellschaftlichen Leidens und als Versprechen des Glücks und der Erlösung von diesem Leiden zu erfüllen. Die Vergänglichkeit von Kunst zu betonen ist kein Ausdruck von Pessimismus. Es zeugt vielmehr von einem hartnäckigen Vertrauen in die Möglichkeit einer Welt ohne Leiden, in der die Kunst nicht aufhören würde zu existieren, in der ihre Bedeutung sich jedoch bis fast zur Unkenntlichkeit verändern würde.

Übersetzt von Andreas Fliedner

Wolfram Groddeck
Anamnesis Adorno

Im Jahr 1970, als die Studentenbewegung, die in der Schweiz sowieso eher moderat verlief, schon wieder am Abklingen war, begann ich mit meinem Studium der Germanistik und der Musikwissenschaft an der Universität der alten Humanistenstadt Basel. Und bald las ich zum ersten Mal Adorno; das war in einer Ausgabe der *Philosophie der neuen Musik* bei Ullstein und dazu – wohl eine Empfehlung unseres Professors für Musikwissenschaft – in dem Auswahlband *Nervenpunkte der Neuen Musik* bei Rowohlt. Diese Ausgabe, die die schwierigen Texte Adornos in viel zu enger Schrift und mit fast randlosem Layout präsentiert (so, als wollte man verhindern, dass sie wirklich gelesen würden) habe ich 1971 gekauft und das Datum auf dem Vorsatzblatt vermerkt. In den Folgesemestern habe ich weitere Bücher von Adorno erstanden und bald auch die *Ästhetische Theorie*.

    Das Buch in weinrotem Leinen, das nun seit bald fünf Jahrzehnten in meiner Bibliothek steht, ist tatsächlich die Erstausgabe von 1970. Es erscheint mir heute, als ich es wieder zur Hand nehme, wie ein singuläres Objekt, als gäbe es nur dieses eine individuelle Exemplar, in dem all die Erinnerungen meiner frühen Zeit bewahrt wären. Und eigentlich ist es auch so; denn es ist voller Anstreichungen, die ich als begeisterter Student in das schöne Buch eingetragen habe. Später wechselte ich von der Musikwissenschaft zum Studium der Philosophie, und das hatte direkt mit meinen exzessiven Adorno-Lektüren zu tun. Mit dem Studium der *Ästhetischen Theorie* erreichte ich den Gipfelpunkt meiner Adorno-Begeisterung. Dieses Studium hat meine anderen Studien völlig überblendet; denn eigentlich lasen wir – mein Freund Rolf und ich – ausschließlich Adorno. Wir hörten Tonbandaufnahmen von Anton Webern (*Fünf Stücke für Orchester op. 10*, mit Bruno Maderna als Dirigent) und andere *Neue Musik* und fühlten uns als kulturintellektuelle Elite. Wir benahmen uns auch so; unsere sporadischen Besuche in Seminaren waren eher gefürchtet. Jedenfalls kam uns das so vor.

    Mein Exemplar der *Ästhetischen Theorie* enthält zahllose Unterstreichungen, die während der gemeinsamen Lektüretreffen gemacht wurden. Bei den langen Gesprächen über das Buch habe ich Sätze markiert, über die wir beide, Rolf und ich, diskutiert haben und die mich auch *nachhaltig* geprägt haben. Solche Sätze, die ich unterstrichen habe, sind zum Beispiel: »Das vorgeblich geschichtslos Naturschöne hat seinen geschichtlichen Kern; das legitimiert es ebenso, wie es seinen Begriff relativiert.« (ÄT, GS

7, S. 102) Oder: »Die Anamnesis der Freiheit im Naturschönen führt irre, weil sie Freiheit im älteren Unfreien sich erhofft.« (ÄT, GS 7, S. 104) Oder auch: »Die Scham vorm Naturschönen rührt daher, daß man das noch nicht Seiende verletze, indem man es im Seienden ergreift.« (ÄT, GS 7, S. 115) Vor allem der Abschnitt zum »Naturschönen« muss uns damals lange beschäftig haben, das entnehme ich der Dichte der Anstreichungen. Es sind intensive Lesespuren, sie ergeben aber in ihrer Abfolge keinen resümierbaren, zusammenhängenden oder systematischen Sinn. Es waren vielmehr – für uns damals – kleinste Modelle dialektischen Denkens von großer theoretischer Schönheit, Satz für Satz. Ich glaube, wir haben nicht einmal bemerkt, dass die *Ästhetische Theorie* von den Herausgebern in größere Sinnabschnitte eingeteilt worden war. Für uns war das Ganze ein unendlicher Text, ein Universum des Denkens. Vielleicht war es wirklich so, dass wir, in den gemeinsamen Lektüren, bei Adorno *lesen* gelernt haben, so wie wir in der Schule die lateinischen Klassiker-Texte hätten lesen sollen.

Jedenfalls sind es Markierungen, die mich meiner intellektuellen Geschichte vergewissern. Beim Blättern durch das singuläre Exemplar tauchen Erinnerungen auf. Was ich da erinnere, was ich vor mir sehe, sind keine Merksprüche, sondern Spuren eines Pathos' des Erkennens, das mich und meinen Freund Rolf damals getragen hat. Oder war es eher ein Ethos, eine konsequente Haltung? Die bewies dann mein Freund Rolf, als er nicht zu Ende studieren wollte und ein paar Semester später nach Italien emigrierte. Wir verloren uns darauf allmählich aus den Augen.

Ein paar Semester später sagte mir ein akademischer Lehrer – ein Assistent, zu dem ich aufgeblickt habe, weil er zehn Jahre älter und der klügste Linke am Deutschen Seminar war – dass – so wörtlich – »Adornos Stern« am »Untergehen« sei. Ich wollte das nicht recht glauben, aber ich war doch sehr betrübt. Tatsächlich traten neue Theoretiker in unsere intellektuelle Welt, Michel Foucault zum Beispiel oder Roland Barthes. Die wurden dann auch wichtig, aber sie drangen nicht mehr so tief in meine geistige Biographie ein wie die frühen Lese- und Erkenntniserlebnisse mit Adorno.

Ein paar Jahre später plante ich, wahrscheinlich angeregt durch Adornos *Parataxis*-Aufsatz, ein hochgestochenes Dissertationsprojekt zu den späten Gedichten Hölderlins und entdeckte – ein Glücksfall, wie es nicht viele in einem Philologenleben gibt – den Einleitungsband zur *Frankfurter Hölderlin-Ausgabe* von D. E. Sattler, der 1975 im Verlag Roter Stern erschienen war. Ich schrieb begeistert an den Verleger KD Wolff und noch im selben Jahr wurde ich Mitarbeiter der Ausgabe. Dass Hölderlins Dichtungen in einem linksradikalen Verlag herausgegeben wurden; erschien mir wie eine – mit Adorno zu reden – *Versöhnung* von Revolution und Kultur. Durch die Freundschaft mit KD Wolff, die schon mit dem ersten Besuch in Frankfurt begann, erfuhr ich auch, dass er Adorno gekannt und sogar gelegentlich mit ihm gefrühstückt hat... Und es wunderte mich auch nicht, dass der Herausgeber, der Außenseiter D. E. Sattler, mir den Eindruck eines von Adorno geprägten Moralisten machte. Sattlers durch Adorno-Lektüren geschulte Kommentarsprache, seine strenge intellektuelle Konsequenz, die ihn befähigte, mit Hilfe des kleinen linken Verlags sein Projekt einer neuen Hölderlin-Gesamtausgabe gegen die Widerstände der etablierten Germanistik durchzusetzen, faszinierte mich und bestätigte mich zugleich in meiner eigenen Herkunft von Adorno. Sattler propagierte seine Hölderlin-Edition als eine Ausgabe für »mündige Leser«. So blieb Adorno auch in den folgenden Jahren meiner editionswissenschaftlichen Tätigkeit an der *Frankfurter Hölderlin-Ausgabe* geistig präsent.

Obwohl mir irgendwann missbilligend auffiel, dass Adorno in seinem berühmten Aufsatz *Parataxis. Zur späten Lyrik Hölderlins* den Dichter nach der »kleinen Stuttgarter Ausgabe« zitiert, blieb mir seine Denkweise dennoch unverändert nah. Ich bemerkte, dass Philosophen die Philologie und insbesondere die Editionswissenschaft nicht recht in den Blick bekommen wollten, selbst wenn sie, wie Adorno, mit so bedeutenden Philologen wie Peter Szondi befreundet waren. Dieser *Chorismos* zwischen Philosophie und Philologie besteht meines Wissens auch heute noch.

Mir schien Adornos Denken dennoch den Reflexionen auf Erfahrungen, die ich als beginnender Editionswissenschaftler machte, wesensverwandt zu sein. Ein Aphorismus aus den *Minima Moralia* rechtfertigte mir meine Hingabe an das editorische Tun, und ich habe ihn auch einmal als Motto für eine editionswissenschaftliche Publikation verwendet. Später in der Lehre habe ich ihn immer wieder einmal zitiert:

> Keine Verbesserung ist zu klein oder geringfügig, als daß man sie nicht durchführen sollte. Von hundert Änderungen mag jede einzelne läppisch und pedantisch erscheinen; zusammen können sie ein neues Niveau des Textes ausmachen. (Adorno 1951, S. 105)

Die akribische Arbeit des Schriftstellers, des Dichters oder auch des Theoretikers bei der Erzeugung eines Textes, eines Gedankengangs – was im Grunde das gleiche ist – spiegelt sich in der »selbstlosen«, pedantischen Tätigkeit der Editoren. Dieses Tun ist rekonstruktiv, wenn es, wie bei der

Frankfurter Hölderlin-Ausgabe, auch die Entstehung in der Überlieferung eines Textes, einer Dichtung zeigen will. Indem jede Variante, jeder noch so kleine textgenetische Schritt editorisch nachvollzogen werden, erreicht auch die Philologie »ein neues Niveau des Textes«. Aber wie sieht das mit Adornos eigenen Schriften aus? Er wird seine kunstvollen Sätze, seine so unverwechselbar komponierten Texte nicht spontan niedergeschrieben haben. Aber davon wusste man damals kaum etwas...

Noch einmal zurück zu meinem singulären Exemplar der *Ästhetischen Theorie* von 1970: Beim erneuten Eintauchen in dieses Buch wird mir wieder einmal, aber auf eine besonders intensive Weise, bewusst, *was* ein Buch sein kann: Ein Gegenstand, der die Zeit überdauert und der sie auf eine geheimnisvolle Weise in sich bewahrt – ein Gedächtnisort, ein Ort der *Anamnesis*.

Mein Exemplar der *Ästhetischen Theorie* enthält nicht nur viele Anstreichungen und paar zaghafte Versuche, für die ganz wichtigen Stellen ein Register zu erstellen, sondern auch Beilagen, die sich in diesem Exemplar angesammelt haben – und die von mir vergessen wurden.

Eine solche Beilage ist ein Zeitungsausschnitt von 1978 aus der *Zeit*, den mir jemand, der meine Interessen gut gekannt haben muss, zugeschickt hat. Es ist ein kurzer, melancholischer Text von Herbert Marcuse zu Adornos 75. Geburtstag.

Als ich mir damals den Artikel aus der *Zeit* näher anschaute und die Illustration auf der rechten Seite des Artikels bemerkte, habe ich gestaunt; denn die Abbildung beweist, dass es offenbar handschriftlich durchkorrigierte Typoskripte zur *Ästhetischen Theorie* gegeben hat, die den Hölderlin-Handschriften, mit denen ich mich damals befasste, an Komplexität kaum nachstanden. Die Intensität der Überarbeitung auf dieser einen, im Zeitungsdruck nur in Ansätzen lesbaren Manuskriptseite verblüffte und irritierte mich. Ich erinnere mich aber nicht, dass ich versucht hätte, das Blatt dem edierten Text in der Buchausgabe der *Ästhetischen Theorie* zuzuordnen. Das habe ich erst jetzt versucht und festgestellt, dass es aus dem Zusammenhang des Abschnitts über das »Naturschöne« stammt. Und die Passage über Hegel und das Naturschöne, das auf dieser Seite in mehrschichtiger Überarbeitung von Adorno entwickelt wird, ist in meinem Exemplar mit heftigen Anstreichungen und Unterstreichungen versehen: Wir müssen damals auch über diese Stelle intensiver diskutiert haben. Wie aber hätten wir gelesen, frage ich mich heute, wenn es uns möglich gewesen wäre nachvollziehen, wie der Satz »Fortschreitende dialektische Ästhetik wird notwendig auch zur Kritik an der Hegelschen« (ÄT, GS 7, S. 119) im Gewirr der Einfügungen allmählich seinen syntaktisch gültigen Ort gefunden hat? So aber lag der Zeitungsausschnitt lange Jahre unbedacht in meinem Exemplar der *Ästhetischen Theorie*.

Fünfzehn Jahre später kam noch eine weitere Beilage in das Buch. Eine Freundin, die um meine Verehrung für Adorno wusste, schickte mit einer Karte, auf die sie vier Exemplare der Briefmarke, die zu Adornos hundertsten Geburtstag am 11. September 2003 ausgegeben wurde, aufgeklebt und mit der Bemerkung versehen hatte: »ich dachte, diese Briefmarken könnten dir gefallen«. Ich sammle zwar keine Briefmarken, aber diese vier habe ich in das Buch gelegt.

Ob der Manuskript-Ausschnitt, den der Graphiker unter die Fotografie von Adorno gelegt hat, ebenfalls aus den Typoskripten zur *Ästhetischen Theorie* stammt, konnte ich nicht eruieren, aber es scheint mir wahrscheinlich. Jedenfalls gefielen mir die Briefmarken. Adorno war in jenen Jahren aus meinen Beschäftigungen etwas weggerückt; ich hatte mich inzwischen sehr eingehend mit der Edition von Nietzsches Nachlass befasst.

Und noch einmal zehn Jahre später ergab sich der Kontakt zu Martin Endres und Axel Pichler, die – zusammen mit Claus Zittel – das Konzept einer Manuskriptedition der *Ästhetischen Theorie* entwickelten. Ich lud die beiden zu einem Vortrag an die Universität Zürich ein. Am 27. Mai 2013 präsentierten sie ihr Editionskonzept vor einem staunenden Publikum. Im selben Jahr erschien in *Editio* der Aufsatz von Endres, Pichler und Zittel (Endres/Pichler/Zittel 2013), in dem man nachlesen kann, worüber wir im Zürcher Hörsaal staunten.

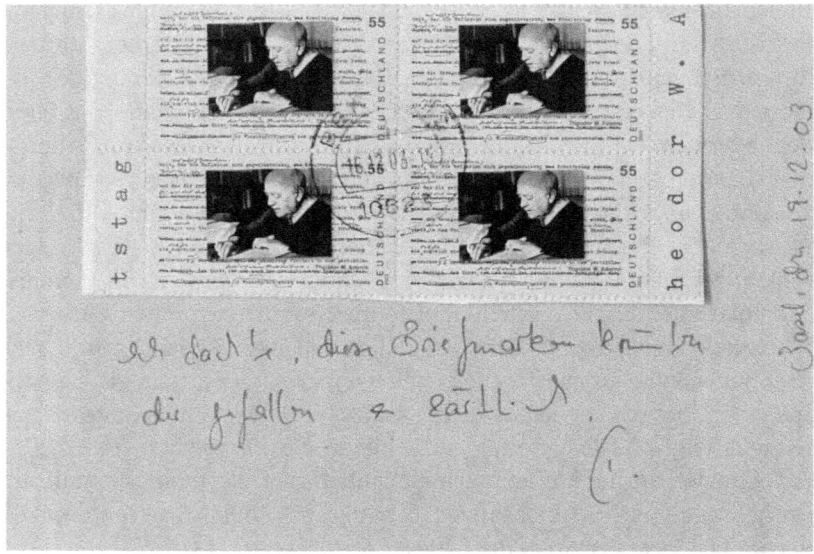

Und seitdem warte ich auf die angekündigte textkritische Edition,[1] die in meinem singulären Exemplar irgendwie schon angelegt ist.

Literaturverzeichnis

Adorno, Theodor W. (1951): Minima Moralia. Reflexionen aus dem beschädigten Leben. Frankfurt am Main: Suhrkamp.

Endres, Martin/Pichler, Axel/Zittel, Claus (2013): »›Noch offen‹. Prolegomena zu einer Textkritischen Edition der Ästhetischen Theorie Adornos«. In: editio 27, S. 173–204.

Endres, Martin (2019): »Von der Produktionsseite. Zur Revision der Ästhetischen Theorie«. In: Zeitschrift für Ideengeschichte XIII/1 (Frühjahr 2019: Theodor W. Adorno), S. 97–106.

---

1 Inzwischen gibt es einige Aufsätze zu dem ambitionierten Editionsprojekt. Der neueste, der auch einen Überblick über die Forschung gibt, stammt von Martin Endres: Endres 2019.

Gunnar Hindrichs
Vier Gesichtspunkte der Ästhetik

Mein Weg zu Adornos *Ästhetischer Theorie* verlief über die Musik. Als wir in der Sekunda, vom Lehrplan vorgeschrieben, die Konstellation Strawinsky-Schönberg durchnahmen, rissen mich Schönbergs Werke hin, während mir Strawinskys sogenannter Neoklassizismus läppisch schien. Schönberg war die grosse Erfahrung. Bis dahin hatte ich mich aufgrund meiner Instrumente vor allem in der altprotestantischen Kirchenmusik bewegt: von Scheidt, Buxtehude, Böhm, Bruhns bis hin – natürlich – zu Johann Sebastian Bach. Die evangelische Kirchenmusik des 20. Jahrhunderts, die mir mein Lehrer, ein Kantor, ebenfalls ans Herz zu legen suchte, kam mir hingegen dürftig und vorkünstlerisch vor. (Über das Wort ›vorkünstlerisch‹ verfügte ich damals, vor meiner Adorno-Lektüre, noch nicht.) Neben die Kirchenmusik trat das klassisch-romantische Repertoire des Klaviers und abermals Bach, diesmal mit seinen Inventionen, Suiten- und Fugenzyklen.

Das gab es also: am Ende des 20. Jahrhunderts mit einigermaßen guter musikalischer Bildung in einem halbwegs bürgerlichen, konventionell nachachtundsechziger Haushalt der linksrheinischen Landschaft aufwachsen, ohne einen Klang von Schönberg gehört zu haben. Der staatliche Lehrplan für den Musikunterricht war eine List der Vernunft. Aber mich störte die Bewertung dessen, was wir da hörten. Die Zwölftontechnik wurde als ein äußerliches Mittel zur Tonorganisation behandelt, das die nötige Ordnung in das Chaos der freien Atonalität brachte; der Neoklassizismus galt als spielerischer Umgang mit der im Bildungsbestand abgespeicherten Formenwelt der Tradition, der diese sowohl anerkannte als auch sich ironisch über sie erhob; *Pierrot lunaire* und *L'histoire du soldat* wurden als wohlfeile Reize präsentiert. Insgesamt ließ die konformistische arbiträre Subjektivität grüßen, die sich in der BRD eingerichtet hat. Gegen ihre Schönberg-Deutung reagierte das musikalische Ohr. Vermutlich zeigte die Erfahrung der allein über formale Gesichtspunkte zugänglichen Stücke der Norddeutschen Orgelschule und vor allem die Erfahrung der Kunst Bachs ihre Früchte. Von dem dort verwirklichten kompositionstechnischen Anspruch her gehört, erwies sich Schönberg – und zwar in allen seinen Phasen! – als Komponist der Freiheit, und Strawinsky – zumindest im Gros seiner Werke – als Komponist des Mitmachens.

So war die Ausgangslage. Begreifen konnte ich das Erfahrene noch nicht. Nun fand sich in meinem Elternhaus zwar auch philosophische

Allgemeinliteratur von Kant bis Bloch (meistens ungelesen), aber kein Adorno. Immerhin stieß ich auf den Namen Adorno im musikalischen Schrifttum: Die Bestimmung des musikalischen Materials als sedimentierter Geist begegnete mir zuerst in einem Handbuch zur Musiktheorie. Also kaufte ich mir die *Philosophie der neuen Musik*, um Munition gegen meinen Musiklehrer zu haben. Er wich natürlich aus. Aber das Buch öffnete mir insgesamt die Augen über die Musik, über das Musikdenken, über einige philosophische Grundkonzepte. Das Licht dieser Erfahrung ist geblieben.

Bis heute bildet daher Adornos Musikphilosophie den Horizont, in dem ich seine Argumente lese. Das gilt für alle Schriften, auch die soziologischen, aber vor allem für die *Ästhetische Theorie*. Sie will mir als unvollendete Mammutarbeit über die begrifflichen Voraussetzungen, Folgen und Verpflichtungen erscheinen, die mit den Einsichten in die Konstellation von Fortschritt und Restauration, Material und Geist, Technik und Gehalt, Erlebnis und Erfahrung verbunden sind, aus denen die *Philosophie der neuen Musik* lebt. Mit diesen vier Komplexen sind auch die vier Gesichtspunkte benannt, die mir die *Ästhetische Theorie* vor allem anderen vermittelt hat. Sie begründen die Bedeutung von Adornos Denken, solange die ästhetische Moderne unausgetragen bleibt. (Die klassenlose Gesellschaft, von der sie ausgetragen würde, klingt wie aus weiter Ferne.) Ich gehe die vier genannten Punkte kurz durch.

Erlebnis und Erfahrung. – Der Begriff des Erlebnisses bezeichnet ästhetische Reaktionsweisen und Vorkommnisse, die im Rahmen der Selbsterhaltung stehen. Er verbindet die Diskussion des ästhetischen Zustands, deren wichtigste Protagonisten Schiller und Nietzsche sind, mit der Lebensphilosophie, der Lebenswelt oder der Lebensform. Dadurch vermag er in eine große Bandbreite von Konzeptionen hineinzuwirken. Der ästhetische Zustand ist dann eine Regung des vorprädikativen Lebens, das aller Prädikation zugrunde liegt: eben ein Er-lebnis. Solche Konzepte gehen letztlich von Lebensvollzügen aus, die sich zu erhalten und zu entfalten suchen. Sie sind affirmativ. Adornos *Ästhetische Theorie* hingegen entwirft gegen die Affirmation des Erlebens die Negativität der ästhetischen Erfahrung. Das heißt: Ästhetische Erfahrung erfolgt im Scheitern der Vollzüge unserer Selbsterhaltung und Selbstentfaltung, zumal im Scheitern ihres Kernes, der Identifizierung der Dinge. Aber ihre Auflösung der Identifizierungen zerfließt nicht im Geschehen der bunten Diversitäten. Das wäre nur eine andere Form von Erlebnissen. Stattdessen schließt sich jene Auflösung zur Erfahrung zusammen. Auf diese Weise konstituiert das Scheitern unserer Selbsterhaltung eine neue Form von Subjektivität.

Eine solche Subjektivität besteht nicht in der identifizierenden Beherrschung der Dinge. Sie besteht aber auch nicht in einer Positivität jenseits dieser Beherrschung. Vielmehr besteht sie allein in der negativen Erfahrung des Anderen unserer Selbsterhaltung und Selbstentfaltung. Das macht Adornos Theorie der ästhetischen Erfahrung zur Nachfolgegestalt von Kants ›freiem Spiel der Erkenntniskräfte‹, das ebenfalls die Identifizierung der Dinge überwindet. Zugleich ist sie aber noch von einem zweiten Moment bestimmt. Die Affirmation der lebendigen Selbsterhaltung und Selbstentfaltung ist die Affirmation des Kontingenten. Wenn sie nun in der ästhetischen Erfahrung scheitert, dann lässt diese Erfahrung das Andere der Kontingenz negativ erfahren. Das Andere der Kontingenz wiederum ist das Absolute. Entsprechend lässt die ästhetische Erfahrung das Absolute negativ erfahren. Sie konstituiert Subjektivität statt durch Identifikation der Dinge im Prozess lebendiger Selbsterhaltung durch ihren Schattenbezug auf das Absolute. Insofern schließt sie sich mit Adornos Unterfangen einer negativen Dialektik zusammen und übt Solidarität mit Metaphysik im Augenblick ihres Sturzes.

Technik und Gehalt. – Der Bestimmungsgrund einer derartigen Erfahrung kann nicht im Subjekt liegen. Er kann aber auch nicht in einem Ding liegen, das sich im Rahmen lebendiger Selbsterhaltung begreifen liesse. Stattdessen muss er in etwas zu finden sein, das diesen Rahmen durchbricht. Ein solches Etwas wäre durch sich bestimmt. Es wäre autonom. Folglich verlangt Adornos Theorie der ästhetischen Erfahrung nach einer Theorie des autonomen Kunstwerkes, das hier erfahren würde. Nun bedeutet Autonomie nichts anderes als Eigengesetzlichkeit. Entsprechend muss die Theorie des autonomen Kunstwerkes dessen Eigengesetzlichkeit erklären. Adorno fasst die Eigengesetzlichkeit der Kunst unter den Begriff der Logizität. Logizität besitzt das Kunstwerk insofern, als seine Momente in einem überzeugenden Zusammenhang stehen. Ein solcher Zusammenhang wird durch die Technik errichtet. Hergestellt durch künstlerische Verfahrensweisen, lässt er sich nur dann erfahren, wenn ein Organ für die technischen Mittel und ihren besonderen Einsatz entwickelt wird. Hierfür ist kein Wissen um die Begrifflichkeit der künstlerischen Techniken nötig. Aber es ist nötig, ein Kunstwerk von dem her zu erfahren, wie es gemacht ist.

Dieser Gedanke bewahrt die formalistische Einsicht, dass das Kunstwerk die Summe von Kunstgriffen sei. Gegen sie wurde und wird immer wieder der Gehalt der Kunst aufgeboten. Der Einwand lautet: Die Technik erkläre zwar, wie das ästhetische Produkt gemacht sei, nicht aber, was es uns sage. Eine solche Gehaltsästhetik ist keineswegs auf die alte bürgerliche Auffassung vom Schönen, Guten, Wahren beschränkt. Im Gegenteil: Die gegenwärtige Auflösung der Kunst in Machtlagen, Identitätsfragen, Aktivismen, aber auch in Repräsentatives, Verkäufliches, Entlastendes arbeitet hauptsächlich mit dem Blick auf Gehalte. Hiergegen hat Adorno klargemacht, dass es keinen anderen Zugang zum Gehalt eines Kunstwerkes gibt als die Technik. Das bedeutet zweierlei. Erstens ist die Trennung der Fragen ›Wie ist es gemacht?‹ und ›Was sagt es?‹ grundfalsch. Was ein Kunstwerk sagt, erschließt sich nur dadurch, wie es gemacht ist. Sein Gehalt schwebt nicht hinter oder über den Verfahrensweisen, er ist in ihnen und durch sie. Wer von den Gehalten ästhetischer Produkte spricht, ohne von ihren Techniken zu sprechen, oder wer technisches Unvermögen durch ehrenwerte Gehalte aufzuwiegen sucht, erfasst nicht den Gehalt, sondern die warenästhetische Marke jener Produkte. Hier schrumpft die ästhetische Erfahrung der technischen Eigengesetzlichkeit von Kunst zu dem Erlebnis ihrer scheinbaren Aussage zusammen. Momentan bildet das den herrschenden Zustand der Kunstwelt. Und zweitens stellt die Technik keine leere Prozedur dar, sondern ist selber nur im Blick auf den mit ihr verbundenen Gehalt zu verstehen, den es zu entziffern gilt. Das trennt Adorno vom Formalismus.

Material und Geist. – Direkt an den Komplex aus Technik und Gehalt schließt sich das Verhältnis von Material und Geist an. Unter dem ästhetischen Material ist nicht einfach der Stoff der Kunst zu verstehen, und schon gar nicht bildet es eine Positivität mit Eigenleben. Stattdessen umfasst es ›alles das, womit der Künstler schaltet‹. Das Material besitzt seine Bestimmtheit also aufgrund seiner Stellung im ästhetischen Produktionsprozess. Es ist das, woraus ein Kunstwerk produziert wird, und an ihm können die technischen Verfahrensweisen als Produktivkräfte ansetzen. Ein solches Material darf weder als elementar noch als Naturgegebenheit missverstanden werden. Vielmehr stellt es das Ergebnis vorangegangener künstlerischer Arbeit dar. Entsprechend gehören auch überkommene Verfahrensweisen und Formen zum Material, aus dem dann mit einer bestimmten Technik und einer bestimmten Form etwas Neues produziert wird. Konkretisiert im Blick auf einen musikalischen Fall: Die Erweiterung des musikalischen Materials zu ›allen Klängen‹, aus denen John Cage seine Werke produzierte, erfolgte aus der Selbstaufhebung der vollständigen Determination eines Stückes in seine Indetermination, die mit der integralen Reihentechnik und ihren Formproblemen, zumal dem Problem der offenen Form, verbunden war. (Adorno selber wollte das nicht sehen, aber gesehen hat es in Adornos Gefolge Heinz-Klaus Metzger.) Insofern ergibt sich das musikalische Material aus bestimmten Kompositionsverfahren und Formen.

Ein solches Material ist mit Geist durchtränkt. Der Geist von Techniken und Formen hat sich im Material zu dem zusammengeschlossen, woraus neue Werke erarbeitet werden. Aber mit Geist durchtränkt ist das Material noch in einem anderen Sinn. Künstlerische Formen und Techniken sind immer auch gesellschaftliche Formen und Techniken. Im Material schlägt sich deshalb gesellschaftliche Rationalität nieder. Das bedeutet gerade nicht die gesellschaftliche Reduktion der Kunst, die so viele wollen. Im Gegenteil bedeutet es, dass in der Eigengesetzlichkeit des Kunstwerkes dessen materiale Dimension den Geist der Gesellschaft zeigt. Adorno drückt das mit dem leibnizianischen Konzept der Monade aus. Monaden sind fensterlos und zugleich Spiegel des Universums. Gleiches gilt für die ästhetischen Produkte. Sie sind autonom, spiegeln aber in ihrem Material den Gesamtzusammenhang wider. Weil sie das jedoch als autonome Dinge tun, durchbrechen sie zugleich die Heteronomie des Ganzen. Sie transzendieren es. Entsprechend kehrt sich die materialbezogene Ästhetik vom Geist nicht ab. Vielmehr bringt sie ihn im Werk so zur Wirklichkeit, dass er nicht in erpresster Versöhnung mit dieser aufgeht, sondern als materialisierter Geist dem Ungeist des Bestehenden widerspricht.

Fortschritt und Restauration. – Das umrissene Verhältnis erlaubt eine geschichtsphilosophische Bestimmung von Kunst. Sie besagt: Das Material, zu dem Geist sich sedimentiert hat und an dem der Geist der Techniken und Formen ansetzt, lässt sich unter den Gesichtspunkten des Fortschrittes und der Restauration untersuchen. Denn das Material liegt nicht einfach da, sondern bildet sich in der Geschichte der Kunst gemäß Techniken und Formen, die auf ihr Misslingen und Gelingen hin beurteilt werden müssen. Entsprechend besitzt das Material eine normative Bestimmtheit. Sein geschichtlicher Stand verlangt nach einem angemessenen Umgang mit ihm, und er verbietet den unangemessenen Umgang mit ihm. Ersichtlich darf ein solcher Fortschritt des Materials nicht zur neuen Positivität werden. Auch er ist negativistisch zu verstehen. Er verneint das Verwirklichte zu Gunsten des erforderlichen Noch-nicht-Verwirklichten, und er vollzieht sich selber in Verneinungsverhältnissen. Deshalb verläuft der Fortschritt der Kunst nicht linear. Er bewegt sich nur in Negationsverhältnissen. Aus diesem Grund stellt die eingangs erwähnte Konstellation Schönberg-Strawinsky keine äußerliche Zusammenstellung dar. »Schönberg und der Fortschritt« – wie der erste Teil der *Philosophie der neuen*

Musik lautet – lässt sich vielmehr nur in Verneinung von »Strawinsky und der Restauration« verstehen, wie der zweite Teil heißt. Auch erweist sich der von Schönberg vollzogene Fortschritt intern von Gegensätzen zerrissen. Der Fortschritt des Materials bewegt sich in internen und externen Verneinungen.

Nichtsdestoweniger bleibt Adornos Kunstphilosophie eine Fortschrittstheorie. Sie erteilt aller Nachgeschichte, allem positiven Pluralismus, aller historischen Deflation die Absage. Nur so vermag sie ihre kritische Arbeit zu leisten. Sie stellt das Bestehende vor das Gericht des kunsthistorischen Prozesses. Aber sie übt Gericht nicht im Blick auf vorgegebene Modelle, sondern in der konkreten Untersuchung des Materialstandes eines künstlerischen Produktes. Nur von hierher, der konkreten Untersuchung eines Kunstwerkes, kann auch der Gegenbegriff zum Fortschritt seinen Sinn erhalten: ›Restauration‹. Neben dem Begrifft der Restauration verwendet Adorno auch verwandte Begriffe wie ›Regression‹ oder ›Reaktion‹. Aber der Begriff der Restauration ist der grundlegende unter ihnen. Er zeigt an, dass bestimmte künstlerische Produkte zu einem bestimmten Materialstand den *status quo ante* wiederherstellen. Solche Erzeugnisse sind nicht reaktionär. Ihr Reaktionäres könnte ja ein kritisches Moment gegen das Bestehende enthalten, wie Adorno an George oder Hofmannsthal (und Spengler) zeigt. Auch regredieren sie nicht, was sie tendenziell aus dem künstlerischen Bereich ausschlösse. Stattdessen bewegen sie sich durchaus auf dem Niveau dieses Bereiches, verfahren aber durch und durch affirmativ, so dass sie die Negativität des Neuen gegen das Bestehende in Anpassung an dieses verwandeln. Dadurch sind sie restaurativ: Das Neue dient zur Wiederherstellung des Alten. Ein gutes Beispiel hierfür ist die Konzeptkunst. Ihre neuen Produkte waren restaurativ, weil sie auf dem Niveau des Künstlerischen die offene, nämlich formale Anpassung an die Warenwelt vornahmen, die die vorkonzeptuelle Kunst sowohl bereits vollzogen als auch verschwiegen hatte. Die heutigen Varianten der Konzeptkunst wiederum sind nicht mehr restaurativ, sondern nur noch regressiv. Sie sind kindisch und haben den künstlerischen Bereich verlassen.

In den vier Gesichtspunkten ›Erlebnis und Erfahrung‹, ›Technik und Gehalt‹, ›Material und Geist‹, ›Fortschritt und Restauration‹ sehe ich das Wichtigste, was von Adornos *Ästhetischer Theorie* bleibt. Zwar darf keiner von ihnen als das letzte Wort gelten. Aber alle haben einen Anspruch formuliert, der nicht mehr zurückgenommen werden kann. Darum bilden sie das Enchiridion der Auseinandersetzung um die Dinge der Kunst.

Peter Uwe Hohendahl
Ästhetische Theorie an der amerikanischen Universität

Ein Rückblick

Ein gutes Jahrzehnt verbrachten Max Horkheimer und Theodor W. Adorno in den Vereinigten Staaten. Trotz einer schrittweisen Annäherung an den amerikanischen wissenschaftlichen Diskurs blieben es im Wesentlichen Jahre des Exils. Nach ihrer Rückkehr nach Frankfurt wurde es in der amerikanischen Öffentlichkeit stiller um ihr Werk, zumal ihr wichtigster Text, die *Dialektik der Aufklärung*, zunächst nur in deutscher Sprache veröffentlicht wurde. Die Aufmerksamkeit des amerikanischen Publikums richtete sich zunächst auf diejenigen Mitglieder der Frankfurter Schule, die in Amerika blieben, vor allem auf Herbert Marcuse, der in den sechziger Jahren zum Heros der Neuen Linken aufstieg. Als die *Ästhetische Theorie* 1970 posthum veröffentlicht wurde, hatte Adorno in Amerika keine große Präsenz. Er musste vielmehr zusammen mit Walter Benjamin neu entdeckt werden. Dies ist an zwei wichtigen Untersuchungen abzulesen, die in den frühen siebziger Jahren erschienen, einmal der ersten historischen Darstellung der Frankfurter Schule durch Martin Jay unter dem Titel *The Dialectical Imagination* (1973), zum anderen durch die bahnbrechende Arbeit *Marxism and Form* (1971) von Fredric Jameson zur marxistischen Ästhetik, in der Adorno einen wichtigen Platz erhielt. Doch sucht man in dieser Untersuchung vergeblich mach einem Hinweis auf die *Ästhetische Theorie*. Jameson erklärt seinen Lesern die Eigenart von Adornos Denken am Beispiel von Texten aus der frühen und mittleren Phase. Auch später sollte sich Jameson nicht zu Adornos später Ästhetik äußern, eine in Amerika nicht ungewöhnliche Einstellung, die darauf hinweist, wie sehr sich die Rezeption der *Ästhetischen Theorie* verspätete. Zudem hat die komplizierte Rezeption des Spätwerks in Deutschland den Transfer in die angloamerikanische Welt nicht gefördert.

Es ist daran zu erinnern, dass die westdeutsche Linke sich gegenüber Adornos später Ästhetik eher ablehnend verhielt. Das Werk galt als ein spätbürgerlicher Text, in dem von den Prinzipien der marxistischen Theorie nicht eben viel übriggeblieben war. Der Text wurde mit den Schriften Walter Benjamins verglichen, namentlich den späteren marxistischen Arbeiten der dreißiger Jahre. Sie galten als der Standard, an dem Adornos

Spätwerk zu messen war. Dass Rolf Tiedemann, einer der Herausgeber der *Ästhetischen Theorie*, in den Streit um Benjamins Oeuvre auf der Seite der Frankfurter Schule verwickelt war, konnte für die Aufnahme von Adornos später Kunsttheorie nicht förderlich sein. Dies schlug sich auch in der amerikanischen Rezeption nieder, denn diese negative Einstellung beeinflusste amerikanische Zeitschriften wie *New German Critique* und *Telos*, die für den Transfer von deutscher Theorie nach Amerika entscheidend waren.

Während die *Dialektik der Aufklärung* bereits 1972 in englischer Übersetzung vorlag und aus diesem Grund bald zu den zentralen Texten der Frankfurter Schule zählte, blieb *Ästhetische Theorie* in Amerika weiterhin am Rande der öffentlich-akademischen Diskussion. Nach meiner Erinnerung fielen meine ersten Versuche, diesen schwierigen Text zum Gegenstand eines Seminars zu machen, in die späten siebziger Jahre. Notwendig war der Kreis der Teilnehmer auf fortgeschrittene Studenten mit guten Deutschkenntnissen beschränkt. Sie kamen in der Regel aus der Komparatistik oder Philosophieabteilungen, in denen die kontinentale philosophische Tradition eine wichtige Rolle spielte. In den Seminaren stellte sich bald heraus, dass die amerikanischen Studenten sich bei der Lektüre und Interpretation des Textes gewöhnlich über die deutsche Konstellation hinwegsetzten, also an dem Gegensatz von Adornos ›Idealismus‹ und Benjamins ›Materialismus‹ nicht besonders interessiert waren. Sie lasen das Spätwerk vornehmlich im Kontext von Adornos früheren Schriften, von denen nicht wenige zu diesem Zeitpunkt bereits in englischer Übersetzung vorlagen, und vor dem Hintergrund von den Schriften Georg Lukács und Ernst Blochs. Diese frühen Seminare hatten eine besondere Atmosphäre. Es war jeweils ein kleiner Zirkel von besonders interessierten und stark motivierten Studenten. Sie waren entschlossen, sich an diesen extrem schwierigen Text zu wagen, selbst dann, wenn zwischen ihren Sprachkenntnissen und der Sprache Adorno eine Lücke klaffte.

Auf Grund der sprachlichen Komplexität der *Ästhetischen Theorie* war es nicht verwunderlich, dass eine Übersetzung ins Englische auf sich warten ließ. Der erste Versuch erschien 1984 in London bei Routledge. Er misslang, weil der Übersetzer, C. Lenhardt, versuchte, Adornos Text in normale englische Prosa zu transformieren. Er wollte einen leicht lesbaren Text schaffen, indem er die langen Absätze untergliederte und Adornos komplexe Satzgefüge auflöste. So entstand ein Text, der in der Tat leichter zu rezipieren war, sich jedoch von Adornos Intentionen deutlich entfernte. Der Bedeutungsverlust war nach allgemeinem Urteil so groß, dass der Verlag diese Übersetzung nach wenigen Jahren zurückzog. Im Seminar bot diese Übersetzung eine erste, wenngleich wenig verlässliche Hilfe. Erst beim zweiten Anlauf gelang der große Wurf einer adäquaten Übertragung. Der neue Übersetzer, Robert Hullot-Kentor, der seine Dissertation über Adorno und Derrida geschrieben hatte, verfolgte eine entgegengesetzte Strategie. Seine Übersetzung blieb in größter Nähe zum Original. Sie stellte sich gegen das im amerikanischen akademischen Betrieb herrschende Postulat der Lesbarkeit. Seine Sprache näherte sich dem deutschen Original so weit als überhaupt möglich. Der anglophone Leser sah sich folglich der stilistischen Komplexität Adornos ausgesetzt, die immer auch eine Komplexität der Bedeutung einschließt. Die neue Übersetzung erschien im Rahmen der Reihe *Theory and History of Literature* 1997 bei der University of Minnesota Press.

Erst auf der Grundlage von adäquaten Übersetzungen ist die Eingemeindung eines Werks in eine fremde Kultur nachhaltig möglich. Selbst für den Sprachkundigen, der den fremden Text ohne Mühe lesen kann, bleibt er ein fremder Text, bis er in der eigenen Sprache vorliegt. Denn erst dann tritt er ganz in die öffentliche Diskussion ein. Dies galt auch für die neue Übersetzung der *Ästhetischen Theorie*. Der Charakter meiner Seminare veränderte sich, nicht nur dadurch, dass nunmehr auch Studenten teilnehmen konnten, denen das Original verschlossen blieb, sondern auch dadurch, dass die Sprache des gelesenen Textes und die Sprache des Seminars identisch waren. Es war ein Prozess der vermittelten Aneignung, in dem die Seminardiskussion, sei es in der Gestalt von Referaten, sei es in Form von Gesprächen über den englischen Text, sich der Bedeutung des deutschen Werks näherten. Nicht zuletzt aber boten sich Verbindungen zu anderen theoretischen Texten an, die in der damaligen amerikanischen Theoriediskussion relevant waren. Durch diese Vernetzung mit dem westlichen Marxismus auf der einen Seite und dem französischen Poststrukturalismus auf der anderen gewann die *Ästhetische Theorie* ein neues Profil, das sich von dem deutschen der siebziger Jahre merklich unterschied.

Abschließend sei ein Punkt berührt, der den langsamen Wandel der Rezeption betrifft. In den Seminaren der späteren siebziger Jahre stand die Aktualität von Adornos Theorie im Mittelpunkt des Interesses. Das heißt, der Text wurde als Beschreibung und Analyse der radikalen europäischen Moderne gelesen und ihr Autor als Verteidiger dieser Moderne verstanden. Noch offen war in den siebziger Jahren die Frage, ob diese Moderne sich fortsetzen würde oder als historisch abgeschlossen zu betrachten sei. In den folgenden Jahrzehnten, als der geschichtliche Abschluss der radikalen Moderne deutlich geworden war, veränderte sich der Zugang zur

Ästhetischen Theorie. An die Stelle der Aktualisierung trat eine Annäherung, die Adornos Theorie in den weiteren Zusammenhang der klassischen Ästhetik seit Kant stellt und den Autor als den späten Zeugen einer großen philosophischen Tradition verortet, eine Blickrichtung, die in den siebziger Jahren eher im Hintergrund geblieben war. Adornos intensive Auseinandersetzung mit Kant und Hegel in dem posthumen Werk erhielt seit dem Beginn des neuen Jahrhunderts größere Aufmerksamkeit. Es trat eine Historisierung ein, ohne dass dadurch der Wahrheitsanspruch des Werks gemindert wurde. Der Modernist Adorno war zum ›Klassiker‹ geworden; freilich erwies er sich in den Seminardiskussionen immer wieder als ein schwieriger und beunruhigender Klassiker, dessen Denken den systematisierenden Abschluss verweigert. Je tiefer man sich über den Text beugt, desto weniger findet man eine für ein Handbuch geeignete Lehre. Gerade diese Eigenheit macht den Text zu einem idealen Ort für Seminargespräche. Ungeachtet der gewandelten historischen Situation hat das Werk nichts von seinem herausfordernden Charakter verloren.

Literaturverzeichnis

Adorno, Theodor W. (1984): Aesthetic Theory. Translated by Christian Lenhardt. Abingdon-on-Thames: Routledge & Kegan Paul.
Adorno, Theodor W. (1998): Aesthetic Theory. Trans., ed. and with a foreword by Robert Hullot-Kentor. Minneapolis: University of Minnesota Press.
Jameson, Fredric (1971): Marxism and Form: Twentieth Century Dialectical Theories of Literature. Princeton, N. J.: Princeton University Press.
Jay, Martin (1973): The Dialectical Imagination: A History of the Frankfurt School and the Institute of Social Research 1923–1950. London: Heinemann.

Johann Kreuzer
Wandertagsfragen

Es muss im Juni 1972 gewesen sein: beim letzten Wandertag in der 12. Klasse, vor den Sommerferien und dem dann im September beginnenden Schuljahr, in dem der Spaß vorbei sein sollte und das Abitur anstand. Die Aufsicht über diesen Wandertag hatte unser Klassenlehrer für die 12. und 13. Klasse, zugleich unser Lehrer in Mathematik. Die Gegend, in der er stattfand, war die Umgebung einer Stadt in Nordostbayern – die nördliche Oberpfalz, in der die Ortsschilder damals anzeigten, dass es sich um das Zonenrandgebiet handelte: die Grenze zur damaligen Tschechoslowakei war nicht weit, wenn man etwas erhöht stand, konnte man den Mittelgebirgskamm sehen, auf dem diese Grenze verlief. Von Osten wehte bisweilen ein kalter Wind, der seiner Herkunft wegen ›der böhmische‹ genannt wurde – wenig gemildert von jenem Waldgebiet, dessen Atmosphäre sich bei Stifter festgehalten findet. Drehte man den Blick von Osten freilich nach Westen, so eröffnete sich ihm die Landschaft Jean Pauls. Die Eremitage kurz vor Bayreuth, Vorbild dem Garten Lilar im *Titan*, liegt etwa 35 Kilometer westlich, die Gegend des Schulmeisterleins Wutz etwas näher und in blickwestlicher Richtung. Der Lehrer, der für mich vom Gymnasium her die prägende Gestalt geworden war – das Gymnasium selbst hatte in den 1960er Jahren den Namen Keplers erhalten –, hat der Stadt und der Umgebung eine sie wunderbar, d.h. sehr genau treffende Erzählung geschenkt: »Grüße aus einer kleinen bundesdeutschen Stadt, grenznah in schöner Umgebung« ist ihr Titel (1974 ist sie in den Akzenten erschienen).

Doch zurück zu dem Klassenausflug/Wandertag im Juni '72. Ihn begleitete unser Klassenlehrer und mit ihm die Mathematik, insbesondere die, die damals auf dem Lehrplan stand und sich mir fest mit den Stichworten Differenzial- und Infinitesimalrechnung verbunden hat. Los ging's am Wandertag vom damals noch relativ neuen Schulgebäude und dessen hinterer Eingangshalle. Hier hing eine Replik von Picassos *Guernica*: im Schuljahr 1968/69 hatten wir dieses Epitaph unter der Ägide unseres damaligen Zeichenlehrers so nachgebildet, dass es als Fries in jener Eingangshalle den Eintretenden empfing. Von ihr aus ging es über einen Parkplatz und asphaltierte Wege in die flache Ebene, die die Waldnaab gebildet hatte, in Richtung der nächst kleineren Kreisstadt. Ziel war die Wallfahrtskirche St. Felix – sie würde einen ungestört-weiten Panoramablick über die Talebene bieten. Hier sollte der Rast- und Umkehrplatz der Ausflugswanderung sein. Der Weg führte von den asphaltierten zu sandigen Wegen, anfangs von vielen Zäunen geordnet und breit – auf das Ziel hin schmaler, so dass es Pfade wurden und man maximal zu zweit nebeneinander, eigentlich nur hintereinander laufen konnte, gesäumt von hoch wachsendem Gras. Die Art, wie längere Grashalme an den Hosenbeinen streifen, wenn man sich seinen Weg durch sie bahnt, verbindet sich mir untrennbar mit der Frage, die bei dieser Wanderung knapp unterhalb des Ausflugsziels, dem ›Felix‹, der Klassenlehrer an mich richtete. Die Frage war (so ist sie mir präsent geblieben), ob ich (ihm) Adornos *Ästhetische Theorie* erklären könne.

Adornos *Ästhetische Theorie* erklären? Das war eine überraschende Frage. Ich hatte vielleicht vor dem Sommer 1972 gelegentlich Adorno erwähnt. Es war die Zeit des Protestes gegen den Vietnam-Krieg. Entsprechend hatte ich in der Klasse für Unterstützung für das damalige Nord-Vietnam gesammelt und wurde von diesem Klassenlehrer darauf hingewiesen, das nicht innerhalb des Unterrichts tun zu dürfen, so dass ich den Unterrichtsraum nach dem Sammeln verließ. Aber in diesem Zusammenhang war sicher nicht die *Ästhetische Theorie* (die 1970 veröffentlichte Ausgabe) aufgetaucht. Woher diese Frage kam, hat mich verunsichert – eine Verunsicherung, die sich mir bis heute mit diesem Buch verbindet. Oder war es das Gefühl einer Überforderung? – nicht jener Art freilich, die einen gleichsam müde macht oder matt setzt, sondern eher das einer Herausforderung, all das nicht in Worte bündeln zu können, was sich mir mit diesem Buch verbunden hatte und originären Interessen entsprach. Oder hatte ich vor seiner Frage die Lektüre der *Ästhetischen Theorie* während des Gehens zwischen den kniehohen Grashalmen doch erwähnt? Vielleicht war es um die Frage gegangen, was ich fürs Studieren vorhatte – wenn ja, wäre da sicher der Name Adornos erwähnt worden, um die Entscheidung für die Philosophie zu konturieren (neben Bloch, der in jener kleinen bundesdeutschen ›Stadt, grenznah in schöner Umgebung‹ ebenfalls ›bekannt‹ war). Doch war Adorno näher an der Gegenwartskunst dran, und das hatte damals Gewicht – in meiner Einschätzung auch für den Klassenlehrer. Gegenwartskunst hieß für mich damals primär Literatur – angefangen bei Jean Paul bis zu Paul Celan. Fast ebenso ›Lebensmittel‹ war aber auch die Musik geworden. Wege, die ich *en detail* nicht mehr zu rekonstruieren vermag, hatten mich zu Schönberg, Berg und Webern geführt. Aber selbstverständlich werden die Bändchen, die von Adorno in der edition suhrkamp erschienen und in zwei Buchhandlungen der kleinen Stadt in der nördlichen Oberpfalz gut präsent waren, gewiss eine wegweisende Rolle gespielt haben. Darüber hinaus gab es damals im Bayrischen Rundfunk die Musica-Viva-Konzerte, die z. B. Boulez, Messiaen oder die Musique concrète nach

Nordostbayern brachten. Was in Adornos Arbeiten konzeptionell interpretiert und bei Schönberg, Berg und Webern zu hören war, hatte unter anderem zur Folge, dass ich in der 12. Klasse den Musiklehrer fragte, ob es vielleicht ein Interesse an einem Referat über die ›Methode der Komposition mit zwölf Tönen‹ gäbe. Da es das gab, ist daraus ein Referat entstanden – mit sämtlichen Musikbeispielen ist es dann viel zu lang geraten: der Vortrag kam nur bis zu Schönbergs erstem Streichquartett. (Wegen der frisch erschienenen Gesamtaufnahme durch das LaSalle-Quartett spielten die Streichquartette eine hervorgehobene Rolle.) Ob ich im Referat Adorno explizit oder in exponierter Weise erwähnt habe und dies ins Kollegium kolportiert wurde?

Jedenfalls sah ich mich kurz vor dem Felix mit der Frage, seine *Ästhetische Theorie* zu erklären, konfrontiert. Wie dieses ›Hauptwerk‹ erklären? – dass es sein Hauptwerk war, war mir klar geworden, wobei das gewiss eine falsche Rubrizierung ist: vielleicht sollte man es besser seine Summe nennen, auf die hin sein Denken gravitierte? Doch ändert die Art der Titulierung nichts an der Schwierigkeit, in die mich die Frage, diese ›Summe‹ zu erklären, gebracht hatte. Meinte doch ›Ästhetische Theorie‹ nicht nur das Buch, sondern so etwas wie eine Losung für all das, was (s)ich bei Adorno angesprochen fand und den damaligen Frageinteressen entsprach. Wie das erklären? – also auch das durch das projektive Lesen in den Text motivational Hineingelegte –, und zugleich darauf zu achten, die mit der Lektüre des vorgelegten Buchs verquickten Projektionen nicht für es selbst zu nehmen? Denn natürlich wird das erste Lesen damals der Vielfalt der Landschaftsskizzen einer ›Ästhetischen Theorie‹, die das Buch bietet, nicht gerecht geworden, das heißt viel überlesen und in es hineingelesen worden sein in der Art, wie man sich Texte anverwandelt und zugleich zu Selbstverständnissen macht. Es entstehen dabei so etwas wie ›Selbstverständnisplattformen‹. Zu der Plattform ›Ästhetische Theorie‹ gehören für mich so z. B. zwei Verse Hölderlins (Hölderlin 1986, S. 28): »Die duftenden Inseln fragen/ wohin sie sind«. Die Verse aus dem Entwurf zu »Die Titanen« hatten sich mir eingeprägt – ob wegen des Dufts dieser Zeilen oder des subsemantischen Doppelsinns wegen, dass hier nach den ›Inseln‹ (der Rettung, des Glücksversprechens?) gefragt wird und zugleich die Inseln fragen, ›wohin sie sind‹ – zeitlich vergangen oder sich in eine Fremde entzogen habend?, – weiß ich nicht mehr. »Licht war. Rettung.«, las ich etwa zur gleichen Zeit bei Celan.

All das sind Mosaiksteinchen, die mit der Frage nach der ›Ästhetischen Theorie‹ verbunden sind und sich mit der Komplexität verbinden, die bis heute das Buch – das Projekt einer ›Ästhetischen Theorie‹ – als Herausforderung markieren. Zu dem, was man ›weiß‹, wenn einen niemand fragt, und nicht weiß, soll man es einem Fragenden erklären, um das oft zitierte ›scio/nescio‹ aus Buch XI von Augustinus' *Confessiones* zu gebrauchen, gehören so die Evidenz des frühsommerlichen Vormittagslichts zwischen und über den die Hosenbeine streifenden Grashalmen, der Überreichtum an Intuitionen, die bei der Frage nach dem Sinn des Ästhetischen aufblitzen und klar sind, aber gerade deswegen das Reden darüber sich fast verschlucken lassen, die Projektionen schließlich, die ich in das frisch erschienene Buch *Ästhetische Theorie* hineingelesen hatte und von denen ich erst viel später bemerkte, dass sie hineingelesen waren. Ein Bemerken freilich, das sie nicht verdrängen wollte, sondern immer von neuem zur Neulektüre motiviert, um so die Evidenzen des ersten Lesens und der es begleitenden Wahrnehmungen – mag sein: nicht besser, sondern – genauer zu verstehen. Das umfasst die Erläuterung der damals gehörten Musik (neben Beethoven, Schönberg, Berg und Webern ist hier noch Debussy zu erwähnen, der mir damals, halb mit schlechtem Gewissen, immer stärker zur Wahrnehmungsreferenz geworden war). Zu den mit dem Lesen und Wiederlesen amalgamierten Wahrgenommenen gehört aber nicht weniger die Luft über den Grashalmen an jenem Juniwandertag, ihr Duft und die in ihn hinein verhallte Frage des Klassenlehrers, Adornos Theorie zu erklären, einschließlich all der synästhetischen Evidenzen, die als Beantwortung dieser Frage auftauchten und zugleich das Gefühl hinterließen, ihnen in der gegebenen Antwort nicht wirklich gerecht geworden zu sein, vielmehr etwas ausgelassen, etwas vergessen zu haben – was umgekehrt gerade die Kraft des erinnernd zu Vergegenwärtigenden »geschützt durchs Vergessen« bewahrt (vgl. MM, GS 4, S. 189).

Vielleicht hat Adorno eine solche sinnlich-unsinnliche Synästhesie im Sinn, wenn er zu Beginn des »Langen Blicks«, dem Schlusskapitel seines Mahler-Buchs, auf den Anspruch, »[...] das Vergessene zu nennen, das im Erfahrenen sich verbirgt« (DmM, GS 13, S. 288), zu sprechen kommt und dazu anmerkt, dass die Konkretion dieses Anspruchs »in der Erfahrung zu suchen [ist], daß in der Jugend unendlich Vieles als Versprechen des Lebens, als antezipiertes Glück wahrgenommen wird, wovon der Alternde, durch die Erinnerung hindurch, erkennt, daß in Wahrheit die Augenblicke solchen Versprechens das Leben selber gewesen sind« (DmM, GS 13, S. 294). – Gilt, was hier über die Beziehung von Mahlers »Kindertotenliedern« zu seinem »Lied von der Erde« festgestellt wird, auch für das Lesen des *Projektes* ›Ästhetische Theorie‹? Und betrifft es, was ästhetische

Erfahrung im (adornesk formuliert) emphatischen Sinne meint? – Für Antworten auf diese Frage(n) scheint mir Adornos Buch bis heute einer der geeignetsten Ansprechpartner zu sein, und dies insbesondere deshalb, weil seine Analysen ihr erfahrungsgesättigtes *fundamentum in re* haben. Was an Literatur, an Musik zu erfahren ist und erfahren werden will, wird in der *Ästhetischen Theorie* mit der Hilfe des Begriffs (eines Begreifens im Sinne Hegels) beredt – im Übrigen nicht nur an fertigen Werken: dass Adorno in der *Ästhetischen Theorie* den Werkbegriff repetiere, der seit Hothos Herausgabe von Hegels *Vorlesungen zur Ästhetik* mit Hegel assoziiert wird, ist ein misswilliges Gerücht. Findet sich doch gerade im Abschnitt »Zu Hegels Geist-Ästhetik« der Hinweis, dass hier »die Kontroverse [...] an ihre Kantische Instanz zurückverwiesen [...]« (ÄT, GS 7, S. 140) wird – zwar nicht an den »Begriff einer der Form nach Wohlgefälligen«, der »gegenüber der ästhetischen Erfahrung [rückständig] « ist (vgl. ÄT, GS 7, S. 528) und die *Kritik der Urteilskraft* auf die beiden ersten Momente des Geschmacksurteils beschränkt, sondern eher auf die »Beschreibung des Gefühls des Erhabenen als einem zwischen Natur und Freiheit in sich Erzitternden« (ÄT, GS 7, S. 172). Was sich mit jenem Wandertag im Juni 1972 verbindet, ist nun gewiss nichts Erhabenes. Vergleichbar aber ist das Gefühl einer Herausforderung, das, was ›verstanden‹ war, jedoch in eine Beantwortung der Frage des Klassenlehrers sich nicht umsetzen ließ, so zu klären, dass sich das, was in der *Ästhetischen Theorie* begriffen erschien (und sei es durch synästhetisches Lesen) und als Theorie mit konkreter Erfahrung verbunden war, mitteilen lässt. Diese Herausforderung gehört für mich mit dem Buch *Ästhetische Theorie* zusammen. Sie führte über das Durchbuchstabieren Kants und Hegels zu Hölderlins Verständnis wie seiner Auffassung »freier Kunstnachahmung«, die sich in seinen theoretischen Fragmenten reflektiert findet – in basaler Weise in dem Fragment »Das untergehende Vaterland ...« (vgl. Hölderlin 1998, S. 33–38). Die Anmerkung im »Editorischen Nachwort« zur ›Leseausgabe‹ von 1970, dass Adorno über seine eigene »Methode« notiert habe, »daß sie mit den ästhetischen Texten des späten Hölderlin am engsten sich berühre« (vgl. ÄT, GS 7, S. 541), hatte ich damals überlesen. Auch die Reichweite von Adornos Hinweis in der *Negativen Dialektik*, dass es ihm nicht zuletzt um das gehe, »was in den Hymnen des späten Hölderlin philosophisch der Philosophie voraus ist [...]« (vgl. ND, GS 6, S. 381), wurde mir erst später – »geschützt durchs Vergessen«? – bewusst.

Deshalb noch einmal zurück zu Adornos Feststellung in der Physiognomik Mahlers, »daß in der Jugend unendlich Vieles als Versprechen des

Lebens, als antezipiertes Glück wahrgenommen wird, wovon der Alternde, durch die Erinnerung hindurch, erkennt, daß in Wahrheit die Augenblicke solchen Versprechens das Leben selber gewesen sind« (DmM, GS 13, S. 294). Was man durch die Erinnerung hindurch erkennt, hat nur dann weniger Gegenwärtigkeit als die Unmittelbarkeit des Erlebten, wenn man präsenzfixiert ist und das Vorübergehen des Endlichen stillstellen wollte, wenn man nicht wahrhaben will, dass zum Leben der ›Augenblicke‹ antizipierten Glücks ihr Lebendig*gewesensein* gehört und sie gerade dadurch zu einem Versprechen werden, das wir erinnert haben. Freilich ist das die Erinnerung von etwas, was noch nicht ist: »die Natur, deren imago Kunst nachahmt, ist noch gar nicht [...]« (vgl. ÄT, GS 7, S. 198). Doch ist das, was noch nicht ist, nicht weniger wirklich. (Konzeptionell ausgeführt fand ich das ca. zwei Jahre nach dem Wandertag im Juni 1972 in Blochs »Ontologie des Noch-Nicht-Seins« wieder, vgl. Bloch 1970, S. 210–300.) Was als Versprechen des Lebens sich wirklich zeigt(e), wird zum Movens der Kunst. »Worauf die Sehnsucht an den Kunstwerken geht – die Wirklichkeit dessen, was nicht ist –, das verwandelt sich ihr in Erinnerung.« (ÄT, GS 7, S. 200) Damit dürfte das Grundmotiv einer ästhetischen Theorie, in der sich die Selbstreflexion kultureller Erfahrung erfüllt, prägnant umschrieben sein. Aber vielleicht gilt die Denkfigur einer sich in Erinnerung verwandelnden und verwirklicht habenden Sehnsucht auch für die sich durch eine Frage, die einen herausfordert, ergebende. Eine solche verbindet sich mir mit dem Projekt *Ästhetische Theorie*.

Auf die kritische Edition der Textlandschaft der *Ästhetischen Theorie* Adornos bin ich deshalb außerordentlich gespannt.

Literaturverzeichnis

Behnisch, Franz J. (1974): »Grüße aus einer kleinen bundesdeutschen Stadt, grenznah in schöner Umgebung«. In: Akzente 2/1974, S. 166–173.
Bloch, Ernst (1970): Tübinger Einleitung in die Philosophie. Frankfurt am Main: Suhrkamp.
Celan, Paul (1967): Atemwende. Frankfurt am Main: Suhrkamp.
Hegel, Georg W. F. (1970): Vorlesungen über die Ästhetik. Hrsg. v. D. H. G. Hotho. Frankfurt am Main: Suhrkamp.
Hölderlin, J. Chr. Friedrich (1986): »Homburger Folioheft«. In: Friedrich Hölderlin: Frankfurter Ausgabe. Supplement III. Hrsg. v. D. E. Sattler/E. E. George. Frankfurt am Main: Stroemfeld.
Hölderlin, J. Chr. Friedrich (1998/2019): Theoretische Schriften. Mit einer Einleitung und hrsg. v. Johann Kreuzer. Hamburg: Meiner.

Kant, Immanuel (1968): »Kritik der Urteilskraft«. In: Immanuel Kant: Werke in zwölf Bänden. Bd. IX/X. Hrsg. v. Wilhelm Weischedel. Frankfurt am Main: Suhrkamp.

LaSalle-Quartett (1971): Schoenberg. Berg. Webern: Die Streichquartette (einschl.: Schoenberg. Berg. Webern. Die Streichquartette. Eine Dokumentation. Hrsg. v. Ursula v. Reichhaupt). Hamburg: Deutsche Grammophon.

Konrad Paul Liessmann
Kunst und Revolution

Erinnerungen an Adorno, ohne sich an Adorno zu erinnern

Für persönliche Erinnerungen an Adorno bin ich zu spät geboren. Als der Philosoph 1969 starb, besuchte ich noch ein südösterreichisches Gymnasium, war aber, dem Geist der Zeit gehorchend, im Begriff, mich zu politisieren. Zumindest nannte man es damals so, wenn man begann, sich für Bob Dylan, die Hippies, lange Haare und provozierende Gesten zu interessieren. Dazu gehörte aber auch die Lektüre des deutschen Nachrichtenmagazins *Der Spiegel* oder der Wochenschrift *Die Zeit*. Mit anderen Worten: Adorno war dem Schüler schon bekannt, er hatte sich zum Leidwesen seiner Lehrer auch schon an Texten der Frankfurter Schule versucht. Adornos letztes, später legendär gewordenes Interview, das der *SPIEGEL* im März 1969 mit ihm geführt hatte und in dem der Philosoph einbekennt, dass die Welt für ihn noch nie in Ordnung gewesen sei, hatte den rebellischen Knaben tief beeindruckt. Dieses Gespräch endete mit dem Bekenntnis Adornos, dass er sich gar nicht geniere, in aller Öffentlichkeit zu sagen, dass er an einem großen ästhetischen Buch arbeite. Das gab mir zu denken. Warum, so fragte ich mich, hätte man sich genieren sollen, ein Buch über Ästhetik zu schreiben? Doch nur dann, wenn die Beschäftigung mit der Kunst als Verrat an den dringenden politischen Aufgaben und revolutionären Ansprüchen gedeutet werden musste. Soweit ich damals etwas von diesen Dingen verstand, tendierte ich tatsächlich auch zu dieser Auffassung: Wenn es um die Revolution geht, um Veränderung, um den Kampf gegen das Establishment und gegen den US-Imperialismus, dann ist der Rückzug auf die Ästhetik Ausdruck eines reaktionären Bewusstseins. Aber die Eindringlichkeit dieses Interviews bewahrte den Schüler vor Kurzschlüssen und allzu raschen Verurteilungen. Und vor allem: Mein Interesse an der durch diese Bemerkung annoncierten *Ästhetischen Theorie* war nachhaltig geweckt. Auf deren Erscheinung warte ich gewissermaßen bis heute, denn das Buch, das nach Adornos Tod unter diesem Titel publiziert wurde, war Fragment geblieben.

Auf seltsame Art und Weise blieb der tote Adorno in meinem intellektuellen und wissenschaftlichen Leben nicht nur präsent, sondern markierte – im Rückblick – auch die entscheidenden Knotenpunkte dieses Lebens. Das aber waren wohl keine Zufälle. Als ich nach der Matura zum Studium nach Wien ging, fielen mir die Schriften einer revolutionären

Künstlerkommune in die Hand, die sich um den jungen Dichter Robert Schindel und den Maler Leander Kaiser gebildet hatte. Unter dem poetischen Titel »Hundsblume« wurden nicht nur Strategien einer Ästhetik des Widerstands propagiert, sondern – und das war im Wien dieser Jahre eine Sensation – auch eine Mitschrift von Adornos sagenumwobenen »Vorlesungen über Ästhetik« publiziert. Adorno war in diesen Kreisen höchst umstritten, und mit solch einem Text bezog man Position in einer Debatte, die den Zusammenhang von Kunst und Revolution gerade im Wien dieser Jahre exponiert hatte. Der Skandal, den Aktionskünstler wie Günter Brus, Otto Muehl, Oswald Wiener und Peter Weibel durch ihre Performance »Kunst und Revolution« an der Universität Wien im Jahre 1968 ausgelöst hatten, war ja noch in lebhafter Erinnerung. Das von Christof Subik verfasste Nachwort zu den Vorlesungen zitiert dann auch eine kritische Stimme, die Adorno vorwarf, sich mit seiner Ästhetik in eine politische Sackgasse manövriert zu haben, um listig anzumerken, dass nach einem Wort des chinesischen Philosophen Meti Erfindungen aber in Sackgassen gemacht würden. Solche Dialektik hat mir damals sehr gefallen.

Adornos ästhetisches Denken, das den Horizont der bürgerlichen Kunst wohl in Hinblick auf eine ästhetische Avantgarde überschritt, aber letztlich der Idee des Werks treu blieb, musste uns allerdings dennoch befremden. In dieser Mitschrift stieß ich zum ersten Mal auf jene Überlegungen, die die Lektüre der wenig später erschienenen *Ästhetischen Theorie* präludierten. Dieses Buch, so schwierig, dunkel und spröde es sich auch gab, wirkte wie eine Offenbarung. Die darin verhandelten Themen, vor allem das Verhältnis von Kunst und Wahrheit und das damit verbundene strikte Formbewusstsein Adornos wirkten auf mich, den Studenten der Philosophie, der glaubte, sich an dem Paradigma der Parteilichkeit einer neomarxistischen Ästhetik abarbeiten zu müssen, gleichermaßen verstörend wie befreiend. Wie kaum ein anderes Werk wurde die *Ästhetische Theorie* zum treuen Begleiter dieser Jahre, immer wieder gelesen, unterstrichen, mit Randnotizen versehen, immer wieder von Neuem begonnen, nie beendet. Das mittlerweile vollkommen zerlesene, um nicht zu sagen zerfledderte und zerfallende Exemplar der Taschenbuchausgabe der *Ästhetischen Theorie* nimmt in meiner Bibliothek noch immer einen Ehrenplatz ein, nicht nur Dokument meines geistigen Lebens, sondern auch Ausdruck einer Epoche, die unwiderruflich dahin ist.

Es erstaunt so vielleicht wenig, dass der erste Text, der von mir publiziert wurde, dann auch zentral Adornos Kunstphilosophie behandelte. Erschienen war der Text in einer kritischen Studentenzeitschrift, die ein junger Germanist mitbegründet hatte, der später zu einem europäischen Schriftsteller von Rang und zum Träger des Deutschen Buchpreises werden sollte: Robert Menasse. Der Titel dieser Zeitschrift war selbst schon ironisches Programm: »Zentralorgan herumstreunender Germanisten«. Man wollte sich keiner der vielen linken Gruppierungen programmatisch anschließen, weder den Maoisten, noch den Trotzkisten, schon gar nicht den orthodoxen Kommunisten. Streunen: Das war nicht nur Ausdruck einer subversiven Strategie in Lehrveranstaltungen, sondern auch eine geistige Haltung. Ein wenig fühlten wir uns wie herrenlose Hunde. Dennoch oder gerade deshalb erschienen alle Artikel anonym, eine Geste des kritischen Einspruchs gegen den kleinbürgerlichen Individualismus. Genies waren prinzipiell verdächtig, und herumstreunende Germanisten waren so namenlos wie herumstreunende Hunde. Die Zeitschrift, die von 1977 bis 1978 erschien, thematisierte in erster Linie die unserer Ansicht nach desolaten Verhältnisse am germanistischen Institut, Professoren und Lehrveranstaltungen wurden einer beißenden Kritik unterzogen, gegenüber der heutige Evaluationsverfahren wie lauwarme Bäder erscheinen, und immer wieder ging es um die Perspektiven einer revolutionären Literaturwissenschaft und politischen Ästhetik.

Aus Anlass der in den späten 70er Jahren des vorigen Jahrhunderts aufkommenden Debatte über die Notwendigkeit einer feministischen Kunst wandte ich mich in dieser Zeitschrift in einem längeren Essay zur Philosophie der Kunst, mit Adorno im Hintergrund, scharf gegen diese Konzepte einer weiblichen Ästhetik. Geschlecht schien mir keine Kategorie zu sein, die dem kritischen Prinzip der ästhetischen Form Wesentliches hätte hinzufügen können. Die Werke sollten in Absehung der Bedingungen ihrer Entstehung sprechen können, so zumindest hatte ich Adorno verstanden. Dieser Text provozierte einige höhnische Entgegnungen, auf die ich mit einer polemischen Antwort reagierte. Da ich mich offenbar damit schon so weit vom kritischen Weltgeist, der in dieser Zeitschrift seine letzte Heimat gefunden hatte, entfernt hatte, beschloss die Redaktion, das Prinzip der Anonymität zu durchbrechen und mich als Autor dieser vermeintlich adornoaffinen und frauenfeindlichen Texte zu outen – wobei ihr noch das Kunststück gelang, meinen Namen falsch zu schreiben.

Ein Glück, dass kurz nach dieser Kontroverse das »Zentralorgan herumstreunender Germanisten« sein Erscheinen einstellen musste – wer weiß, wohin diese Auseinandersetzung noch geführt hätte. Adorno und der Sprengkraft seiner ästhetischen Theorie aber blieb ich treu. Das erste Seminar, das ich als junger Assistent leitete, widmete sich diesem enigmatischen Opus postumum. In dieser Lehrveranstaltung saß auch ein junger Student der Kunstgeschichte, dessen kenntnisreiche und provozierenden Einwände und Wortmeldungen unüberhörbar waren: Klaus Albrecht Schröder. Die Debatten mit dem späteren, höchst erfolgreichen Direktor der Albertina Wien erweiterten nicht nur meinen kunsttheoretischen Horizont ungemein, sondern führten auch zu einer intensiveren Fortsetzung der gemeinsamen Adorno-Lektüre in einem privaten Arbeitskreis, in dessen Rahmen auch Robert Menasse seinen ersten, bis heute unveröffentlichten Romanversuch vorstellte. Ich selbst lernte durch die Debatten in dieser Gruppe vor allem, Adorno auch mit den Blick eines Kunstwissenschaftlers zu lesen. Dadurch verschärfte sich aber die Frage nach dem Verhältnis von philosophischer Wahrheit und ästhetischem Werk. Die Besonderheit und Einmaligkeit der Werke, vor allem in ihren Details, entziehen sich radikal einer philosophischen Verallgemeinerung. Diese Erfahrungen machten mich vorsichtig gegenüber allen generalisierenden Thesen über Kunst.

Wie immer sich die Wege der Teilnehmer dieses Arbeitskreises auch entwickelten: Für mich blieb die Auseinandersetzung mit der *Ästhetischen Theorie* noch lange bestimmend. Einen Gedanken daraus, nach dem in der Distanz die Kunst die Gesellschaft, vor der ihr schaudert, auch unbehelligt lässt, machte ich zum Thema und Motiv meiner Habilitationsschrift, die unter dem Titel *Ohne Mitleid. Zum Begriff der Distanz als ästhetische Kategorie mit ständiger Rücksicht auf Theodor W. Adorno* 1991 publiziert wurde. Über die Auseinandersetzung mit dem Begriff der Distanz als Zentralkategorie des Ästhetischen umkreiste ich Adorno von unterschiedlichen Seiten. Im Zuge dieser Reflexionen wechselten auch die Blickrichtungen, mit denen ich dieses Werk zu fassen versuchte. Die Frage, wie Kunst die Wahrheit über diese Gesellschaft aussprechen kann, ohne an dieser doch rütteln zu können, der Ansatz, dass Kunst so viel Chance habe als wie die Form, Form selbst aber sedimentierter Inhalt sei, Resultat eines historischen Ablagerungsprozesses, ließen mir keine Ruhe. Mein Habilitationsvortrag hatte genau diese Fragen zum Thema, und damit zog ich endgültig einen Strich unter die bei Linken so beliebte Debatte über das Verhältnis von Form und Inhalt. Form ist Inhalt, und alles Gerede über Parteilichkeit, politische Standpunkte, Engagement und die richtige moralische Position von Künstlern erscheint mir seitdem als schal, kunstfern, um nicht zu sagen dumm. Die aktuellen, geschlechtspolitisch und moralisch forcierten Aufgeregtheiten etwa über ein Gedicht Eugen Gomringers oder den Sexismus in Gemälden des 19. Jahrhunderts, über die Gesinnung von Autoren und das Benehmen von Regisseuren scheint mir, gemessen an dem, was ich in der *Ästhetischen Theorie* über die Differenz von Kunst und Leben gelesen habe, so erbärmlich, dass man sich schon zusammenreißen muss, um nicht in eine kulturpessimistische Attitüde zu verfallen.

Mich bewegte hingegen zunehmend ein ganz anderer Gedanke aus Adornos *Ästhetischer Theorie*: Die Form, also das, was das Objektive an einem Werk ausmacht, ist nicht nur sein Negatives, das es von der Welt und der Gesellschaft distanziert, es ist auch das Tödliche an ihm. Kunstwerke, so Adorno, entstammen der Dingwelt; diese aber lebt nicht. Nur kraft ihres Tödlichen haben die Kunstwerke teil an der Versöhnung. Adorno nannte das einmal das »Ägyptische« an den Werken. Indem sie das Vergängliche – das Leben – zur Dauer verhalten, vorm Tod erretten wollen, töten sie es. Kunstwerke haben stets etwas von einer Mumie an sich, wie Adorno einmal spekulierte. Sie sind erstarrt, in der Erstarrung aber bewahren sie das, was ansonsten dem Strom der Vernichtung preisgegeben würde. Das ist die Eigenart, die Leistung und das Verhängnis der Kunst. Solches markiert aber auch vielleicht am schärfsten jene Antinomie, die ich im Anschluss an Adorno dann als die ontologische Struktur von Kunst zu dechiffrieren trachtete: Nichts sein zu können, aber auch nichts sein zu wollen als ein ungelebtes Leben und ein ungestorbener Tod.

Diese Überlegungen ließen mir die damals gerne geübte Rede vom revolutionären Potential der Kunst und einer notwendigen Überführung von Kunst in Lebenspraxis zunehmend schal erscheinen. Meine Skepsis gegen alle Versuche, Kunst als ein Unmittelbares, Lebendiges, als Kommunikation, Prozess oder Aktion zu sehen, rührt wohl von diesen Passagen der *Ästhetischen Theorie*. Sie machten mich nicht unempfindlich gegenüber den fluiden Verfahren der Moderne und der Gegenwart, diese hinterlassen aber bei mir sehr oft einen schalen unangenehmen Beigeschmack. Gerade weil es für Adorno in der Kunst um alles ging, wurde ich durch ihn, zeitweilig zumindest, zum Formalisten und zum Ästhetizisten.

Stehenbleiben bei Adorno aber konnte ich nicht. Die Exegese der *Ästhetischen Theorie* wurde mir nicht zum Lebensinhalt. Auch mein von der Lektüre Adornos lange geprägter Kunstgeschmack änderte sich wieder. Unter seinem Einfluss hatte ich dem Jazz abgeschworen und Gustav Mahler und Alban Berg zu meinen musikalischen Göttern erkoren, unter seinem Einfluss und wohl *contre cœur* hatte ich aber auch Richard Wagner kennen und lieben gelernt. Und ich gestehe: Die Sogkraft Bayreuths überstieg die Frankfurts bei weitem. Wagnerianer bin ich, bei allen nötigen kritischen Vorbehalten, geblieben. Der Neuen Musik bin ich wohl auch noch immer verbunden, aber an den unbedingten Fortschritt durch Verknappung und

Radikalisierung aller ästhetischen Mittel glaube ich nicht mehr so recht. Ein C-Dur-Dreiklang in einem zeitgenössischen Werk treibt mich schon lange nicht mehr auf die Barrikaden.

Nicht zuletzt durch die *Ästhetische Theorie* wurde mir aber auch die Auseinandersetzung mit Denkern wie Kierkegaard, Schopenhauer oder Nietzsche geradezu aufgenötigt, und die damit eröffneten ästhetischen Perspektiven ließen mich vieles an der *Ästhetischen Theorie*, die ich lange nur vor einem hegelianischen Hintergrund gelesen hatte, besser, vielleicht auch kritischer verstehen. Aber was heißt hier verstehen? Ein Satz aus dem monströsen, 1985 bei Suhrkamp erschienenen Werk *Dessen Sprache du nicht verstehst* der großen, zu Unrecht vergessenen österreichischen Schriftstellerin Marianne Fritz lautet: »Es gibt da nix zum Verstehen, weil. Das ist nicht zum Verstehen. Verstehst.« Marianne Fritz verehrte Adorno, und man findet diesen nicht nur kommunikationstheoretisch so paradoxen Satz im 3. Band dieses Romans auf der Seite 2158. Auch an der *Ästhetischen Theorie* gibt es in diesem Sinn nichts zu verstehen. Und wenn man sie heute, noch so vielen Jahren und in einer anderen Zeit wieder liest, mag vieles noch weit befremdlicher erscheinen als den unmittelbaren Zeitgenossen. Denn, und das schreibe ich ohne Bitterkeit, die lebensbegleitende Lektüre der *Ästhetischen Theorie* zeigte mir auch, was es bedeutet, wenn philosophische Entwürfe, Haltungen, Einstellungen, Themen und Debatten altern, spröde werden, sich musealisieren und dann verschwinden. Zumindest an meiner Universität führt Adorno nicht einmal mehr ein Nischendasein. In meiner Jugend beherrschte er die Vorlesungsverzeichnisse. Solche Erfahrung stimmt nicht nostalgisch, sondern macht vorsichtig gegenüber all dem, was der Zeitgeist versucht, als *Dernier Cri* auch institutionell zu verankern. Vieles davon wird auch wieder verschwinden, aber alles hat seine Zeit. Gerade deshalb aber lohnt die Relektüre der *Ästhetischen Theorie*. Befreit von den Ansprüchen, die ein gesellschaftskritisches Bewusstsein einst an dieses Buch gerichtet hatte, haben wir auch jenseits der philologischen Aspekte anhand der textkritischen Edition die Möglichkeit, vieles noch einmal und ganz anders zu lesen. Wenn irgendwo, dann steckt in diesem ganz anders der Keim aller Erkenntnis und Leidenschaft. Deshalb kann eine neuerliche Lektüre auch als ein Rechenschaftsbericht über die eigenen Vorlieben, Irrtümer und vermeintlichen Einsichten aufgefasst werden. Es bleibt angesichts dieses Werkes also noch immer genug zu tun. Denn was Adorno von aller großen Kunst sagte, gilt auch für seine *Ästhetische Theorie*: Sie geht dem Gedanken nie ohne

Rest auf. Und Fertigwerden kann man mit diesem unfertigen Werk ohnehin nicht.

Claus-Steffen Mahnkopf
Adornos *Ästhetische Theorie* wiedergelesen

Meinen Überlegungen zur *Ästhetischen Theorie* sei ein biographischer Prolog vorangestellt. Geboren 1962, wurde ich Ende der 1960er Jahre, mithin zur Zeit der Einschulung, dank wesentlich älteren Geschwistern und einem kontrovers diskutierenden Elternhaus in das Gedankengut der 1968er-Bewegung hineingesogen, ohne dass ich verstanden hätte, worum es genau geht. Aber bald darauf gründete ich in meinem kindlichen Spiel einen Staat, der auf drei unterirdischen Ebenen unterhalb der damaligen Europäischen Wirtschaftsgemeinschaft die marxistische Utopie vollständig umsetzte, sprich eine Gesellschaft, die dank fortgeschrittener Technologien sämtliches soziales Konfliktpotential hinter sich gelassen hatte. Als ich 9 Jahre alt war, wurde es konkreter, meine Schwester, zurück aus ihrem ersten Semester in Marburg, erklärte mir die Grundzüge des Kommunistischen Manifests. Fassungslos ob der vielen Erniedrigungen, welche die Menschheit zu durchleiden habe, hörte ich aufmerksam zu. Drei Jahre später trat ein nahes Familienmitglied der AAO-Kommune von Otto Mühl bei (vgl. Fleck 2003), die versuchte von unten (und nicht durch den Klassenkampf von oben) eine neue Gesellschaft aufzubauen.

Die Musik, die mir stets die sogenannte klassische war, wurde in dieser Zeit immer wichtiger und zu *der* entscheidenden Gegenwelt; ich begann mit 11 Jahren zu komponieren. Mit dem Einbruch der Pubertät setzte das Komponieren genauso aus, wie auch das Gedankengut der Kritischen Theorie, das ich in den jungen Jahren wie Muttermilch aufgenommen hatte, komplett aus meinem wachen Bewusstsein verschwand. Mit siebzehn jedoch, auf einer politischen Fortbildung für Oberstüfler, wurde ich der Kontroverse zwischen dem Kritischen Rationalismus und der Kritischen Theorie ausgesetzt. Noch während des Wochenendes hatte ich nicht nur ein Anamnesis-Erlebnis (alles kam mir sehr vertraut vor), es schwante mir auch, daß sich mein Leben grundlegend ändern würde. Als nächstes kaufte ich den *Positivismusstreit in der Soziologie*. Der Einstieg in Adorno war also die Wissenschaftstheorie, nicht die Philosophie, nicht die Kunst und schon gar nicht die Musik. Natürlich war ich überfordert, aber der Ehrgeiz war angestachelt. Ein unglaublicher Bildungseifer setzte ein. Ich wollte die gesamte *ZEIT-Bibliothek der 100 Bücher* und ebenso die *ZEIT-*

Bibliothek der 100 Sachbücher lesen und natürlich alles Wesentliche, was Adorno zitiert.

1980/81 wurde das von Karl-Otto Apel geleitete Funkkolleg *Praktische Philosophie/Ethik* ausgerichtet (dort lernte ich philosophisch zu denken), ich fand Anschluss an Ältere und besuchte mit meinem Jugendfreund philosophische Seminare an der Universität meiner Heimatstadt Mannheim (unter anderem die Logikkurse des Kritischen Rationalisten Hans Albert), noch bevor ich das Abitur absolvierte. Alles lief darauf hinaus, dass ich nach dem Zivildienst in Frankfurt Philosophie und Soziologie studieren – und das Komponieren privat, wie Adorno bei Berg, pflegen würde. Allein, es kam anders. Während der Inkubationszeit des Pförtnerdienstes in einem Altenheim, der mir sehr viel Zeit zum Lesen bescherte, beschloss ich, Komponist zu werden und die Philosophie als Zweitfach zu betreiben, erst in Heidelberg, dann in Freiburg und schließlich – wie im Zielhafen – in Frankfurt, wo Jürgen Habermas drei Semester lang neomarxistische Ästhetik anbot – was für ein Kairos. Im Sommer 1989 absolvierte ich meine philosophische Prüfung bei ebendiesem über Kants *Kritik der Urteilskraft* und über das Konzept des Naturschönen in der *Ästhetischen Theorie*.

Am 13. Juni 1981 kaufte ich mir die stw-Ausgabe der *Ästhetischen Theorie* auf einem Freiburger Flohmarkt von einem gewissen Bertold Müller, der seinerseits das Buch im Mai 1974 erworben und nicht wenige Stellen mit roten Strichen angemerkt hatte. Mit diesem Relikt, der Erstausgabe als Taschenbuch (stw 2!), wuchs ich also auf.

Dass die Kritische Theorie nun meine philosophische Heimat wurde, versteht sich. Unter deren Vertretern – etwa Marcuse, Benjamin oder Horkheimer; Habermas ist eine andere Generation – war natürlich Adorno unschlagbar, als Schriftsteller, Intellektueller, als Charisma und eben auch als Musiker. Also wurde Adorno zu *meinem* Philosophen. Adornit wollte ich nie werden; in jenen Jahren begegnete ich solchen, die verklausulierte Dialektikhäppchen von sich gaben, wie später Derridaianer den dekonstruktivistischen Sprachduktus imitierten. Dabei hatte ich, Angehöriger einer jungen Generation, keine Berührungsängste mit dem, was nun als wirklich Wichtiges geschrieben wurde: Luhmann und die Franzosen, voran Derrida. Ja, ich erlaubte mir für meine mündliche Soziologieprüfung beim Adorno-Schüler Ludwig von Friedeburg als Thema die Kontroverse zwischen Habermas und Luhmann – die fand ausgerechnet in Habermas' Zimmer statt (er, drei Tage nach seinem 60. Geburtstag, durfte draußen neben der Sekretärin die Post öffnen), mit Axel Honneth als Beisitzer.

Inzwischen ist viel passiert, und ich habe viel zu Adorno veröffentlicht, was hier kaum zu rekapitulieren ist (vgl. Mahnkopf 2007).

*

Ruth Sonderegger betont in ihrem Beitrag zur *Ästhetischen Theorie* im *Adorno-Handbuch*[1], dass diese vor allem eine Theorie über die Möglichkeit einer Ästhetik-Theorie heute sei. Dem stimme ich partiell zu. Jede ästhetische Theorie auf dem höchsten Niveau muss auch eine sein, die die Bedingungen ihrer Möglichkeit reflektiert, und zwar auf dem jeweils aktuellen Stand sowohl der philosophischen Arbeit wie der künstlerischen Produktion. Alles andere wäre naiv oder schlecht akademisch. Aber Adornos *Ästhetische Theorie* ist nicht einfach nur eine Meta-Theorie, sondern natürlich und emphatisch eine Theorie der Kunst, und zwar vollumfänglich. Wäre sie es nicht, sie hätte niemals die Bedeutung erlangt, die sie bis heute hat. Die *Ästhetische Theorie* ist somit nicht nur, wie Sonderegger hervorhebt, eine Theorie über die Möglichkeit von Ästhetik zu Zeiten, da Kunst und Theorie in die Krise geraten.[2] Es ist typisch für Adornos Enkel, Urenkel, Urur- und Urururenkel, nicht mehr denken zu wagen, dass dieser sowohl auf das Ganze des philosophischen Gedankens ging und nicht nur auf das vorsichtige Abtasten von perspektivischen Eventualitäten als auch mit der größten Selbstverständlichkeit die *ganze* Kunst argumentativ in Anspruch nahm.

Ein anderer, gängiger Kommentar ist, Adorno vertrete eine Ästhetik, die durch die schnelllebige Entwicklung der Künste seit ihrem Erscheinen vor 50 Jahren schlicht überholt sei. Der Werkbegriff habe sich geändert, die Kunst internationalisiert, mithin de-europäisiert oder entwestlicht, der Begriff der Hochkultur sei in Frage gestellt worden, die Philosophie fortgeschritten, das Verhältnis von Kunst (oder Kultur generell) und Gesellschaft radikal gewandelt. Sagt das aber etwas gegen den Klassiker aus, der die *Ästhetische Theorie* ist? Bücher veralten nicht automatisch, nur weil Geschichte fortschreitet. Jeder Einwand, jeder Befund wäre im Einzelnen zu überprüfen und gegebenenfalls zu aktualisieren oder zu korrigieren (vgl.

---

[1] »Adorno fragt in einem eminent historischen und letztlich gesellschaftlichen Sinne, ob es so etwas wie ästhetische Theorie noch gibt und ob es sie – moralisch und politisch gesehen – überhaupt geben darf.« (Sonderegger 2011, S. 414)
[2] Man darf zurückfragen: Wann waren sie nicht in der Krise? Die Betonung ihrer Krisenhaftigkeit ist ein so schwaches Argument, dass man darauf am besten verzichtet.

Mahnkopf 2014): Aber auf dem Niveau, den die *Ästhetische Theorie* ihrerseits vorgibt. Alles andere wäre snobistisch, Wadenbeißerei oder provinziell. Gewiss, in bestimmten Aspekten scheinen wir heute weiter, nicht weil die Kunst vielleicht in der Tat weiter ist, aber doch weil sie sich gewandelt und neue Phänomene hervorbracht hat. Aber für eine »Ästhetische Theorie 2.0« bräuchte es einen großen Philosophen, sprich einen, der eine Metaphysik mitbringt und zugleich in der Kunst lebt. So attraktiv Kunst unter den zeitgenössischen Philosophen ist, hierfür ist niemand in Sicht.

Die *Ästhetische Theorie* ist die zentrale Kunstphilosophie im 20. Jahrhundert, weil sie von einem großen Philosophen geschrieben wurde – will heißen: von einem Philosophen, der nicht nur auf diesem Gebiet spezialisiert ist, sondern die *prima philosophia* zur Gänze abdeckt; weil aus der Mitte der Kunst geschrieben wurde – will heißen, dass mit der größten Selbstverständlichkeit alle Künste einbezogen und Erfahrungen mit ihnen in Sprache gefasst werden; weil sie die Musik berücksichtigt – will heißen, dass ohne diese eine vollendete Kunstphilosophie nicht möglich ist, ist doch Musik in ihrer nichtbegrifflichen Referenzlosigkeit der zentrale Prüfstein für Künstlichkeit und Fiktionalität. Die Suggestivität dieses Buchs liegt darin, dass hier jemand spricht, der die Künste wirklich kennt, jemand mit einem geradezu prophetischen Selbstbewusstsein spricht, das in einer in die Jahre gekommenen liberalen und demokratischen Zivilgesellschaft, in der alle strengen Sinnes nur Mitdiskutierende ohne emphatischen Wahrheitsanspruch sind, wie aus der Zeit gefallen scheint. Doch was aus der Zeit gefallen scheint, ist immerhin nicht aus der Kunst gefallen, und genau das zeichnet die grandiose Überheblichkeit dieses gedanklichen Entwurfs aus.

Für diesen Aufsatz las ich, nach Jahrzehnten, die *Ästhetische Theorie* erneut. Obwohl ich sie kenne, war ich bass erstaunt ob der verdichteten Sprache, der verdichteten Gedanken. Adorno sucht für jeden Gedanken die denkbar knappeste Formulierung: »Musik, ganz Rätsel und ganz evident zugleich« (ÄT, GS 7, S. 185). Jeder, der Musik in ihrem Inneren kennt und je über deren »Bedeutung« nachzudenken versuchte, weiß, was damit gemeint ist. Und zugleich ist nahezu jedem Gedanken der Gegengedanke mitkomponiert, die möglichen Einwände, Entgegnungen sind bereits berücksichtigt. Teilweise bis zur Rabulistik. Ein Versuch, Bewegung in unbewegliche Lettern zu bringen. Darin ist die *Ästhetische Theorie*, große Literatur.

*

Ich kommentiere die *Ästhetische Theorie* anhand ausgewählter Zitate in der Reihenfolge des Buchs.

»Vorstellbar und keine bloß abstrakte Möglichkeit, daß große Musik – ein Spätes – nur in einer beschränkten Periode der Menschheit möglich war.« (ÄT, GS 7, S. 13) – Diesen Satz muss jeder, zumal jeder Musikliebhaber, erst einmal aushalten können. Es ist leider in der Tat keine bloß abstrakte Möglichkeit.

»[...] ihre Idee von Wahrheit« (ÄT, GS 7, S. 21). – Adorno vertritt eine Wahrheitsästhetik, und das steht im Gegensatz zum Mainstream der heutigen Philosophie und der heutigen Ästhetiker (vgl. Kreis 2010).[3]

»In Künstlern höchsten Ranges wie Beethoven oder Rembrandt [...]« (ÄT, GS 7, S. 21). – Die heute politische Korrektheit, in Wahrheit weitgehend eine Versammlung von Denkverboten, untersagte, von Rangniveaus überhaupt in systematischer Absicht zu sprechen.

»›ein Kunstwerk ist der Todfeind des anderen‹« (ÄT, GS 7, S. 59). – Bei Adorno steht dieser hochbrisante und immer wieder aufgegriffene Satz in Anführungszeichen, als sei er ein Zitat, aber von wem?

»Einer befreiten Menschheit [...]« (ÄT, GS 7, S. 67). – Adorno ist politischer Messianist (vgl. Mahnkopf 2016, S. 73–86).

»Der Betrachter unterschreibt, unwillentlich und ohne Bewußtsein, einen Vertrag mit dem Werk, ihm sich zu fügen, damit es spreche.« (ÄT, GS 7, S. 114) – Herrlich diese Gegenthese zur naiven Rezeptionsästhetik, die das Wunder Kunst im Rezipienten zu ergründen sucht. Die objektive Seite des Werks.

»In jedem genuinen Kunstwerk erscheint etwas, was es nicht gibt.« (ÄT, GS 7, S. 127) – Das ist ihr erkenntnistheoretisches Surplus, das, woran wir lernen, dass außer der praktischen Welt noch mehr existiert. Dieses Nicht-Existierende wird nur über Kunst erfahrbar und damit kommunizierbar.

---

[3] Albrecht Wellmer hat in *Versuch über Musik und Sprache* den Wahrheitsbegriff für die Kunst aufgegeben (vgl. Wellmer 2009). Zur fatalen Konsequenz: Mahnkopf 2016, S. 149–174.

»Der Geist der Kunstwerke ist ihre immanente Vermittlung.« (ÄT, GS 7, S. 134) – Deswegen kann Kunst nur zusammen mit Sätzen zu ihrer technischen Faktur verhandelt werden.

»[...] kein Kunstwerk ist in Kategorien der Kommunikation zu beschreiben und zu erklären« (ÄT, GS 7, S. 167). – Darüber werden sich viele echauffieren. Aber es hilft nichts, dieser Satz stimmt.

»Ausdruck ist der Blick der Kunstwerke.« (ÄT, GS 7, S 172) – Adorno denkt offenbar an Rilkes »Archaischen Torso Apollos«, »denn da ist keine Stelle, die dich nicht sieht. Du mußt dein Leben ändern«. Ja, so ist es, wer sich von den Werken nicht in die Augen schauen lässt, wer nicht in diesem Augenblick sich ganz öffnet und zum Empfangen bereit ist, versäumt die Kunst. (»[...] die Kunstwerke [...] schlagen die Augen auf« [ÄT, GS 7, S. 104].)

»[...] klappernde Musik [...]« (ÄT, GS 7, S. 176). – Antizipiert Adorno Techno?

»Törichte Sujets wie das der Zauberflöte und des Freischütz haben, durchs Medium der Musik hindurch, mehr Wahrheitsgehalt als der Ring, der mit seriösem Bewußtsein aufs Ganze geht.« (ÄT, GS 7, S. 181) – Wegen eines solches Satz lieben wir, liebe ich Adorno. So etwas sagt sich nicht, aber Adorno tut es. Wie kommt er darauf, auf etwas derart Nichtkontextualisiertes, diesen singulären Gedanken? Ich vermute, dass Adorno im Laufe des Lebens nach gemachten Erfahrungen solche Sätze druckreif im Gedächtnis abspeicherte und während seiner Diktate abrief und einfügte. Wir können nicht sagen, ob dieser Satz richtig oder falsch ist. Aber er wäre der Gegenstand einer ganzen Dissertation, die alle drei Opern auf die Törichtheit oder Ernsthaftigkeit des Sujets analysiert, mit der Musik vergleicht und das Ergebnis mit Adornos Denken verknüpft. Dieser Satz impliziert noch etwas anderes: Wer wirklich die *Ästhetische Theorie* zur Gänze verstehen will, müsste alle Kunstwerke, auf die sich Adorno wie selbstverständlich bezieht, zur Genüge kennen, vor allem bei der sogenannten klassischen Musik dürften die meisten Leser indessen kapitulieren.

»Die Kunstwerke müssen auftreten, als wäre das Unmögliche ihnen möglich.« (ÄT, GS 7, S. 253) – Das berührt sich mit dem späteren Derrida (vgl. Mahnkopf 2016, S. 123–148).

»[...] das Kunstwerk [...] ist [...] Monade: Kraftzentrum und Ding in eins« (ÄT, GS 7, S. 268). – Die *Ästhetische Theorie* ist eben nicht eine bloße Meta-Theorie.

»Der Begriff des Kunstwerks impliziert den des Gelingens. Mißlungene Kunstwerke sind keine, Approximationswerte der Kunst fremd, das Mittlere ist schon das Schlechte.« (ÄT, GS 7, S. 280) – Bei Thomas Bernhard gibt es Ähnliches.

»[...] was Lukács als ›normales Kunstwerk‹ zu verfechten nicht sich entblödete« (ÄT, GS 7, S. 280). – Polemisch wie einst Marx.

»Artikulation ist die Rettung des Vielen im Einen.« (ÄT, GS 7, S. 284) – Der Komponist weiß das zu bestätigen.

»[...] hochmögende Autoren [...]« (ÄT, GS 7, S. 289). – Wie böse.

»In Zermatt präsentiert sich das Matterhorn, Kinderbild des absoluten Bergs, wie wenn es der einzige Berg auf der ganzen Welt wäre; auf dem Gorner Grat als Glied einer ungeheuren Kette. Aber nur von Zermatt aus läßt auf den Gorner Grat sich gelangen. Nicht anders steht es um die Perspektive auf die Werke.« (ÄT, GS 7, S. 290) – Was für ein Bild!

»Weder ist ein Fortschritt der Kunst zu verkünden, noch zu leugnen. [...] Solcher unverkennbarer Fortschritt jedoch ist nicht ohne weiteres einer der Qualität.« (ÄT, GS 7, S. 310 und 313) – Dieser letzte Satz beweist eindeutig, dass Adorno, wie immer wieder gegen besseres Wissen behauptet wird, keine lineare Fortschrittsideologie verfocht. Überhaupt, man lese die *Ästhetische Theorie*, sein letztes Buch, aufmerksam und wird hunderte Stellen finden, welche die unzähligen Stereotype, Simplifikationen, Unwahrheiten, Unterstellungen und Anfeindungen, die sich seit Adornos Tod unausrottbar eingenistet haben, Lügen strafen.

»Die Parteiischkeit, welche die Tugend von Kunstwerken nicht weniger als von Menschen ist [...]« (ÄT, GS 7, S. 345). – Und so sind auch kritisch-theoretische Denker, vor allem in Sachen Kunst, nie unparteiisch.

»Auch gesellschaftlich ist [...] die Situation von Kunst heute aporetisch. Läßt sie von ihrer Autonomie nach, so verschreibt sie sich dem Betrieb der bestehenden Gesellschaft; bleibt sie strikt für sich, so läßt sie als harmlose Sparte unter anderen nicht minder gut sich integrieren.« (ÄT, GS 7, S. 353) – Genau das passiert mit »Neuer Musik«.

»Mit der fortschreitenden Organisation aller kulturellen Bereiche wächst der Appetit darauf, der Kunst ihren Platz in der Gesellschaft theoretisch und wohl auch praktisch anzuweisen; ungezählte round table-Konferenzen und Symposien sind darauf aus.« (ÄT, GS 7, S. 371) – George Steiner nennt das »Sekundärdiskurs« (vgl. Steiner 1990).

»Würde zukünftige Kunst wunschgemäß wieder positiv [...]« (ÄT, GS 7, S. 387). – Was Adorno wohl damit meint?

»Tatsächlich ist jedes Kunstwerk ein Oxymoron. Seine eigene Wirklichkeit ist ihm unwirklich, gleichgültig gegen das, was es wesentlich ist, und gleichwohl seine notwendige Bedingung; unwirklich ist es erst recht in der Wirklichkeit, Schimäre.« (ÄT, GS 7, S. 414) – Das ist große Philosophie.

»Kunst geht auf Wahrheit, ist sie nicht unmittelbar; insofern ist Wahrheit ihr Gehalt. Erkenntnis ist sie durch ihr Verhältnis zur Wahrheit; Kunst selbst erkennt sie, indem sie an ihr hervortritt. Weder jedoch ist sie als Erkenntnis diskursiv noch ihre Wahrheit die Widerspiegelung eines Objekts.« (ÄT, GS 7, S. 419) – Das ist sehr klar, nicht?

»Kunst hat keine allgemeinen Gesetze, wohl aber gelten in jeder ihrer Phasen objektiv verbindliche Verbote. Sie strahlen aus von kanonischen Werken. Ihre Existenz gebietet sogleich, was von nun an nicht mehr möglich ist.« (ÄT, GS 7, S. 456) – Das erregt bei vielen Missbehagen.

»Kunst, nach Hegels Satz Erscheinung der Wahrheit, ist objektiv intolerant, auch gegen den gesellschaftlich diktierten Pluralismus friedlich nebeneinander bestehender Sphären.« (ÄT, GS 7, S. 463) – Das gilt auch für die *Ästhetische Theorie*.

»Selbst in einer legendären besseren Zukunft dürfte Kunst die Erinnerung ans akkumulierte Grauen nicht verleugnen.« (ÄT, GS 7, S. 479) – Adorno war kein absoluter und radikaler Pessimist oder Defätist, kein Cioran.

»Ästhetische Theorie [...] hat zum Schauplatz die Erfahrung des ästhetischen Gegenstands.« (ÄT, GS 7, S. 513) – Wer Bücher zur Ästhetik schreibt, darf von den Werken nicht schweigen.

»Zitiert kurz vorm Schluß des ersten Satzes der Beethoven-Sonate Les Adieux eine flüchtig entgleitende Assoziation über drei Takte das Getrappel von Pferden, so sagt die unmittelbar jeden Begriff beschämende, rasch vergehende Stelle, der nicht einmal im Kontext des Satzes fest zu identifizierende Laut des Verschwindens mehr von der Hoffnung der Wiederkunft, als der allgemeinen Reflexion aufs Wesen des flüchtig-überdauernden Klanges offenbar würde. Erst eine Philosophie, der es gelänge, in der Konstruktion des ästhetisch Ganzen solcher mikrologischen Figuren bis in ihr Innerstes sich zu versichern, hielte, was sie verspricht.« (ÄT, GS 7, S. 531) – Wer die *Ästhetische Theorie* verstehen will, muss seinen Beethoven kennen.

*

Zum Abschluss wieder eine persönliche Note. Ich bin Künstler, Musiker, Komponist.[4] Nicht nur weil Adorno auch heute noch *mein* Philosoph ist, spüre ich bei der Lektüre, bei der Re-Lektüre ein seltenes Verstandenwerden für die Kunst, eine geistige Heimat. Denn hier schreibt jemand aus der Kunst heraus, für die Kunst, und dies ohne Wenn und Aber, ohne Kompromiß oder Schielen auf Erfolg.[5] Es gibt andere Emphatiker wie beispielsweise George Steiner, aber niemand von ihnen versteht so viel von Kunst wie Adorno.

---

4 Die Frage liegt nahe, ob dieses Buch meine Musik beeinflusst habe. Die Antwort ist ein klares Nein. Es hat weder in meiner kompositorischen Ausbildung noch in meiner jahrzehntelangen Arbeit eine Rolle gespielt. Aber man könnte von einem Parallelismus sprechen, wie auch und viel mehr bei den Musikalischen Schriften. Adorno lesen prägte mich, stärkte ein Ethos, half bei dem, was Luhmann die Selbstprogrammierung des Künstlers nennt, konstituierte die Hintergrundphilosophie und war stets Anreger, Korrektiv. Und das affiziert natürlich indirekt auch die Hauptbeschäftigung.
5 Im berühmten *Spiegel*-Interview gab Adorno sehr genau zu verstehen, dass er sich des epochalen Charakters dieses Buchs bewusst war, das er gegen den Zeitgeist schrieb. Vgl.: »*Spiegel*: Sie sehen also die sinnvollste und notwendigste Form Ihrer Tätigkeit in der Bundesrepublik nach wie vor darin, die Analyse der Gesellschaftsverhältnisse voranzutreiben? Adorno: Ja, und mich in ganz bestimmte Einzelphänomene zu versenken. Ich geniere mich gar nicht, in aller Öffentlichkeit zu sagen, daß ich an einem großen ästhetischen Buch arbeite.« (VS, GS 20, S. 409)

Literaturverzeichnis

Fleck, Robert (2003): Die Mühl-Kommune. Freie Sexualität und Aktionismus. Geschichte eines Experiments. Köln: König.

Mahnkopf, Claus-Steffen (2007): »Die befreite Menschheit, die messianische Dimension und der Kulturbruch. Zum Vermächtnis Theodor W. Adornos«. In: Claus-Steffen Mahnkopf: Die Humanität der Musik. Essays aus dem 21. Jahrhundert. Hofheim: Wolke, S. 177–194.

Mahnkopf, Claus-Steffen (2014): »Adorno und die Musik. Eine Bilanz aus heutiger Sicht«. In: Marcus Quent/Eckardt Lindner (Hrsg.): Das Versprechen der Kunst. Aktuelle Zugänge zu Adornos Ästhetischer Theorie. Wien/Berlin: Turia + Kant, S. 187–197.

Mahnkopf, Claus-Steffen (2016): Von der messianischen Freiheit. Weltgesellschaft – Kunst – Musik. Weilerswist: Velbrük Wissenschaft.

Kreis, Guido (2010): »Ästhetische Wahrheit«. In: Joachim Bromand/Guido Kreis (Hrsg.): Was sich nicht sagen lässt. Das Nicht-Begriffliche in Wissenschaft, Kunst und Religion. Berlin: Akademie, S. 501–520.

Sonderegger, Ruth (2011): »Ästhetische Theorie«. In: Richard Klein/Johann Kreuzer/Stefan Müller-Doohm (Hrsg.): Adorno Handbuch. Leben – Werk – Wirkung. Stuttgart: Metzler, S. 414–427.

Steiner, George (1990): Von realer Gegenwart. Hat unser Sprechen Inhalt? München: Carl Hanser.

Wellmer, Albrecht (2009): Versuch über Musik und Sprache. München: Carl Hanser.

Robert Pippin
Adorno, ästhetische Negativität und das Problem des Idealismus

1

»Die Aufgabe, vor welcher Ästhetik heute steht«, so eine von Adornos folgenreichsten und häufigsten Charakterisierungen des Unternehmens, das er in der *Ästhetischen Theorie* verfolgt, sei eine Emanzipation vom »absoluten Idealismus« (ÄT, GS 7, S. 247). Aus dem Kontext – und dem Satz selbst – geht unzweideutig hervor, dass die Formulierung auf Hegel zielt, allerdings nur insofern, als Hegel für Adorno den Kulminationspunkt und den Inbegriff dessen repräsentiert, was er als »Identitätsdenken« bezeichnet. Was Adorno meint, ist, dass das Nachdenken über Kunst von allen Bestrebungen, in ein versöhnliches Verhältnis zur Gesellschaft der Gegenwart zu treten, befreit werden sollte, ebenso wie von einer wie auch immer gearteten Rolle bei der Rationalisierung oder Rechtfertigung der grundlegenden Aspekte der Spätmoderne, ja selbst von jedem Streben nach einem begrifflichen Verständnis dieser Gesellschaft, so als ob die Ästhetik eine vernünftige Struktur für ein derartiges Verständnis anbieten könnte. Gemeint ist natürlich die kapitalistische, bürgerliche Gesellschaft. Hegel und sein absoluter Idealismus stehen dabei für die Verkörperung dessen, was abzulehnen ist. Spielt es, abgesehen von der Frage wissenschaftlicher Genauigkeit, eine Rolle, ob Adornos Version des hegelschen Idealismus – und davon, wofür dieser steht – irreführend ist und mehr einer äußerst grob skizzierten Zusammenfassung ähnelt als einer Auseinandersetzung mit der Sache selbst? Einerseits lautet die Antwort offensichtlich nein. Wir können den Namen ›Hegel‹ schlicht als Platzhalter für das sehen, worauf Adorno mit seinem Angriff auf das Identitätsdenken abzielt, und uns dem zuwenden, was Adorno selbst zu der im Titel dieses Beitrags angedeuteten Frage zu sagen hat, zum Status des »Negativen« in der modernen Kunst. Das ist schließlich das, was philosophisch von Bedeutung ist. Es würde jedoch eine Rolle spielen, wenn Adorno seine Position von Anfang an auf eine Art und Weise formuliert hätte, die unvollständig und unklar ist, und wenn diese problematische Formulierung Ausdruck seines Verständnisses jenes Widerspruchs wäre, in dem er sich zu Hegel und zum Idealismus sieht. Ich habe an anderer Stelle argumentiert, dass Adornos ethische Position durch seine Kant-Interpretation auf ähnliche Weise in Frage gestellt wird. Ich möchte im Folgenden einen weniger kritischen Ansatz verfolgen und eher versuchen zu zeigen, wie Hegels Ästhetik dazu beitragen könnte, jene Begriffsgruppe, die für Adornos Darstellung der Kunst in der gegenwärtigen Zeit am wichtigsten ist, zu vervollständigen und besser zu verstehen: das Negative oder die Negativität oder das Nicht-Identische.

Zunächst gilt es sich natürlich zu vergegenwärtigen, dass Hegels Kunsttheorie, die er in seinen *Vorlesungen über die Ästhetik* ausgearbeitet hatte, für Adorno ungeheuer wichtig ist. Zum einen spielte Hegel eine entscheidende Rolle dabei, die Aufmerksamkeit der modernen Philosophie weg von der »Ästhetik« und hin zu einer Philosophie der Kunst zu lenken. Dies bedeutete eine Verschiebung weg von der überragenden Bedeutung des Schönen und insbesondere eine weitgehende Abwertung der Bedeutung des Naturschönen. Zwar war Adorno im Hinblick auf den letzteren Aspekt völlig anderer Auffassung als Hegel, dessen Ablehnung der empiristischen Konzentration auf einen spezifischen sinnlichen Genuss als Kern der ästhetischen Erfahrung und des damit einhergehenden subjektivistischen Vorrangs, der dieser Erfahrung gegenüber dem Kunstwerk als Träger künstlerischer Bedeutung eingeräumt wurde – beide Aspekte spielten noch bei Kant eine herausgehobene Rolle, was Adorno dazu bringt, dessen Position als »kastrierten Hedonismus« zu apostrophieren (ÄT, GS 7, S. 25) –, war jedoch ein Perspektivwechsel, dem sich Adorno anschloss. (Schiller spielt in dieser Geschichte ebenfalls eine wichtige Rolle.) Hegel war es auch, der, Adorno zufolge, als erster erkannte, dass der Begriff einer Vollendung oder eines Endes der Kunst dem Begriff der Kunst selbst inhärent ist, und der sah, dass etwas Entscheidendes geschehen war, was die Möglichkeit jeder Art von traditioneller Kunst betraf, dass Kunst, so, wie sie gewesen war, nicht länger ein Medium der Wahrheit sein konnte, dass sie ein »Ding der Vergangenheit« geworden war – für Adorno war Hegel der erste, der die »Unnaivetät« der Kunst in der modernen Welt erkannte. Das bedeutet zunächst einmal, dass sowohl Adorno als auch Hegel Kunst als etwas Geschichtliches betrachteten – Adorno spricht vom »Gewordensein von Kunst« und stellt fest: »Deutbar ist Kunst nur an ihrem Bewegungsgesetz, nicht durch Invarianten.« (ÄT, GS 7, S. 12) Damit wird allerdings ein Problem aufgeworfen, das sich aus Hegels Perspektive besser lösen lässt. Kunst ist, was sie geworden ist: Für wen? *Was* ist geworden? Was für ein »Bewegungsgesetz«? Und, gibt es wirklich keinerlei »Invarianten«?

Adornos Ansatzpunkt ist das Nachdenken über das Schicksal der Kunst dort, wo sie in der Gegenwart steht, was für ihn die künstlerische

Moderne bedeutet, in erster Linie in Literatur und Musik. Das heißt, dass er seine Aufmerksamkeit auf eine ästhetische Krise richtet, in der nichts, was den Zweck, das Wesen oder die gesellschaftliche Rolle der Kunst betrifft, länger als gegeben vorausgesetzt werden kann. Diese historisierte Betrachtungsweise wirft ein unmittelbares Problem auf, mit dem sich Hegel auseinandersetzte, dem Adorno jedoch nur selten explizite Aufmerksamkeit widmet. Wenn die Fragen, die wir gerade im Hinblick auf die Kunst als solche, ihren Zweck, ihr Wesen oder ihre gesellschaftliche Funktion aufgeworfen haben, *radikal* historisiert werden und die Kunst vollständig ohne Rückgriff auf »Invarianten«, nur durch ihr »Bewegungsgesetz« verstanden wird, dann laufen wir Gefahr, die Kunst positivistisch auf das zu reduzieren, was zu einem bestimmten Zeitpunkt als Kunst angesehen wird. Dies würde direkt zu einem Paradoxon führen: Das »Bewegungsgesetz« *wovon?* Zugleich würde damit den unterschiedlichsten historischen Möglichkeiten die Tür geöffnet, in denen die Kunst all jene spezifischen Grenzbedingungen verlieren würde, an denen Adorno offenkundig festhalten will. Wenn alles möglich ist, dann können Kleidung, Modeschmuck, Reality-TV, nackte Propaganda, Body-Piercing und Tätowierung alle gleichermaßen den Status von Kunst beanspruchen. Ganz offensichtlich benötigt Adorno nicht nur eine Bestimmung von Kunst, anhand derer sich Kunst von Nicht-Kunst und insbesondere von Pseudo-Kunst unterscheiden lässt, sondern auch eine Unterscheidung zwischen dem, was Hegel »schöne Kunst« nennt – Kunst in der sich die höchsten Bestrebungen der Kunst als solcher manifestieren – und Kunstwerken, die zwar Kunst, jedoch schlechte oder minderwertige Kunst sind. Und tatsächlich ist Adornos Parteinahme für die moderne Hochkunst, für das, was man heute »elitäre« Kunst nennen würde, noch immer eine seiner markantesten und umstrittensten Positionen – so unterscheidet er etwa ohne zu zögern zwischen »niederer Kunst« und »reiner Kunst« (ÄT, GS 7, S. 32). All dies läuft darauf hinaus, dass Adorno etwas Ähnliches benötigt und, wie ich denke, unausgesprochen auch voraussetzt, wie Hegels Position zur Möglichkeit einer begrifflichen Klärung der Frage, was Kunst als solche ausmacht, einer Klärung allerdings, die ein breites Spektrum unterschiedlicher historischer Varianten zulässt. Bei Hegel führt dies zu dem Gedanken, dass Kunst ein sinnlich-affektiver Modus des Verstehens des Absoluten ist und dass ihre historischen Ausprägungen die fortschreitende Verwirklichung und Seiner-selbst-Bewusstwerdung ihres eigenen Begriffs repräsentieren. Adorno lehnt diese Theorie natürlich in Bausch und Bogen ab. Er wirft Hegel vor, dass er mit seiner »Inhaltsästhetik« zwar das negative Potential der Kunst, das, was Adorno ihre »Andersheit« nennt, erkannte, diese Andersheit jedoch als »abbildend oder diskursiv« missverstand und auf eine prä-ästhetische Ebene zurückfiel, womit er unwillentlich der »Überführung von Kunst in Herrschaftsideologie Vorschub« leistete (ÄT, GS 7, S. 18). Damit will Adorno sagen, dass Hegel Kunst als eine Spielart – jedoch eine geringerwertige Spielart – von Philosophie betrachtete und sie damit dem affirmativen Denken, dem Identitätsdenken unterwarf. Doch zugleich stimmt Adorno mit Hegel darin überein, dass das Kunstwerk »vom Betrachter Erkenntnis [fordert], und zwar eine von Gerechtigkeit: es will, daß man seiner Wahrheit und Unwahrheit innewerde« (ÄT, GS 7, S. 30). Entscheidend ist dabei offensichtlich, was mit »Erkenntnis« gemeint ist, und worum es bei dieser Frage wiederum geht, ist der Status des Negativen oder des Nicht-Identischen.

So führt Adornos eigene Position ihn zu einer Art hegelschen Auffassung von einer parallelen Logik der Kunst als solcher auf der einen und ihrer spezifischen geschichtlichen Manifestationen in der Spätmoderne auf der anderen Seite. Zumindest in der Moderne funktioniert ästhetische Negativität in etwa nach dieser Logik, und Adorno will das zeitgenössische Schicksal der Kunst als eines der Selbstnegation, der Verkörperung ihrer eigenen Unmöglichkeit verstehen, und dieses Verständnis überschneidet sich mit einem umfassenderen Narrativ, in dem die Entwicklung ästhetischer Prozesse den gesellschaftlichen Entwicklungen »korrespondiert« (ÄT, GS 7, S. 15). Damit könnte der Eindruck entstehen, als ob Adorno eine Art quasi-hegelsches Narrativ übernimmt, in dem es der Kunst erfolgreich gelingt, sich aus einer dienenden Funktion gegenüber Religion und Politik zu befreien, sie diese Autonomie jedoch im selben Moment erringt, in dem, aufgrund der »gesellschaftlichen Entwicklung«, des Entstehens des Systems und des Ethos des Kapitalismus, die Kunst sich gegen das wenden muss, »was ihren eigenen Begriff ausmacht« (ÄT, GS 7, S. 10). Dies ist der Moment, in dem die Ästhetik zu einem, wie Adorno es ausdrückt, »Nekrolog für die Kunst« (ÄT, GS 7, S. 13) wird, der Moment in dem »[d]ie Verdunkelung der Welt die Irrationalität der Kunst rational [macht]: die radikal verdunkelte«. Dies ist die einzig angemessene Antwort auf eine »verfinsterte Objektivität« (ÄT, GS 7, S. 36).

2

Doch um diese Zusammenhänge wirklich zu begreifen, muss man einen detaillierteren Blick auf die *Ästhetische Theorie* werfen. Wir sollten mit den zahlreichen Variationen über das Thema der ästhetischen Negativität beginnen, die sich durch das Buch ziehen. Der Begriff ist bei Adorno mehrdeutig, wobei es jedoch zwischen seinen Verwendungsweisen eine starke Familienähnlichkeit gibt. Ich möchte sechs verschiedene, sich stellenweise überschneidende Nuancen der Negation skizzieren, bevor ich mich wieder der Frage nach dem Idealismus zuwende. In viele dieser Variationen spielt ein allgemeines Verständnis von Negation hinein, das aus der Prädikaten- oder der Aussagenlogik vertraut ist, allerdings werden die Dinge rasch komplizierter. Dieses allgemeine Verständnis ist die direkte Negation einer positiven Variablen oder eines Arguments, ein »nicht« gefolgt von einem Wert oder einer Aussage oder Ortsangabe oder was auch immer. Die erste, offenkundige Bedeutung der zeitgenössischen ästhetischen Negativität ist somit, dass moderne Kunst die Negation traditioneller Kunst ist. Sie ist nicht das, was Kunst einmal gewesen ist – affirmativ, »sinnlich«, schön, harmonisch, humanistisch –, aber trotzdem immer noch »Kunst«, womit wir wieder beim Problem der Logik der Kunst als solcher auf der einen und ihrer Geschichtlichkeit auf der anderen Seite wären. Wie Adorno sagt: »Gleichwohl ist nichts der theoretischen Erkenntnis moderner Kunst so schädlich wie ihre Reduktion auf Ähnlichkeiten mit älterer.« (ÄT, GS 7, S. 36) (Adorno stellt zwar fest, dass es solche Ähnlichkeiten gibt, er geht ihnen jedoch nicht weiter nach und beharrt darauf, dass die Spezifik der modernen Kunst jede solche triviale Gemeinsamkeit bedeutungslos macht.) Alle unsere Anstrengungen müssen darauf gerichtet sein, die radikalen Unterschiede zwischen der modernen Kunst und der Kunst der Vergangenheit herauszuarbeiten, nicht als Frage von Stil oder Inhalt, sondern als eine Frage der Kunst an sich.

Zweitens stellt Adorno fest, dass Kunst – und dabei scheint er jede Kunst zu meinen –, in einer negativen Beziehung zur empirischen Wirklichkeit steht. Diese Wirklichkeit erzeugt ein objektives Bedürfnis nach Kunst, ein Bedürfnis, das als eine Leerstelle oder ein Mangel verstanden werden muss, eine Unzulänglichkeit oder eine Unzufriedenheit, welche die Kunst notwendig macht. »Kunst ist die gesellschaftliche Antithesis zur Gesellschaft, nicht unmittelbar aus dieser zu deduzieren.« (ÄT, GS 7, S. 19) Oder, wie er es an anderer Stelle ausdrückt:

> Anzuknüpfen vermag allenfalls der Gedanke daran, daß etwas in der Realität jenseits des Schleiers, den das Zusammenspiel von Institutionen und falschem Bedürfnis webt, objektiv nach Kunst verlangt; nach einer, die für das spricht, was der Schleier zudeckt. (ÄT, GS 7, S. 35)

Es ist vor allem das objektive »Leiden«, so Adorno, welches danach verlangt, dass die Kunst die Notwendigkeit oder Unvermeidbarkeit eben dieses Leidens verneint, jedoch wiederum auf eine Art und Weise, die keine Vorläufer hat, weder im Humanismus eines Balzac oder Dickens noch in der naturalistischen Schilderung von Leid bei Hardy oder Dreiser. Warum dies so ist, wird deutlich werden, wenn wir zum Begriff der Mimesis kommen.

In einem dritten Schritt erreichen wir eine komplexere dialektische Ebene, auf der die Kunst in einem negativen Verhältnis zu sich selbst steht. Dies hat zunächst eine schwächere Bedeutung: Die Kunst hat ihre »Selbstevidenz« verloren, sie kann sich nicht mehr auf sich selbst verlassen, auf ein inneres Vertrauen darauf, was sie ist. An Stelle dieses Vertrauens klafft jetzt eine Lücke, eine Abwesenheit. Doch in einer stärkeren Bedeutung wird daraus ein aktiver Widerstand gegen sich selbst, eine Wendung, der Adorno mehrfach in jenen paradoxen oder dialektischen Formulierungen Ausdruck verlieh, die er so liebte:

> Auf den Verlust ihrer Selbstverständlichkeit reagiert Kunst nicht bloß durch konkrete Änderungen ihrer Verhaltens- und Verfahrungsweisen, sondern indem sie an ihrem eigenen Begriff zerrt wie an einer Kette: der, daß sie Kunst ist. (ÄT, GS 7, S. 32)

Und, noch paradoxer:

> Ist alle Kunst Säkularisierung von Transzendenz, so hat eine jegliche Teil an der Dialektik der Aufklärung. Kunst hat dieser Dialektik mit der ästhetischen Konzeption von Antikunst sich gestellt; keine wohl ist mehr denkbar ohne dies Moment. Das sagt aber nicht weniger, als daß Kunst über ihren eigenen Begriff hinausgehen muß, um ihm die Treue zu halten. (ÄT, GS 7, S. 50)

Auch für diese Dimension von Negativität findet Adorno wiederum eine schwächere und eine stärkere Formulierung. In einem Sinne ist die Opposition der Kunst gegen sich selbst ein Dauerzustand:

> Die perennierende Revolte der Kunst gegen die Kunst hat ihr fundamentum in re. Ist es den Kunstwerken wesentlich, Dinge zu sein, so ist es ihnen nicht minder wesentlich, die eigene Dinglichkeit zu negieren, und damit wendet sich die Kunst gegen die Kunst. Das vollends objektivierte Kunstwerk fröre ein zum bloßen Ding, das

seiner Objektivation sich entziehende regredierte auf die ohnmächtige subjektive Regung und versänke in der empirischen Welt. (ÄT, GS 7, S. 262)

In solchen Formulierungen spiegelt sich offenkundig der Einfluss von Kants Geniebegriff wider. Aber Adorno denkt augenscheinlich, dass »heute« etwas geschehen ist, das den Kampf der Kunst gegen Verdinglichung, Wiederholung und Schalheit wesentlich intensiver und dringlicher werden lässt:

> Die Stimmigkeit, durch welche die Kunstwerke an Wahrheit partizipieren, involviert auch ihr Unwahres; in ihren exponierten Manifestationen hat Kunst von je dagegen revoltiert, und die Revolte ist heute in ihr eigenes Bewegungsgesetz übergegangen. (ÄT, GS 7, S. 252)

Viertens darf, worauf bereits hingewiesen wurde, ein solches negatives Verhältnis zur gesellschaftlichen Realität nicht so verstanden werden, als ob Kunstwerke irgendeinen Maßstab von Humanität oder Gerechtigkeit oder menschlicher Entfaltung an eine gegebene geschichtliche Wirklichkeit anlegen und, indem sie eine gesellschaftskritische Funktion annehmen, auf soziale Missstände aufmerksam machen und dazu anhalten, diesen durch Reformen abzuhelfen. Das wäre ein Kunstverständnis à la *Onkel Toms Hütte* und etwas, das von Adorno abgelehnt wird. Der Grund für diese Ablehnung bringt uns der Kritik des Idealismus ein wenig näher, denn was Adorno verwirft ist die Vorstellung, dass man irgendeinen Begriff auf eine unabhängige Wirklichkeit anwendet und, wenn man eine Diskrepanz zwischen Begriff und Wirklichkeit feststellt, fordert oder eine Forderung danach unterstellt, dass die Diskrepanz beseitigt wird und die Wirklichkeit sich an den von außen an sie herangetragenen Begriff anpasst, dass Begriff und Wirklichkeit »identisch« werden. Das wäre bloß eine kritische Variante des Identitätsdenkens und, wie wir im Folgenden detaillierter sehen werden, ist das Identitätsdenken genau das, wovon die Kunst uns helfen soll, uns zu befreien. Eine solche Auffassung wird als subjektivistisch bezeichnet und so mit der Herrschaftsideologie in Beziehung gebracht. Hingegen ist das Verhältnis der Kunst zur Selbstnegation der zeitgenössischen bürgerlichen Gesellschaft, ihren widersprüchlichen Ansprüchen, ihrer Unfähigkeit sich selbst zu erhalten und zu reproduzieren, mimetisch. Unter Mimesis versteht Adorno gewiss nicht irgendeine Form von Nachahmung, Kopie oder Repräsentation. Mimesis ist für ihn eher etwas wie Verkörperung, Sedimentierung oder Anverwandlung. Dies tritt sehr deutlich in seiner Auseinandersetzung mit Beckett hervor:

> Je totaler die Gesellschaft, je vollständiger sie zum einstimmigen System sich zusammenzieht, desto mehr werden die Werke, welche die Erfahrung jenes Prozesses aufspeichern, zu ihrem Anderen. Braucht man einmal den Begriff der Abstraktheit so lax wie nur möglich, so signalisiert er den Rückzug von der gegenständlichen Welt eben dort, wo nichts bleibt als deren caput mortuum. Neue Kunst ist so abstrakt, wie die Beziehungen der Menschen in Wahrheit es geworden sind. (ÄT, GS 7, S. 53f.)

Und am deutlichsten:

> Weil der Bann der auswendigen Realität über die Subjekte und ihre Reaktionsformen absolut geworden ist, kann das Kunstwerk ihm nur dadurch noch opponieren, daß es ihm sich gleichmacht. (ÄT, GS 7, S. 53)

In dieser und vielen anderen Passagen zeigt sich, dass der Begriff der Mimesis der wichtigste und zugleich am schwierigsten fassbare Begriff in Adornos ästhetischer Theorie ist. Es bedürfte einer Untersuchung vom Umfang eines eigenen Buches, um den Gedanken zu rekonstruieren, dass es eine solche Mimesis – eine »Mimesis ans Verhärtete und Entfremdete« (ÄT, GS 7, S. 39) – oder das, was Adorno »die nichtbegriffliche Affinität des subjektiv Hervorgebrachten zu seinem Anderen, nicht Gesetzten« (ÄT, GS 7, S. 87) nennt, geben kann und dass diese Mimesis oder Affinität »Kunst als eine Gestalt der Erkenntnis, und insofern ihrerseits als ›rational‹« bestimmt. Doch für uns ist das Schlüsselwort in diesen Formulierungen »nichtbegrifflich«, insofern »Begrifflichkeit« das ist, was Adorno mehr als alles andere zu vermeiden versucht. Wie so viele philosophische Positionen ist diejenige Adornos, das beginnt hier deutlich zu werden, allerdings gerade von dem bestimmt, steht gewissermaßen im Bann dessen, was sie zu vermeiden meint, der »Logik des Begriffs« wie Hegel es ausdrücken würde. In einer Ästhetik der modernen Kunst kann es kein »Subjekt« geben, welches das Objekt beherrscht oder sich einverleibt, und darin liegt ihr revolutionäres Potential, ihre Nicht-Komplizenschaft mit der Herrschaftsideologie. Dies ist auch der Punkt, von dem an das allgemeine, dem Common Sense entsprechende Verständnis der Negation als Verneinung eines Prädikats oder einer Aussage, als aktive Negation eines Positivums nicht mehr greift. Das »nichtgesetzte Andere«, das, was Adorno das Nichtidentische nennt, ist nicht das Ergebnis der Verneinung von Identität. Dann wäre es derivativ, sekundär, ein Ergebnis, das, was es seit der klassischen metaphysischen Erwiderung auf Parmenides gewesen ist. In der Moderne hat das Nichtidentische den Vorrang, das, was von sich aus, so, wie es ist, sich der begrifflichen Identifikation entzieht, nicht das, was aus der Verneinung der Identität hervorgeht. Mehr über diese schwierige Vorstellung in Kürze.

Mehr ästhetische Substanz erhält all dies in der fünften Variation über das Thema der Negativität. Hier beschreibt Adorno, wie moderne Kunstwerke sich auf unterschiedliche Weise weigern, in einem traditionellen Sinn etwas zu bedeuten, und demgegenüber auf Unbestimmtheit, Abstraktion, Dissonanz – die er das »Signum aller Moderne« nennt (ÄT, GS 7, S. 29) – und sogar »das Irrationale« setzen: »Die Dissonanz bringt von innen her dem Kunstwerk zu, was die Vulgärsoziologie dessen gesellschaftliche Entfremdung nennt.« (ÄT, GS 7, S. 30) Oder ausführlicher:

> Die Kategorie des Absurden, am widerspenstigsten gegen Interpretation, liegt in dem Geist, aus dem sie zu interpretieren ist. Zugleich ist das Bedürfnis der Werke nach Interpretation als der Herstellung ihres Wahrheitsgehalts Stigma ihrer konstitutiven Unzulänglichkeit. Was objektiv in ihnen gewollt ist, erreichen sie nicht. Die Unbestimmtheitszone zwischen dem Unerreichbaren und dem Realisierten macht ihr Rätsel aus. (ÄT, GS 7, S. 194)

Adorno will sicherlich nicht leugnen, dass es möglich ist, ein Kunstwerk zu interpretieren, doch, wie er rätselhaft sagt: »Die Dunkelheit des Absurden ist das alte Dunkle am Neuen. Sie selber ist zu interpretieren, nicht durch Helligkeit des Sinnes zu substituieren.« (ÄT, GS 7, S. 47) Vermutlich bedarf es dazu einer Art von Interpretation eben dieser Uninterpretierbarkeit des »Absurden« und der instabilen Selbstnegationen der Formen moderner Kunst, so wie Adorno selbst sie bei Baudelaire, Beckett, Proust und Schönberg unternimmt. Eine solche Interpretation würde vermutlich die Gestaltung solcher Dissonanz, Abstraktion und Unbestimmtheit mit den gesellschaftlichen Realitäten, die in einem Werk der modernen Kunst mimetisch anverwandelt werden, verknüpfen, und eine derartige Freilegung des ästhetischen Gehalts moderner Kunst, der ständig den eigenen verkörperten Begriff von Kunst »überbietet«, deutet darauf hin, dass wir in der Kunst der Moderne an der Schwelle einer Art mythischer Wiederholung stehen, was uns zwingt, zu fragen, wie die eine Unbestimmtheit oder Dissonanz mit Bestimmtheit von der anderen unterschieden werden kann. Adorno ist sich dieses Problems zweifellos bewusst und glaubt, es lösen zu können, doch diese Lösung hängt davon ab, was seine Kritik des absoluten Idealismus – seine Kritik, an der Annahme, dass alles restlos begrifflich intelligibel ist, Hegels Absolutem – an Ressourcen übriglässt.

Damit kommen wir zur sechsten und entscheidenden Variation über das Thema der Negativität. Die von Adorno hier vertretenen Ansichten darüber, dass Hegel den Inbegriff jenes Identitätsdenkens verkörpert, das dem

Herrschaftsanspruch der Aufklärung über die Natur und der kapitalistischen Etablierung vielfältiger Herrschafts- und Unterdrückungsbeziehungen innerhalb einer Klassengesellschaft inhärent ist, zählen zu den bekanntesten Aspekten seiner Philosophie, und seine Auffassungen knüpfen sowohl an eine »finitistische« Kritik des hegelschen Rationalismus an, wie sie erstmals von Schelling formuliert und von Kierkegaard zugespitzt wurde, und überschneiden sich zugleich mit einem großen Teil des europäischen Denkens des 20. Jahrhunderts, an erster Stelle ironischerweise mit dem von Adornos Nemesis, Heidegger. Hier einige seiner Formulierungen:

> Negation der absoluten Idee, ist er [i. e. der Gehalt des Kunstwerks] nicht länger mit Vernunft derart in Identität zu setzen, wie der Idealismus es postulierte; Kritik an der Allherrschaft von Vernunft, kann er seinerseits nicht länger vernünftig nach den Normen diskursiven Denkens sein. (ÄT, GS 7, S. 47)

Um noch einmal das Offensichtliche auszusprechen: Alles hängt davon ab, was mit der These von der »Allherrschaft von Vernunft« gemeint ist. Weiter: »Nirgends vielleicht ist das Ausdörren alles nicht vom Subjekt Durchherrschten, der finstere Schatten des Idealismus so eklatant wie in der Ästhetik.« (ÄT, GS 7, S. 98f.) Und schließlich: Das Neue »intendiert Nichtidentität, wird jedoch durch Intention zum Identischen; moderne Kunst übt das Münchhausenkunststück einer Identifikation des Nichtidentischen ein« (ÄT, GS 7, S. 41). Adorno denkt hier insbesondere, jedoch keineswegs ausschließlich, an die ästhetische Verfügbarkeit des sinnlich Besonderen in seiner Besonderheit, wie in der Erfahrung des Naturschönen. Und er vertritt nicht naiv irgendeine Art von krudem nominalistischem Realismus. In der *Negativen Dialektik* hebt er hervor, dass Hegel zumindest damit recht hat, dass »Besonderes selbst zu denken ohne das Moment des Allgemeinen unmöglich sei« (ND, GS 6, S. 322 u. S. 328). Oder wie er es in der *Ästhetischen Theorie* formuliert:

> Dies immanent idealistische Moment, die objektive Vermittlung aller Kunst durch Geist, ist von ihr nicht wegzudenken und gebietet der stumpfsinnigen Doktrin eines ästhetischen Realismus ebenso Einhalt, wie die unter dem Namen Realismus sich zusammenfassenden Momente daran erinnern, daß Kunst kein Zwilling des Idealismus ist. (ÄT, GS 7, S. 141)

Doch genauso offenkundig handelt es sich bei dieser »Identifikation des Nichtidentischen«, insofern sie ausschließlich in der Kunst möglich ist, um etwas anderes als das, was Hegel in seiner berühmten Darstellung der

Selbstnegation der Momente des Begriffs und deren Reintegration als das begriffliche Verständnis des Nichtidentischen fasste. Doch wir haben – gerade – genug Material gesammelt, um ermessen zu können, wie entscheidend Adornos philosophisches Unternehmen davon geprägt ist, dass er sich von dem abgrenzt, was seiner Auffassung nach Hegels System – katastrophaler Weise – leisten zu können vorgab. Und eben diese negative Abhängigkeit, so möchte ich im Folgenden darlegen, ist der Grund, warum es eine große Rolle spielt, dass Adorno das Herzstück von Hegels absolutem Idealismus verkannt hat.

3

Der Idealismus im deutschen Idealismus, zumindest die Linie, die sich von Kant über Fichte zu Hegel zieht – Schellings »Idealismus« ist ein anderes Thema –, hat drei Komponenten. Die erste Komponente ist die These, dass apriorische Erkenntnis von der Welt – der gewöhnlichen raum-zeitlichen Welt – und von den »Objekten« und Praktiken in ihr, wie beispielsweise Kunst, Religion oder dem Staat, möglich ist: Erkenntnis, die unabhängig von empirischer Erfahrung gewonnen wird. So verstanden ist der Idealismus in erster Linie eine Kritik des Empirismus – nicht der empirischen Erkenntnis, obwohl er manchmal mit einer solchen Kritik verwechselt wird. Der Empirismus ist selbst ein Standpunkt a priori, der den Anspruch erhebt, zu erklären, was an Erkenntnis möglich ist. Wenn es auch seltsam klingen mag, so meint doch Adorno ebenfalls, dass es Erkenntnis a priori gibt: Wir haben bereits festgestellt, dass seine Auffassungen Aussagen über Identität, Nichtidentität, Negativität und das Wesen der traditionellen und modernen Kunst voraussetzen, die kaum als empirische Aussagen gelten können, sondern sich nur als philosophische Thesen oder anders gesagt als Aussagen a priori verstehen lassen. Die zweite Komponente ist der Punkt, an dem alle interpretatorischen Kontroversen beginnen. Es handelt sich um die These, dass diese Erkenntnis a priori, auch wenn sie in einem noch genauer zu bestimmenden Sinn letztlich eine Erkenntnis von der unabhängig vom Denken existierenden Welt ist, eine Erkenntnis ist, die das Denken oder die Vernunft *von sich selbst* gewinnt: Die Bestimmung des Denkens durch sich selbst oder, wie Hegel es nennt, eine »Wissenschaft des reinen Denkens«. Dies ist der Punkt, an dem sich Adornos Weg entschieden von demjenigen Hegels trennt. Untersuchen wir jedoch zunächst, was Hegels These bedeuten könnte. Es ist verständlich, jedoch zugleich schlicht falsch zu meinen, dass die beiden genannten Komponenten nur dann gleichzeitig vertreten werden können, wenn entweder (a) Gegenstände einer möglichen Erkenntnis gedacht werden müssen, um existieren zu können, oder (b) wenn Gegenstände für uns nur dann zugänglich sind, wenn eine Art ihnen durch unseren Geist aufgezwungene Vereinheitlichung der Elemente der Sinneswahrnehmung stattfindet, die zu einem »vom Subjekt vermittelten« Ergebnis führt – einer Erscheinung im Unterschied zu dem Ding, wie es an sich ist. Adorno spricht häufig in diesem Sinne vom Idealismus als Philosophie der Herrschaft. Von dieser Interpretation des deutschen Idealismus im Sinne einer existentiellen Abhängigkeit oder Subjektvermitteltheit des Objekts finden sich in der einschlägigen Literatur zahlreiche Versionen. Zweifellos beruht diese Auffassung auf dem verständlichen aber falschen Schluss, dass eine solche begriffliche Struktur, wenn sie nicht aus der Erfahrung abgeleitet ist, von uns als Subjekten an die Objekte herangetragen oder ihnen »aufgezwungen« wird. Dies müsste so sein, wenn eine solche »vom menschlichen Geist aufgezwungene« Vereinheitlichung die Voraussetzung dafür wäre, dass Objekte Gegenstand von Erfahrung werden können, oder, wie es sich gemäß dem sogenannten »objektiven Idealismus« darstellen würde, wenn das, was existiert, im einen oder anderen Sinne »in Wirklichkeit« ein Begriff wäre. (Nach dieser Auffassung geht es dem Idealismus im hegelschen Idealismus um das ideale, nichtsinnliche oder noetische wahre Wesen der Realität selbst.)

Doch hier stellt sich offensichtlich eine Frage, und diese bildet die dritte Dimension des Idealismus: Wie können die ersten beiden Komponenten – dass eine objektive Erkenntnis a priori möglich ist und dass das, was die reine Vernunft in einer solchen Erkenntnis erkennt, sie selbst ist, das Denken selbst – wahr sein, wenn die Standardversion der dritten Komponente nicht ebenfalls wahr ist. Der Schlüsselbegriff in Hegels *Logik*, wenn wir uns einmal klargemacht haben, dass es nicht um die »*Abhängigkeit* des Objekts von Subjekt« geht – eine sehr weit verbreitete Auffassung davon, was Idealismus sein muss, um als Idealismus gelten zu können –, ist eben der Begriff, der auch für Adorno zentral ist, doch Hegel versteht ihn in einem Sinn, der dem, in dem er ihn Adorno zufolge versteht, diametral entgegengesetzt ist. Für Hegel geht es nicht um irgendeine Art von Abhängigkeit, sondern um *Identität* – eine »spekulative Identität« um genau zu sein – zwischen den Formen des reinen Denkens und den Formen des Seins, eine Identität, die jedoch damit vereinbar ist, zwischen jemandem, der denkt, und dem, was Gegenstand seines Denkens ist, zu unterscheiden. Hier Hegels summarische Formulierung:

> Die ältere Metaphysik hatte in dieser Rücksicht einen höheren Begriff von dem Denken, als in der neueren Zeit gang und gäbe geworden ist. Jene legte nämlich zugrunde, daß das, was durchs Denken von und an den Dingen erkannt werde, das allein an ihnen wahrhaft Wahre sei, somit nicht sie in ihrer Unmittelbarkeit, sondern sie erst in die Form des Denkens erhoben, als Gedachte. Diese Metaphysik hielt somit dafür, daß das Denken und die Bestimmungen des Denkens nicht ein den Gegenständen Fremdes, sondern vielmehr deren Wesen sei oder daß die *Dinge* und das *Denken* derselben (wie auch unsere Sprache eine Verwandtschaft derselben ausdrückt) an und für sich übereinstimmen, daß das Denken in seinen immanenten Bestimmungen und die wahrhafte Natur der Dinge ein und derselbe Inhalt sei. (Hegel 1969, S. 38)

Es wird sich als bedeutsam herausstellen – für Hegel jedenfalls –, dass diese Beschreibung einer »Identität« – »ein und derselbe Inhalt« – für das philosophische oder spekulative Denken gilt: für ein Denken, dessen Gegenstand das »wahre Sein« oder die »Wirklichkeit« ist. Daraus folgt das Grundprinzip von Hegels Version des Idealismus, die Identität in der Differenz zwischen Sein und Denken. Mit anderen Worten: Es besteht eine »Identität« zwischen »den Momenten des reinen Denkens« (entsprechend genau bestimmt) und »jedem möglichen Gegenstand des reinen Denkens« oder der »Wahrheit« des reinen Denkens. Es handelt sich jedoch um eine Identität in der Differenz, da diese spekulative Aussage nicht bedeutet, dass die Welt, also all das, was etwas anderes zu sein scheint als Gedachtes, dennoch »*Gedachtes*« sein muss. Sie ist es nicht, genauso wenig, wie wahre Gedanken (Urteile) wahr sind, weil die Welt aus *Gedanken* besteht. Sobald wir einmal die notwendige Abhängigkeit jedes wahren Gedankens über irgendetwas vom reinen Denken begriffen haben, und sobald wir einmal begriffen haben, worin das reine Denken besteht – insbesondere seine »Spontaneität« –, und sobald wir einmal die »Momente« begriffen haben, die notwendig sind, damit reines Denken reines Denken ist, haben wir die Wahrheit über das herausgefunden, was ist – über das, was ist, in seiner Intelligibilität. Dies alles setzt das Prinzip des gesamten westlichen Rationalismus seit seinen Anfängen voraus: Sein heißt, verstanden werden können. Es kann nichts geben, das vollständig *alogos*, prinzipiell unerkennbar ist, genauso wenig, wie es Substanzen mit einander widersprechenden Eigenschaften geben kann. Adorno lehnt das Prinzip des absoluten Idealismus ab: die These, dass ein vollständiger, in sich selbstbestimmter begrifflicher Ausdruck jeder möglichen Intelligibilität möglich ist. Ich glaube jedoch nicht, dass er das grundlegende Prinzip des Verstanden-Werden-Könnens verwirft. Er ist, mit anderen Worten, kein religiöser Denker. Allein die Existenz der *Ästhetischen Theorie* zeugt bereits davon, dass er das Prinzip akzeptiert. Adorno möchte herausarbeiten, dass es eine spezifische Form ästhetischer Intelligibilität gibt – mit all den paradoxen Dimensionen, die sie in der modernen Kunst annimmt: Unverständlichkeit, Unwahrheit, Absurdität, Selbstnegation – und sie von jedem rationalisierenden Moment freihalten, doch all dem liegt eine unnötig beschränkte Auffassung von Rationalität zugrunde, und es ist nichts, dem Hegel widersprechen würde.

Um noch einmal zusammenzufassen: Eine Wissenschaft der Logik ist eine Wissenschaft des reinen Denkens. Gegenstand des reinen Denkens ist ausschließlich das reine Denken selbst. Aber dieser »Gegenstand« ist kein natürlicher Gegenstand, kein Objekt. Wie oben bereits bemerkt, geht es in der *Logik* nicht um den »Geist« als Substanz oder als Ding. Wie so oft folgt Hegel hier *sowohl* Aristoteles *als auch* Kant, für den das »Ich denke«, das alle meine Vorstellungen begleiten muss, eine *logische Notwendigkeit* ist, die formale Struktur des Denkens beschreibt, und keine Aussage darüber trifft, wie der menschliche Geist konkret funktioniert. Wenn dies der Fall wäre, und Hegel eine Aussage über die Beschaffenheit des Geistes machen würde, dann würden der Erkenntnis von ihrem »Werkzeug« Grenzen gesetzt, ein Gedanke, den Hegel seit der Einleitung zur *Phänomenologie des Geistes* energisch zurückgewiesen hat. Indem es sich selbst erkennt, erkennt das reine Denken die mögliche Intelligibilität, die Erkennbarkeit von allem was ist. Doch die Intelligibilität von irgendetwas bedeutet eben das, was es ist, dieses Ding zu sein, die Antwort auf die Frage »Was ist dies da« (*tode ti*), die seit Aristoteles maßgeblich für viele Wissenschaften ist. Indem das Denken sich selbst erkennt, erkennt es, was es bedeutet, etwas zu sein. Wie für Aristoteles ist es für Hegel nicht Aufgabe der Metaphysik von irgendeinem bestimmten Ding zu sagen, was es ist. Es heißt, zu bestimmen, was *wahr* über alles, was etwas ist, sein muss, damit die Einzelwissenschaften bestimmen *können*, was es im Besonderen ist – das, was in der Scholastik als *Transzendentalien* bezeichnet wurde. Oder: Es heißt, zu wissen, was bei jeder solchen Spezifikation notwendig vorausgesetzt wird. Anders gesagt: Die Aufgabe der Metaphysik ist, zu verstehen, was es bedeutet, von etwas zu sagen, was es ist.

Diese Antwort kann leicht falsch interpretiert werden. Die absolute Idee, die in Hegels Formulierung als Identität von Logik und Metaphysik ausgedrückt wird, könnte als eine Art direkte *Folgerung* aus der logischen

Struktur des Denkens verstanden werden. Die grundlegende Form des Intelligibel-Machens, so könnte man argumentieren, ist das eingliedrige kategorische Urteil, S ist E. Wenn sein bedeutet, intelligibel zu sein, dann setzt dies nur voraus, dass die Welt aus Substanzen und Eigenschaften besteht. So scheint Adorno die Grundthese zu verstehen. Doch das wäre ein Dogmatismus, den Hegel ablehnen würde. Die kennzeichnenden und notwendigen Bestandteile des Urteils müssen, mit dem Anspruch auf Notwendigkeit aus der einfachsten, unmittelbarsten Manifestation inhaltsvollen Denkens hergeleitet werden, »Sein!«, dem ersten Moment der Seinslogik und der *Wissenschaft der Logik* selbst. Mit dieser internen Herleitung komplexerer begrifflicher Momente, um das Denken in eine richtige Beziehung zu den Gegenständen treten zu lassen, und der Art von Notwendigkeit, die er behauptet, reagiert Hegel auf Kants Forderung nach einer transzendentalen Deduktion der Objektivität der Kategorien. Während man immer unterstellen kann, dass wir mit jeder solchen Herleitung nur näher bestimmen »was wir denken müssen« oder sogar »glauben müssen«, um richtig darüber zu urteilen, ob etwas der Fall ist, so scheint ein solcher Verdacht doch willkürlich, wenn es keinen Grund gibt, einen derartigen Parochialismus zu unterstellen, so als ob Denken etwas wie eine für die menschliche Spezies charakteristische Fähigkeit wäre. Die Radikalität von Hegels voraussetzungslosem Anfang und der Notwendigkeitscharakter seiner Herleitung soll eine solche Unterstellung von Anfang an entkräften, und die selbstnegierende und selbstkorrigierende Herleitung soll die Reinheit dieses Anfangs bewahren. Hegel ist klar, dass der Verzicht auf Parochialismus, die Setzung des reinen Denkens als solchem als der »Wahrheit« des Seins, jeden enttäuschen wird, der an eine substantiellere Version von Metaphysik gewöhnt ist oder erwartet, dass die Metaphysik Antwort auf die Frage nach der »Möblierung des Universums« gibt. Doch das ist nicht Hegels Projekt.

4

Adorno formuliert mithin eine These über das, was einer begrifflichen Artikulation unzugänglich ist und sich nur mimetisch im Kunstwerk manifestieren kann. Doch er hat seiner Darstellung die Form einer Widerlegung eines Verständnisses begrifflicher Artikulation gegeben, welche das tatsächliche Verständnis einer solchen begrifflichen Artikulation im Idealismus verfehlt. An diesem geht seine Kritik vorbei. Zum einen gilt Hegels

These von der Identität von Denken und Sein nur für das reine Denken, für das, was für jede Art von Denken notwendig ist, um überhaupt einen Wahrheitswert haben zu können. Darunter fallen nicht-empirische Begriffe wie Endlichkeit, Substanz und Eigenschaft, Wesen und Erscheinung, Kausalität und so weiter, nicht jedoch Begriffe wie Masse oder Geschwindigkeit oder der Staat oder die Familie. Für letztere wird keine »begriffliche Identität« zwischen Begriff und Wirklichkeit angenommen, nur ein gewöhnlicher, anfechtbarer Anspruch auf Wahrheit. Um es noch einmal zu wiederholen: Die Aufgabe der Identitätstheorie oder des reinen Denkens ist es nicht, von irgendetwas auszusagen, was es ist. Ihre Aufgabe ist es, zu sagen, was die notwendigen Voraussetzungen dafür sind, dass sich die Frage »Was ist dies da?« überhaupt auf etwas beziehen kann. Dies ist problemlos vereinbar mit empirischer Erkenntnis, empirischer Falschheit oder sogar mit einer Diskrepanz zwischen einem Begriff aus der Philosophie des Geistes, wie der bürgerlichen Kleinfamilie, und dem, was tatsächlich notwendig ist, damit eine geschichtliche Form des ethischen Lebens eine ethische Form ist, ein Inhalt, der mit seinem eigenen Begriff übereinstimmt. Hegel lässt keinen Zweifel daran, dass der Übergang von der Theorie des reinen Denkens zur *Realphilosophie* nicht die Form einer Deduktion hat und ebenso Aufmerksamkeit für die physikalischen und biologischen Wissenschaften der Gegenwart erfordert wie für die konkrete historische Wirklichkeit. Wie Adorno nur allzu gut weiß, war es Hegel, der als erster die geschichtliche Diagnose zur genuinen Aufgabe der Philosophie erklärte: Sie sei *ihre Zeit in Gedanken erfasst*. Diese Art des geschichtlichen Denkens gehört sicherlich nicht zur Identitätstheorie, zur Wissenschaft des reinen Denkens. Und jedes normative Urteil über eine konkrete historische Form, wie Adornos Kritik der Kulturindustrie, muss sich auf mehr beziehen als die internen Unzulänglichkeiten der Selbstartikulation dieser Form, wenn es die Bedeutung dieser Unzulänglichkeiten begreifen will: auf einen weiter gespannten begrifflichen Rahmen, aus dem sich Aussagen über unnötiges und ungerechtfertigtes menschliches Leiden begründen lassen.

Wichtiger für unser Thema ist jedoch, dass, wenn man sich den eigentlichen »Ort« der Kunst in Hegels *Enzyklopädie* vergegenwärtigt, nicht nur deutlich wird, dass Hegel die Kunst und die Erfahrung von Kunst keineswegs den diskursiven Normen philosophischer Begrifflichkeit unterworfen hat, sondern auch, wie bedeutsam diese Differenz ist. Im Gegenzug werden wir daran erinnert, dass Adornos »abstrakte Negation« dessen, was er als begriffliche Identitätstheorie betrachtet, seine Position dem Risiko aussetzt, sich auf die Beschwörung einer vagen Unbestimmtheit oder

Unassimilierbarkeit zu beschränken, die jede Art von moderner Kunst Gefahr laufen lässt, zu einem einzigen sich wiederholenden »Bewußtsein von Nöten« zu werden (ÄT, GS 7, S. 35), eines unartikulierbaren Leidens, das »über alles von ihm [Hegel] Absehbare« hinausgeht und dem man sich nur über Vorstellungen von Irrationalität und Unwahrheit nähern kann. Auch hier will Adorno wieder auf eine Kritik der Verbegrifflichung des Leidens hinaus: »Leiden, auf den Begriff gebracht, bleibt stumm und konsequenzlos« (ÄT, GS 7, S. 35). Aber wie wir immer wieder gesehen haben, hängt dies davon ab, was wir unter »auf den Begriff gebracht« verstehen. Wenn Adorno über Mozart und die Klassik im Allgemeinen sagt,

> Noch bei dem Schein nach so unpolemischen, in einer nach dem Convenu reinen Sphäre des Geistes sich bewegenden Künstlern wie Mozart ist, abgesehen von den literarischen Vorwürfen, die er für seine größten Bühnenwerke sich wählte, das polemische Moment zentral, die Gewalt der Distanzierung, die wortlos das Armselige und Falsche dessen verurteilt, wovon sie sich distanziert. Ihre Gewalt gewinnt die Form bei ihm als bestimmte Negation; die Versöhnung, welche sie vergegenwärtigt, hat ihre schmerzhafte Süße, weil die Realität sie bis heute verweigerte. Die Entschiedenheit der Distanz, wie vermutlich die eines jeglichen eingreifenden, nicht leer mit sich selbst spielenden Klassizismus, konkretisiert die Kritik dessen, wovon abgestoßen wird (ÄT, GS 7, S. 264).

dann stellt dies ein Zugeständnis seinerseits dar, dass *diese* Art des Protests »stumm« sein muss, und es gibt keinen Hinweis darauf, warum bloße »Distanzierung« etwas wie eine *bestimmte* Negation der Realität ermöglichen sollte – oder eine mimetische Verkörperung der Selbstnegation der Realität. Sie scheint wesentlich unbestimmt zu sein, bloße »Distanz«.

Zum anderen wissen wir seit Freud, dass es eine Logik, eine Vernunft im Irrationalen geben kann, und es wäre dogmatisch, *per definitionem* davon auszugehen, diese Annahme würde den Gehalt des Leidens zwangsläufig verfälschen, indem sie ihn »auf den Begriff« bringt.

Adornos wirft Hegel in diesem Zusammenhang Folgendes vor:

> Offen hinterläßt die Hegelsche Ästhetik das Problem, wie von Geist als Bestimmung des Kunstwerks zu reden sei, ohne daß seine Objektivität als absolute Identität hypostasiert würde. (ÄT, GS 7, S. 140)

Und bekanntlich hat Hegel ja tatsächlich Dinge gesagt wie:

> In dieser ihrer Freiheit nun ist die schöne Kunst erst wahrhafte Kunst und löst dann erst ihre *höchste* Aufgabe, wenn sie sich in den gemeinschaftlichen Kreis mit der Religion und Philosophie gestellt hat und nur eine Art und Weise ist, das *Göttliche*,

die tiefsten Interessen des Menschen, die umfassendsten Wahrheiten des Geistes zum Bewußtsein zu bringen und auszusprechen. (Hegel 1970b, S. 20f.)

Doch »in den gemeinschaftlichen Kreis« klingt durchaus verwandt mit dem, was Adorno selbst feststellt, nämlich dass das Kunstwerk »vom Betrachter Erkenntnis [fordert]: es will, daß man seiner Wahrheit und Unwahrheit innewerde« (ÄT, GS 7, S. 30). Adornos Frontalangriff auf Hegel, so wie Adorno ihn versteht, geht an Hegels Position vorbei. Hier eine ausführliche Formulierung der Kritik:

> Denn in der Tat erscheint das Kunstschöne in einer Form, die dem Gedanken ausdrücklich gegenübersteht und die er, um sich in seiner Weise zu betätigen, zu zerstören genötigt ist. Diese Vorstellung hängt mit der Meinung zusammen, daß das Reelle überhaupt, das Leben der Natur und des Geistes, durch das Begreifen verunstaltet und getötet, daß es, statt durch begriffsmäßiges Denken uns nahegebracht zu sein, erst recht entfernt werde, so daß der Mensch sich durch das Denken, als *Mittel*, das Lebendige zu fassen, sich vielmehr um diesen *Zweck* selber bringe. (Hegel 1970b, S. 27)

Hegel ist sich mithin der Möglichkeit einer solchen Interpretation seines Unternehmens nur allzu bewusst, und er legt größten Wert darauf, sich gegen sie abzugrenzen, insbesondere im Hinblick auf die Kunst:

> Und wenn auch die Kunstwerke nicht Gedanken und Begriff, sondern eine Entwicklung des Begriffs aus sich selber, eine Entfremdung zum Sinnlichen hin sind, so liegt die Macht des denkenden Geistes darin, *nicht etwa nur sich selbst* in seiner eigentümlichen Form als Denken zu fassen, sondern ebensosehr sich in seiner *Entäußerung* zur Empfindung und Sinnlichkeit wiederzuerkennen, sich in seinem Anderen zu begreifen, indem er das Entfremdete zu Gedanken verwandelt und so zu sich zurückführt. Und der denkende Geist wird sich in dieser Beschäftigung mit dem Anderen seiner selbst nicht etwa untreu, so daß er sich darin vergäße und aufgäbe, noch ist er so ohnmächtig, das von ihm Unterschiedene nicht erfassen zu können, sondern er begreift sich und sein Gegenteil. (Hegel 1970b, S. 27f.)

Sätze wie diese wirken vielleicht dialektisch so dicht und so dunkel, wie die dunkelsten Stellen bei Adorno, doch was Hegel hier zum Ausdruck bringen will ist, dass das Vorhandensein von begrifflicher Bestimmtheit in einem Kunstwerk dieses Kunstwerk nicht zur Darstellung oder Verkörperung eines Begriffs macht oder bedeutet, dass es begrifflich artikulierbar wäre, so als ließe es sich in Begriffe übersetzen. Kunst, so meint Hegel hier, ist offenkundig etwas anderes als, ja das Gegenteil von begrifflichem Denken, ohne dass er zugleich der Versuchung erliegt, sie in eine unbestimmte Fremdheit abzuschieben. Nur in ihrer Andersheit, indem sie einen sinnlich-affektiven Modus bereitstellt, den Geist zu verstehen, vollbringt sie etwas, was wesentlich für den Begriff ist, *was der Begriff jedoch nicht selbst vollbringen kann*, und zwar – genau wie Adorno es sehen würde – die Wahrung einer sinnlichen Dimension der Selbsterkenntnis, die nicht begrifflich fassbar ist, die jedoch in gewisser Weise von der Kunst intelligibel gemacht wird und die durch die Kritik als der innere Logos der Kunst artikuliert werden kann. Wenn es beispielsweise einem Kritiker gelingt, unsere Aufmerksamkeit darauf zu lenken, wie ein Autor, Komponist oder Regisseur die formale Organisation eines Kunstwerks beherrscht, dann wird uns damit nahegelegt, zu würdigen, wie in der entsprechenden narrativen Form eine Zweckmäßigkeit sichtbar wird, ein Zweck, der durch ebendiese formalen Eigenschaften und keine anderen erreicht werden soll. Darin tritt zutage, dass das ästhetische Objekt einen Begriff seiner selbst beinhaltet, der ihm seine Einheitlichkeit und letztlich eine interpretierbare Bedeutung verleiht. Es mag merkwürdig klingen, wenn man behauptet, dass Kunstwerke sich in diesem Sinne »ihrer selbst bewusst« sind, es handelt sich jedoch nur um eine elliptische Art und Weise auszudrücken, dass ihr jeweiliger Schöpfer sich des Zwecks, der mit der bestimmten Form, die er gewählt hat, erreicht werden soll, bewusst ist. In der populären Kunst mag ein solcher Zweck schlicht darin bestehen »lustige Situationen herzustellen« oder »dem Publikum auf eine Weise, die es genießen kann, Angst einzujagen«, er kann jedoch offenkundig auch ästhetisch anspruchsvoller sein. So kann er uns beispielsweise ein besseres Verständnis von etwas ermöglichen, etwa von den spezifischen Formen des Leidens, denen die Menschen im Spätkapitalismus ausgesetzt sind. Dies alles korrespondiert mit unserem impliziten Bewusstsein, dass es das ist, was wir tun, wenn wir die Erfahrung eines ästhetischen Objekts machen. »Implizites Bewusstsein« ist ebenfalls ein Begriff, der philosophisch aufwändig aufgeschnürt werden müsste, es gibt jedoch ein zwangloses Verständnis des Vorgangs, in dem eine solche potentielle Aufmerksamkeit explizit wird, nämlich wenn wir uns die Frage stellen, warum die formalen Elemente eines Kunstwerks so sind, wie sie sind. In einer solchen Art der ästhetischen Betrachtung drückt sich bereits eine Norm aus. Man kann diese Frage auf gute Art und Weise stellen und beantworten oder es sich dabei bequem machen, sie nachlässig, indifferent, voreingenommen oder selbstgerecht stellen. Das ändert nichts an der sinnlich-affektiven Kraft des Kunstwerks, die zwar auf seiner der Reflexion zugänglichen Form beruht, aber nicht auf diese reduzierbar ist. Diese Art, Kunst zu verstehen, und nicht ihre Reduzierung auf eine Spielart der Philosophie meint Hegel, wenn er sagt:

> Denn weil das Denken sein Wesen und Begriff ist, ist er [i. e. der Geist] letztlich nur befriedigt, wenn er alle Produkte seiner Tätigkeit auch mit dem Gedanken durchdrungen und sie so erst wahrhaft zu den seinigen gemacht hat. (Hegel 1970b, S. 28)

»Zu den seinigen gemacht« jedoch in ihrer spezifischen ästhetischen Seinsweise. Und diese Seinsweise ist trotz allem, was Hegel über das Ende der Kunst sagt, für die Philosophie unverzichtbar. Denn sie verkörpert auf spezifische Art und Weise die ruhelose Unzufriedenheit des Geistes mit sich selbst und seine Selbstnegation im Laufe der geschichtlichen Zeit, so wie Hegel in der *Phänomenologie* Formulierungen benutzt, die von Adorno stammen könnten, hätte dieser den Begriff des »reinen Ichs« als einen logischen und nicht als einen psychologischen oder subjektiven Begriff verstanden, so wenn Hegel »die ungeheure Macht des Negativen« hervorhebt, »die Energie des Denkens, des reinen Ichs«, um dann, noch näher bei Adorno, fortzufahren:

> Der Tod, wenn wir jene Unwirklichkeit so nennen wollen, ist das Furchtbarste, und das Tote festzuhalten das, was die größte Kraft erfordert. Die kraftlose Schönheit haßt den Verstand, weil er ihr dies zumutet, was sie nicht vermag. Aber nicht das Leben, das sich vor dem Tode scheut und von der Verwüstung rein bewahrt, sondern das ihn erträgt und in ihm sich erhält, ist das Leben des Geistes. Er gewinnt seine Wahrheit nur, indem er in der absoluten Zerrissenheit sich selbst findet. Diese Macht ist er nicht als das Positive, welches von dem Negativen wegsieht, wie wenn wir von etwas sagen, dies ist nichts oder falsch, und nun, damit fertig, davon weg zu irgend etwas anderem übergehen; sondern er ist diese Macht nur, indem er dem Negativen ins Angesicht schaut, bei ihm verweilt. Dieses Verweilen ist die Zauberkraft, die es in das Sein umkehrt. – Sie ist dasselbe, was oben das Subjekt genannt worden, welches darin, daß es der Bestimmtheit in seinem Elemente Dasein gibt, die abstrakte, d. h. nur überhaupt seiende Unmittelbarkeit aufhebt und dadurch die wahrhafte Substanz ist, das Sein oder die Unmittelbarkeit, welche nicht die Vermittlung außer ihr hat, sondern diese selbst ist. (Hegel 1970a, S. 36)

Diese Betonung der zentralen Stellung der Selbstnegation bei Hegel wirft unzählige und unüberschaubare Fragen auf, doch hat sie offenkundig eine Bedeutung für seine Kunstauffassung, die in seinem Verständnis von der Aufgabe des reflexiven Denkens in der Gegenwart eine unverzichtbare, ja paradoxerweise zentrale Rolle spielt. Zum Beispiel:

> Jetzt besteht darum die Arbeit nicht so sehr darin, das Individuum aus der unmittelbaren sinnlichen Weise zu reinigen und es zur gedachten und denkenden Substanz zu machen, als vielmehr in dem Entgegengesetzten, durch das Aufheben der festen, bestimmten Gedanken das Allgemeine zu verwirklichen und zu begeisten. Es ist aber weit schwerer, die festen Gedanken in Flüssigkeit zu bringen, als das sinnliche Dasein. (Hegel 1970a, S. 37)

Die Kritik an Adorno, dass er im Grunde das Kind der ästhetischen Bestimmtheit mit dem Bade der unzutreffenden Darstellung eines auf die Spitze getriebenen Begriffsdenkens ausschüttet, das man im hegelschen Idealismus vergeblich sucht, bedeutet nicht, dass Hegels Theorie der Kunst keine ernsthaften Defizite aufweist. So hatte Hegel beispielsweise keinerlei Verständnis dafür, wie die Ironie – die vorherrschende Trope der modernen Kunst in ihrem Verhältnis zur bürgerlichen Gesellschaft – sich traditionelle ästhetische Formen wie realistisches Erzählen oder lyrische Expressivität zu eigen machen und gleichzeitig außer Kraft setzen kann – man denke nur an Hegels geradezu hysterische Reaktion auf die Feier der Ironie bei Schlegel. Doch könnte man meiner Ansicht nach argumentieren, dass es sowohl in Hegels begrifflichem wie historisch-diagnostischem Denken Anknüpfungspunkte gibt, von denen aus man in eine solche Richtung weiterdenken kann, und zwar auf eine Weise, die der genuinen und spezifischen ästhetischen Autonomie gerecht wird, die Adorno in einem Zeitalter des Konsumrauschs und der Kulturindustrie zurecht gefährdet sieht.

Übersetzt von Andreas Fliedner

Literaturverzeichnis

Hegel, G. W. F. (1969): Wissenschaft der Logik I. In: G. W. F. Hegel: Werke. Bd. 5. Hrsg. v. Eva Moldenhauer/Karl-Markus Michel. Frankfurt am Main: Suhrkamp.

Hegel, G. W. F. (1970a): Phänomenologie des Geistes. In: G. W. F. Hegel: Werke. Bd. 3. Hrsg. v. Eva Moldenhauer/Karl-Markus Michel. Frankfurt am Main: Suhrkamp.

Hegel, G. W. F. (1970b): Vorlesungen über Ästhetik I. In: G. W. F. Hegel: Werke. Bd. 13. Hrsg. v. Eva Moldenhauer/Karl-Markus Michel. Frankfurt am Main: Suhrkamp.

Martin Saar
»Angel of Death«

1

Im Oktober 1986 erscheint das Album *Reign in Blood* der kalifornischen Thrash Metal-Band Slayer, die erst seit kurzem, nach einigen Jahren als legendär aggressive Live-Band, aus der Underground-Szene des harten Metal in die auch kommerziell interessante Zone der mit großem Aufwand von großen Plattenfirmen produzierten und distribuierten Musik vorgestoßen war. Rick Rubin, in seiner späteren Karriere einer der wichtigsten und kommerziell erfolgreichsten Musikproduzenten seit den 1980er Jahren, hatte Slayer nach einem Auftritt in Brooklyn für das von ihm erst kürzlich mitgegründete Def Jam-Label unter Vertrag genommen, das bis dahin ausschließlich Hip-Hop produziert hatte. Die unangefochtenen Stars dieser dagegen sehr weißen Vorstadtsubkultur waren Metallica, und es schien für das junge Label verlockend, die nächste erfolgreiche Band auch dieser Sparte groß zu machen.

Innerhalb dieses inzwischen globalen Genres hat *Reign in Blood* Populärkulturgeschichte geschrieben; es hat die damals üblichen Grenzen eines damals ganz jungen Musikstils entscheidend definiert, den auch handwerklichen Standard bezüglich Tempo des Schlagzeugs und der Rhythmusgitarren und den Sound von Gitarrensoli in eine bestimmte Richtung festgelegt und dieses Subgenre damit von kommerzieller und gefällig klingenden Varianten abgegrenzt, für die einige Zeit später Metallica selbst stehen würde. Slayer setzten 1986 einen kaum nachahmbaren Maßstab für Heaviness und Geschwindigkeit, nahmen entscheidende Impulse aus dem allmählich verblassenden Ostküsten-Punk auf und verdrängten die eher epischen oder blues-haften Anklänge an den Hardrock, der noch den Klangfarben der späten 1970er Jahre verhaftet war.

»Angel of Death«, der erste und mit 4:51 Minuten längste Song des Albums, geschrieben von Jeff Hanneman, beginnt mit einem enorm schnellen, treibenden Gitarrenrhythmus, der von einem ungewöhnlich trockenen, fast stolpernden Schlagzeugbeat (von Dave Lombardo) skandiert wird, ab der neunzehnten Sekunde ist ein wortloser, hoher Schrei (von Tom Araya) zu hören, fast atemlos gerufene und eher abschwächend abgemischte und kaum sprachlich erkennbare Gesangsstrophen münden in die als kurze Refrainsequenz dienende, mehrmals wiederholte und klar wiedererkennbare Zeile des Songtitels. Nach der zweiten Minute folgen retardierende Momente und ein Rhythmuswechsel, die in die für Slayer charakteristischen und fast eingängigen sägenden Gitarrenpartien münden, aus denen vor jedem neuen Taktbeginn verlangsamende, wie zurückfallende Akkorde aufsteigen, bevor der Beat wieder einsetzt. Ein ungewöhnlich schnelles Drumsolo, das die Grenzen des mit den menschlichen Füßen Möglichen am Double-Bass ausreizt (Ferris 2018, S. 96), und ein langes, nur halbrhythmisches, leicht assonantes Gitarrensolo schließen diese Passage ab, bevor nach einigen Strophen der Refrain wieder einsetzt und einige Male wiederholt wird, in Form eines bellenden Shoutens. Es folgen eine analoge Sequenz, erneut ein Gitarrensolo mit einem fast jaulenden Hochziehen der Akkorde (charakteristisch für den Stil von Kerry King und Jeff Hanneman). Den Schluss bildet erneut eine Strophe, dann mehrfach wiederholt die über den Sound gebellte Titelzeile.

Die erste Textzeile lautet »Auschwitz, the meaning of pain«, sie eröffnet und hätte doch auch schon das Ende sein können, so schwer und lyrisch unbeherrschbar ist der Topos des absoluten Grauens. Die zweite Zeile verteilt die Sprecher- und die Adressatenrolle für die folgenden Sätze durch die Personalpronomen: »The way I want you to die« (den »way« spezifiziert die Zeile »Slow death, immense decay«). Nach einigen Zeilen der Strophe sind die Rollen verteilt: ein »I«, nämlich des Täters der unaussprechlichen, aber im Folgenden detailliert aufgelisteten Gräueltaten, ein »you« ohne jede Chance zur Gegenwehr, ausgeliefert und unaussprechliche Qualen vor Augen (»Smell your death as it burns/Deep inside of you«).

Die Hinweise auf experimentelle oder quasi-wissenschaftliche Anordnungen machen es überdeutlich, wer hier der »Monarch to the kingdom of the dead« ist, »Infamous butcher/Angel of death«, nämlich Josef Mengele, dessen Gedanken in den wenigen Passagen aus der Perspektive des »I« selbst zur Darstellung kommen, der aber auch Gegenstand eines moralisch eindeutigen Kommentars ist (»Sadistic surgeon of demise«), auch wenn selbst in ihm die Vokabulare aus der Innen- und Außensicht auf unheimliche Weise ineinanderspielen (»Sadist of the noblest blood«), während später in der erzählenden Ansprache des Opfer-»you« der sadistische Täter als zweite Person auftaucht (»His face of death staring down/Your blood running cold«). Die Schlusspassage, d. h. der wiederholte Refrain, auf den auch musikalisch das Lied zuläuft, verlässt die Ich-Perspektive und enthält keine Selbstbeschreibung mehr, sondern nur das beschwörend-feststellend Urteil: »Angel of death/Monarch to the kingdom of the dead/infamous butcher/Angel of death«. Als ein Todesengel (mit allen biblischen

Konnotationen) wird der nur angebliche Arzt und nur angebliche Funktionserfüller wahrhaft benannt und damit zu dem erklärt, was er in Wahrheit ist, die ultimative Figur des Bösen, so wie Auschwitz, hier und anderswo, die ultimative Figur des menschengebrachten Leidens ist: »the meaning of pain«.

Es verwundert niemanden, dass ein ästhetisches Spiel mit solchen Realitätssplittern, mit denen sich jedes Spiel verbietet, makaber, ja abstoßend wirken muss. Auf der banalen Ebene der musikindustriellen Mechanismen haben die Mitglieder von Slayer dies noch vor Veröffentlichung des Albums erlebt, der hinter Def Jam stehende Musikkonzern CBS lehnte die Veröffentlichung aus Image-Gründen ab, die Suche nach einer Alternative, letztlich über die Kooperation mit Geffen Records, verbunden mit dem Branchen-Multi Warner Bros., verzögerte den Erscheinungstermin; und auch nach Erscheinen des Albums riß die Kritik nicht ab, sah sich die Band über Jahre mit dem Vorwurf moralischer Uneindeutigkeit, gar unverhohlenen Nazi-Sympathien konfrontiert (Ferris 2018, S. 92f.). Die auch in den folgenden Jahren immer wieder vorkommende Verwendung von zumindest NS-nahen Symboliken (Adler, Kreuz, Runenschriften), Hannemans bekannte Obsession mit Weltkriegsparaphernalia und eher achselzuckende Reaktionen auf die in den Interviews wiederkehrenden Fragen haben das Übrige dafür getan, den Verdacht einer scheußlichen Geschmacklosigkeit, wenn nicht furchtbaren Zweideutigkeit nie ganz ruhen zu lassen. Dass Hannemann, der 2013 gestorben ist, sein Songwriting als »history lesson« verstehen wollte, zeugt sicher auch von einer fast erschreckenden Naivität (Epstein 2016). Dass »Angel of Death« einer der bei den (überwiegend männlichen) Fans beliebtesten Songs ist und auf allen Konzerten der letzten Jahrzehnte den ersehnten rituellen Abschluss bildet, bei dem aus tausenden Kehlen der wiederholte Ruf »Angel of Death!« erschallt, verstärkt diese Unheimlichkeit noch.

2

Es liegt nicht auf der Hand, dass eine ästhetische Theorie solche Phänomene der Genre- und Populärkultur überhaupt sinnvoll angehen kann und dass nicht völlig zu Recht der moralische und politische Impuls gegen das Spiel mit dem bittersten Ernst und gegen die juvenile Geste der kalkulierten Provokation, die sich in dieser und ähnlichen populären Gattungen dauerhaft eingerichtet hat, diese Frage erledigt. Denn sie könnten Phänomene eines so anderen Rangs und einer so anderen Form sein, dass sie ästhetischer Kritik überhaupt nicht würdig wären. Für eine ästhetische Theorie, die hierzu dennoch nicht stumm sein will, könnten aber die folgenden drei theoretischen Gesten nützlich und orientierend sein.

Erstens wäre eine Orientierung an einem nichtidealen und illusionsfreien Verständnis kultureller Produktion sinnvoll, das anerkennt, wie wenig unschuldig alle ihre Produkte sind. Wenn es stimmt, dass »niemals ein Dokument der Kultur [ist], ohne zugleich ein solches der Barbarei zu sein«, ist das Problem der Zweideutigkeit der Kultur ein generelles, unvermeidbares (Benjamin 2010). Kulturelle Produktion findet statt in einem Raum, in dem historische und soziale Schuld, Ausbeutung und Gewalt immer schon herrschen und in dem auch keine Zonen gefunden werden können, in denen diese neutralisiert werden könnten. Dass dieser Schein oder diese Illusion in der Hochkultur noch eine gewisse Kraft hat, zeigt nur an, dass auch der Kulturbegriff der Gegenwart noch »bürgerlich« und der Blick auf Kultur, der hier eine freie Zone der Kontemplation und Distanz erwartet, selbst noch Teil des Problems einer Ideologie der Kultur oder des Ästhetischen ist.

Die Verstrickung in die Schuld-, Ausbeutungs- und Gewaltverhältnisse der Gesellschaft erfasst alle ihre Teilbereiche, keiner bleibt rein: »Kultur ist Müll.« (ÄT, GS 7, S. 459) Daraus folgt nicht, dass es keine Bewertungsstandards und keine Grade der Affirmation mehr gäbe, dass ein lustvolles Suhlen im Müll der Kultur und im Kommerz der Kulturindustrie allen anderen Projekten gleichgeordnet wäre. Aber diese Einstellung erlaubt zu sehen, dass sich der auch thematische Bezug auf das Unreine, Kompromittierte, Unversöhnte in den kulturellen Sparten aus der gesellschaftsweiten Verstrickung in Geschichte, Verbrechen und Verwertung ergeben muss, sei es explizit oder implizit und noch am häufigsten im Verschweigen und Dethematisieren. Ironischerweise können bestimmte drastische subkulturelle Formen an diesem Punkt unter dem verharmlosenden Schutz von Genrekonventionen unvermittelter, direkter, unverblümter sein.

Dass solche Projekte ständig in Gefahr geraten zu beschönigen, zu verharmlosen oder ihre Gegenstände zu feiern, ist ihr inhärent moralisch-ästhetisches Risiko. Zweitens hätte eine solche Theorie also ein Gespür dafür, dass das explizite Aufspüren dieser gesellschaftlichen Schmerzzonen in ihr Gegenteil, in nackte Komplizenschaft mit der Gewalt oder absolute Harmlosigkeit umschlagen kann. Die Ästhetik des Bösen und des Schocks dieser Subkulturen ist kulturhistorisch geschehen ein schwaches Echo der Koketterie mit Antibürgerlichkeit und Okkultismus, der schon die modernistischen Avantgarden ausgezeichnet hatte. Dass, was »bei Baudelaire als Satanismus sich gebärdet«, nichts sei als »negativ reflektierende Identifikation mit der realen Negativität des gesellschaftlichen Zustands«, dass »Weltschmerz« damit »zum Feind, der Welt«, überlaufe, bedeutet, dass selbst das beherzte Entfesseln der Negativität, das Zeigen auf die Wunde, keinen Schritt aus der Verstrickung heraustritt (ÄT, GS 7, S. 38). Was für den »Baudelaireschen Satanismus« gilt, nämlich dass er »von der Realität überboten, kindisch albern wurde«, gilt wohl auch für die drastischen populären Kunstformen. Sie sind in ihrem negativen Pathos unverhohlen aggressiv, aber meistens absolut harmlos, dunkler Kinderkarneval.

Drittens bleibt es aber wahr, dass eine Kultur auch dort etwas über sich lernen kann, wo sie nicht genau weiß, was sie tut und nicht alle Standards der öffentlichen Moral und der üblichen Bildsprache immer schon gelten. Die drastische Subkultur ist nicht nur Reaktion auf eine gesellschaftliche Wunde, sie ist selbst eine: »Im Vulgären kehrt das Verdrängte mit den Malen der Verdrängung wieder; subjektiv Ausdruck des Mißlingens eben jener Sublimierung, welche die Kunst als Katharsis so übereifrig preist und sich als Verdienst zuschreibt, weil sie spürt, wie wenig sie bis heute – gleich aller Kultur – glückte.« (ÄT, GS 7, S. 356) Ihrer Bild- und Formsprache nach regressive, anstößige, vulgäre Formen der Kulturproduktion bewahren damit paradoxerweise etwas von dem auf, womit auch die Gesellschaft als ganze nicht fertig geworden ist; sie sind das expressive Begleitphänomen unvollständiger, zerrissener Vergangenheitsbewältigung. Folglich machen sie kaum einen Schritt in Richtung Besser-verstehen oder gar Aufklärung, in kaum einer Hinsicht wären sie als Beiträge zur politischen Selbstverständigung brauchbar. Aber sie sind Symptome psychischer Energien und Komplexe, die in der offiziellen Kultur keine Auflösung finden konnten und vielleicht keine finden können. Dass sie sich generations- oder milieuspezifisch verteilen, ist möglicherweise auch ein Zeichen dafür, dass sich bestimmte Fortschritte oder Aufklärungen in der offiziellen Kultur längst nicht mit gesamtgesellschaftlichen Erledigungen verwechseln lassen sollten.

Für eine ästhetische und eine politische Kritik wird es darauf ankommen, ob es diesen drastischen, vulgären Ausdrucksformen gelingt, »Irrationales – die Irrationalität der Ordnung wie der Psyche – künstlerisch zu manifestieren, zu formen und damit stets in gewissem Sinn rational zu machen, oder Irrationalität zu predigen« (ÄT, GS 7, S. 89). Aber diese Entscheidung, dieses Urteil, lässt sich nicht für ein ganzes Genre oder eine ganze Subkultur treffen, und sie wird auch nicht bestimmte Themen wie den Massenmord als grundsätzlich unangemessen markieren. Sie muss sich am konkreten Fall vergewissern, ob sie hier einen kalkulierten Tabubruch oder aber einen gequälten Ausdruck des Bedürfnisses, dem Unbenennbaren einen Namen zu geben und es so zu bannen, findet. Eine ästhetische Theorie, die solche Reflexionen vornimmt, könnte zu dem Schluss kommen, dass es in einer ganz bestimmten Zeit in einer ganz bestimmten gesellschaftlichen Situation einmal richtig und nicht makaber gewesen sein kann, den Mörder einen Todesengel zu nennen, so laut und so oft, dass es niemand je vergißt.

Literaturverzeichnis

Benjamin, Walter (2016): Über den Begriff der Geschichte. In: W. B.: Werke und Nachlass. Kritische Gesamtausgabe. Bd. 19. Hrsg. v. Gérard Raulet. Berlin: Suhrkamp.
Epstein, Dan (2016): »How Slayer's Controversial ›Angel of Death‹ Changed Thrash Band Forever«. Auf: Rolling Stone online, 7.10.2016, https://www.rollingstone.com/music/music-features/how-slayers-controversial-angel-of-death-changed-thrash-band-forever-192311/
Ferris, D. X. (2018): Slayer 66 2/3: A Metal Band Biography. 3. Aufl. o. O.: 6623 Press.

Gerhard Schweppenhäuser
Ästhetische und soziale Autonomie nach Adorno

1 Kunstphilosophie und »ästhetische Erfahrung«

In ästhetischen Diskursen, die sich auf Adorno beziehen, dominieren drei Konzepte ästhetischer Erfahrung. Im ersten Konzept wird Ästhetik – im Geist Hegels – als philosophische Theorie der Kunst fokussiert. Unter *Kunst* werden alle Objekte verstanden, die Gegenstand einer ästhetischen Erfahrung werden können. Im Umkehrschluss heißt das: Ästhetische Erfahrungen gibt es nur mit Objekten der Kunst (Bertram 2016). Das zweite betont – im Geist der Avantgarde –, dass der ästhetische Erfahrungsmodus von den Handlungszwecken und vom Nutzen der Objekte distanziert: Erfahren werde deren Unbestimmbarkeit. Philosophisch zu reflektieren gelte es die Irritationskraft von *Kunst*; in ihrem Formgesetz manifestiere sich Vernunft im emphatischen Sinne, die es ermögliche, vom prekären Standpunkt einer ästhetischen Rationalität aus andere, außerästhetische Vernunftformen der Kritik zu unterziehen (Menke 2018; Feige 2018). Im dritten Konzept ist Ästhetik – im Geist der Phänomenologie – die philosophische Reflexion der Grundlagen und -formen des Erlebens und des Urteilens in Bezug auf natürliche und gestaltete *Umgebung*. Hier sind nicht nur Kunstwerke Gegenstände der Ästhetik, sondern auch das ästhetisierte Alltagsleben und die Natur (Böhme 2016). Ästhetische Erfahrung sei ›entgrenzt‹ und ›unabschließbar prozessual‹, weshalb der Begriff autonomer Kunst, wie ihn Heidegger, Gadamer und Adorno vertraten, erweitert werden müsse (Rebentisch 2006).

Ich möchte demgegenüber mit Blick auf Adorno die Verbindung von Ästhetik mit Sozialphilosophie wieder stärker akzentuieren.[1] Dass Kunst-

---

[1] Damit schließe ich an Ruth Sonderegger an, die zu Recht betont: »Wenn für Adorno in Sachen Kunst überhaupt etwas fest steht, dann ist es ihr Gesellschaftsbezug« (Sonderegger 2018, S. 18). Kunst sei »ein Produkt der funktionalen Ausdifferenzierung von Gesellschaft«, referiert Sonderegger mit Blick auf Weber und Durkheim, und mit Blick auf Marx fährt sie fort: »Darüber hinaus arbeiten Kunstwerke mit Materialien, Techniken und Themen, die der general intellect hergestellt oder zumindest bearbeitet hat. Im Übrigen

werke allein der Logik ihrer Form verpflichtet sind, war für ihn Resultat einer immanenten ästhetischen Entwicklung, deren gesellschaftliche und naturhafte Grundlagen ihr freilich nicht äußerlich bleiben. Es ist heute wahrlich kein Geheimnis mehr, dass ästhetische (Form-)Entwicklungen stets soziale Konditionen haben. Doch selbst wenn dies von niemandem bestritten wird, hat die systematische Verbindung von Ästhetik mit Sozialphilosophie im aktuellen Diskurs keineswegs die Präsenz, die sie bei Adorno noch hatte.

Die Verbindung von Ästhetik und Sozialphilosophie kommt in Adornos berühmter Formel zum Ausdruck, dass ein Kunstwerk immer zugleich etwas Autonomes und ein ›fait social‹ sei (ÄT, GS 7, S. 16, 340 und S. 374f.). Diese Formel hat ästhetische, kunstsoziologische und geschichtsphilosophische Aspekte: Kunstwerke artikulierten subjektive und objektive Erfahrungen und Erkenntnisse, und weil sie das nicht begrifflich, sondern anschaulich tun, artikuliere sich in ihnen immer auch ästhetische Freiheit.[2] Von hier aus gesehen, erweist sich der Gegensatz zwischen dem hegelianischen und dem phänomenologischen Konzept ästhetischer Erfahrung als vermittelbar: Diese ist nicht nur kunstimmanent – aber erst als (durch Denken begleitete) Erfahrung von Kunst wird sie jenes gesellschaftlichen Gehalts ästhetischer Praxis teilhaftig, der im ästhetisierten Alltagsleben als solcher nicht zur Erkenntnis gelangt, weil er durch seine kulturindustriellen Inszenierungen überdeckt wird.

---

gehorcht das Leben der Kunstwerke auf vielfache Weise der kapitalistischen Verwertungslogik, die allem einen Tauschwert zuordnet«.
2 Daniel Martin Feige (Feige 2017, S. 208) betont in Anknüpfung an Adorno die kontraintuitive Irritationskraft von Kunst, in deren Formgesetz sich Vernunft im emphatischen Sinne manifestiert: »Kunst als Kunst«, sagt Feige, ist »Ausdruck einer anderen Rationalität als der verkürzten Rationalität, die bloß nach dem Nutzen von Gegenständen fragt«. Für Kunstwerke gelte, »dass sie [...] in der Konstitution ihrer Elemente logisch und schlüssig sind, aber dennoch keinen außerästhetischen Kriterien der Logizität und Schlüssigkeit gehorchen. Es ist eine je individuell verkörperte [...] unvertretbare [...] und damit eine paradoxe Logizität. Kunst eignet somit ein gegenüber der gesellschaftlichen Realität gegenwendiges Moment: [...] nicht durch [...] manifeste Inhalte [...], sondern vielmehr durch ihre Form« (Feige 2017, S. 209).

2 Sozialfunktionalismus und Kulturalismus

Die Formel vom »Doppelcharakter der Kunst als autonom und als fait social« (ÄT, GS 7, S. 16) spielt auf Émile Durkheims sozialwissenschaftlichen Funktionalismus an. Soziale Phänomene firmieren dort als soziale *Fakten*, sie sollen empirisch-kausal überprüfbar werden. »Soziale Tatsachen« seien »allein durch soziale Tatsachen zu erklären« (Jetzkowitz/Stark 2003, S. 11; Durkheim 1995, S. 218). Soziale Interaktion sei funktional zu verstehen, der Rekurs auf substanzielle Begriffe erübrige sich. Sozialphilosophische Konzepte wie ›gesellschaftliche Antagonismen‹ oder ›historische Bewegungsgesetze‹ (die eine – stets auch problematisierte – Folie von Adornos Ästhetik-Diskurs bilden) werden im Funktionalismus als Relikte einer überholten Substanzen-Metaphysik verabschiedet. Zum Verständnis sozialen Geschehens wird nur noch nach den Verhältnissen der Akteure zueinander gefragt; der Funktionalismus ist insofern ein Relationalismus.[3] Doch was verbindet die Einzelnen und ihre Gruppe? Soziale Relationen finden nicht im luft- oder geschichtsleeren Raum statt, sie müssen als *Relationen von etwas* gedacht werden. Deshalb nahm Durkheim an, es gebe einen Rahmen, der die Akteure umschließt, und dieser ist ihm zufolge die Kultur. Über ihre Rituale würden Menschen in überindividuelle Formen eingebunden, sie vermittelten überlieferte Bewusstseinsinhalte der Gemeinschaft (Volbers 2014, S. 65).

Durkheim erklärte diese Überlieferung zur sozialen Tatsache, zu etwas »schlechthin Gegebene[m]« (Adorno 1976, S. 9); er fragte nicht nach den Widersprüchen, Brüchen und Entwicklungsmöglichkeiten darin. Mit Bezug auf Durkheims Kultur-Objektivismus sagt Adorno deshalb: »Gesellschaft wird [...] mystifiziert« (Adorno 1976, S. 14). Gegen den funktionalistischen Objektivismus besteht er u. a. auf einem Konzept *ästhetischer* Freiheit. Damit diese nicht selbst wie ein Mysterium wirkt, muss sie begründet werden. Adorno tut dies im historischen Sinne: Autonomie der Kunst, ihre »Verselbständigung der Gesellschaft gegenüber«, ist für ihn Ergebnis der Sozialgeschichte, er bezeichnet die Kunstautonomie als »Funktion des [...] *bürgerlichen* Freiheitsbewusstseins« (Adorno 1976, S. 14; Hervorh.: G.S.).

---

[3] Zur neukantianischen Begründung des Funktionalismus siehe Cassirer 1923, S. 149 und S. 295ff.

Wenn man so will, hat Adorno hier selbst eine sozialfunktionalistische Perspektive eingenommen. Aber eine kritische, denn er fasst die Strukturen gesellschaftlicher Wirklichkeit, welche die Relationen formen, eben nicht als Tatsachen. Dabei tritt er nicht für eine essentialistische Metaphysik ein; doch seine negative Metaphysik besteht darauf, dass etwas den sozialen Phänomenen zugrunde Liegendes gedacht werden muss, das als solches selbst nicht erscheint.[4] Andernfalls wären die sozialen Phänomene Erscheinungen von nichts. Adornos ästhetische Studien fragen, »wie das *Ganze* einer Gesellschaft, als einer in sich widerspruchsvollen Einheit, im Kunstwerk erscheint« (NzL, GS 11, S. 51).[5]

Die gesellschaftliche Dialektik der Kunst, die Adorno rekonstruiert, bewegt sich zwischen den Polen Freiheit und Determination. Freiheit der

---

4 Das traditionell-affirmative Metaphysik-Verständnis, das eine vergänglichkeitsresistente Transzendenz postuliert, wird in Adornos Kunstphilosophie im Modus der bestimmten Negation vergegenwärtigt: »Kunst ist der Schein dessen, woran der Tod nicht heranreicht.« (ÄT, GS 7, S. 48) Für Adorno ist »alle Kunst Säkularisierung von Transzendenz«, die »an der Dialektik der Aufklärung« (ÄT, GS 7, S. 50) teilhat, d. h., sich aus religiös-metaphysischen Bindungen befreit, um deren Last verändert am Leben zu erhalten.
5 Der Kunsthistoriker Norbert Schneider hat Adornos Kulturtheorie wegen ihres vermeintlichen ästhetischen Reduktionismus kritisiert: Adorno habe »das Kunstwerk« zum »Inbegriff seines Kulturbegriffs« gemacht, und aufgrund eines falschen normativen Kunstbegriffs würde er es »aus aller ökonomischen Determiniertheit heraushalten« (Schneider 2018, S. 70). Damit huldige Adorno »idealistischen Prämissen, im Glauben, es lasse sich ontologisch (und damit essentialistisch) etwas in den Werken von der Ökonomie Unberührtes, Nichtdepravierbares herausdestillieren« (Schneider 2018, S. 70). Der »Elitarismus seiner Theorie des Kunstwerks« mache Adornos Kulturbegriff unbrauchbar, so sehr auch die digitale »Vergnügungsbranche« manche der »düsteren Diagnosen« (Schneider 2018, S. 72) seiner Kulturindustriekritik zu bestätigen schienen. – Dass Adorno so aber gerade nicht argumentiert hat, wird u. a. in seiner Auseinandersetzung mit Huxleys *Brave New World* deutlich: Die Klage über die Dominanz des Technisch-Ökonomischen über die inneren Werte der Kultur lasse Huxleys kulturkonservative Dystopie unwahr werden, weil sie jene Dominanz nicht als Ergebnis konkreter historischer, in sich widersprüchlicher Produktionsverhältnisse entziffere. Stattdessen stimme Huxley in die kulturkritische »Klage über den unausweichlichen Untergang der Kultur« ein, die »der Verfestigung der verklagten Herrschaft Vorwände lieferte« (KG, GS 10, S. 118). Esther Leslie (2003) hat »die unvermindert dynamischen Potenziale einer marxistischen Kulturkritik« im Geiste Adornos gegen den kulturalistischen Trend der Kunstkritik der Gegenwart in Stellung gebracht: »Weil die Kultur nur inmitten sozialer Gegensätze existieren kann, entfaltet die Kritik der Kultur die inneren Aporien des Kunstwerks, welches selbst als aktiver Teil der gesellschaftlichen Realität erkannt wird. [...] Die Kritik demonstriert, dass erst der Eintritt gesellschaftlicher Realitäten in die Artefakte diese zum Leben erweckte und nur er sie am Leben erhält.«

Kunst ist konsequente Dysfunktionalisierung, ein Gebot der sich emanzipierenden Ästhetik. In dieser Hinsicht weist Adorno sozialfunktionalistische Verkürzungen ästhetischer Fragen zurück. Heute lässt sich das gegen den Kunst-Soziologismus von Pierre Bourdieu in Stellung bringen (Resch/Steinert 2003, S. 321f.). Gleichwohl geht Kunst aus einem sozialen Bedürfnis hervor, daher argumentiert Adorno auch gegen metaphysische Ästhetiken. Er will jedoch die philosophische Perspektive nicht ersetzen. Sachgehalte der Kunstwerke ließen sich zwar über Inhalte erschließen, doch ihre Wahrheitsgehalte würden wir nur durch Formanalyse begreifen, und die ist nicht durch den Hinweis auf ihre soziale Entstehung zu relativieren. So werden Argumente aus Philosophie und Soziologie zu einer geschichtsphilosophischen Ästhetik verbunden. Von seinen ersten Aufsätzen aus der *Zeitschrift für Sozialforschung* bis hin zu den Manuskripten der *Ästhetischen Theorie* geht Adorno von einer Korrespondenz zwischen dem Emanzipationsprozess der Kunstwerke und dem sozialen Emanzipationsprozess des bürgerlichen Subjekts aus. Beide Prozesse sind demnach vom gleichen, inneren Widerspruch gesellschaftlichen Fortschritts im Rahmen kapitalistischer Produktionsverhältnisse durchzogen. Die Autonomisierung der Kunstwerke verhält sich zur Autonomisierung des Subjekts in vieler Hinsicht antizipierend: auch im Hinblick auf ihr Scheitern. Ästhetische Emanzipation ist für Adorno insofern nicht Widerspiegelung der gesellschaftlichen Emanzipation, sondern ihr Modell.

3 Herrschaftskritik

An Adornos *Ästhetischer Theorie* fasziniert mich (vielleicht heute mehr denn je) die Verbindung der begrifflichen Rekonstruktion ästhetischer Erfahrung mit philosophisch fundierter Herrschaftskritik. Adornos kognitivistische Wahrheitsästhetik stellt etliche Aspekte ästhetischer Erfahrung zurück, die in kunst- und kulturphilosophischen Konzepten der Gegenwart adäquat beschrieben werden, nicht selten blendet sie sie auch ganz aus – aber ihr herrschaftskritischer Differenzierungsgewinn entschädigt dafür.

Jene Verbindung ist nicht selten ignoriert oder verkannt worden: teils mit banausischem Gestus wie im Kontext der aktionistischen Strömungen der Studierendenbewegung, teils mit philosophischem Raffinement. Letzteres ist im aktiven Missverstehen der *Ästhetischen Theorie* mitunter so weit gegangen zu unterstellen, Adorno würde dort der Abdankung kritischer, philosophisch-begrifflich operierender Rationalität das Wort reden; als hätte er – wie in einem posthum-postrationalen Manifest – dafür plädiert, dass ein mimetisches Sich-Überlassen an Kunstwerke den Platz kritischer Vernunft einnehmen solle.[6]

Die Behauptung, Adornos Kunstphilosophie besiegele seine Resignation vom sozialphilosophischen Projekt kritischer Theorie, liegt doppelt falsch – sowohl, was Adornos neomarxistischen Denkweg angeht als auch seine philosophisch-kritische Methode in der *Ästhetischen Theorie*. Ihr Autor hatte als Musikkritiker und Komponist begonnen; der Philosophie wandte er sich (vorbereitet durch den Mentor Kracauer) unter dem Einfluss der Lektüre des Ästhetikers Lukács, des Expressionisten Bloch und des Literaturtheoretikers Benjamin zu. Die in Adornos Spätwerk ausgearbeitete Kritik am begrifflich-identifikatorischen Denken ist eine immanent-begriffliche. Grenzen und Unzulänglichkeiten der (Kunst-)Philosophie werden dort philosophisch bestimmt, um Philosophie selbstreflexiv einen Schritt über die Herrschaft der Allgemeinbegriffe hinaus zu bringen. Adorno tut

---

6 Rüdiger Bubner hat Adorno unterstellt, er habe mit seinem kunstphilosophischen Projekt den Traum verfolgt, Theorie Kunst werden zu lassen. Da solch ein Traum niemals Wahrheit werden könne, habe Adorno statt dessen versucht, die Theorie zu ästhetisieren. Als »ästhetische Selbstverleugnung« der Begriffe verzichte seine »Philosophie lieber auf die Reflexion, die offenbaren würde, daß Kunst als Erkenntnis sich eben nur dem philosophischen Auge preisgibt« (Bubner 1980, S. 133). Doch Adorno zielte keineswegs darauf, seine Theorie ästhetisch werden zu lassen; vielmehr vermied er Termini wie »Kunstphilosophie« oder »Philosophie der Kunst« darum, weil er, wie Ruth Sonderegger (2019) treffend bemerkt, »das Naturschöne, welches gewöhnlich dem Kunstschönen entgegen gesetzt wird, als integralen Bestandteil der Kunst begreift«. – Ähnlich abstrus wie Bubners Lesart war die bald darauf vorgetragene von Jürgen Habermas: »die ›Ästhetische Theorie‹ besiegelt [...] die Abtretung der Erkenntnis-Kompetenzen an die Kunst. [...] Adorno zieht den theoretischen Anspruch ein: *Negative Dialektik* und *Ästhetische Theorie* können nur noch ›hilflos aufeinander verweisen‹« (Habermas 1981, S. 514; das Zitat stammt aus einem Aufsatz von Thomas Baumeister und Jens Kulenkampff aus dem Jahr 1973). »Absichtlich«, lautete Habermas' verständnisloses Fazit, »regrediert das philosophische Denken, im Schatten einer Philosophie, die sich überlebt hat, zur Gebärde« (Habermas 1981, S. 516). – Die Adorno-Bilder von Bubner und Habermas genossen in der akademischen Sphäre jahrzehntelang großes Prestige. »Liest man solche Sätze heute«, schreibt Richard Klein rückblickend, dann »ist kaum mehr nachzuvollziehen, warum sie so lange Zeit als ›neue‹ Wahrheit über die ›alte‹ kritische Theorie gelten konnten. [...] Adorno mag von Nietzsche gelernt haben, dass bestimmte Kunstwerke der Philosophie zuweilen mehr zu denken geben als das, was philosophisch an den Universitäten geschieht. [...] Nur: Dass daraus ein generelles Privileg von Kunst gegenüber Philosophie abzuleiten wäre, das sie dazu ermächtigt, eine Wahrheit auszusprechen, zu der die Philosophie keinen Zugang mehr hat, lässt sich sogar aus der Ästhetischen Theorie nirgendwo ableiten« (Klein 2019, S. 557).

dies im klaren Bewusstsein, dass genau das aber nicht ohne Allgemeinbegriffe möglich ist. Zur adäquaten, repressionsfreien Beschreibung des ästhetisch Besonderen, Nicht-Identischen und Unwiederholbaren führe am Ende nur die Reflexion ästhetischer Erfahrung im Medium des Begriffs, die allerdings nicht subsumtiv verfahren dürfe, sondern konstellativ anzulegen sei.

In der Moderne ist das Gegenstück zur Kunstautonomie ihre Warenform. Dem Imperativ der ästhetischen Innovation folgend, nimmt Kunst sie an, um sich, gemäß und im Namen ihrer eigenen Formgesetze, der Kommodifizierung zu entziehen und durch ›ästhetische Distanzierung‹ (ÄT, GS 7, S. 40) dagegen zu protestieren. Der Fetischcharakter der Ware ist Adorno zufolge das Modell des Neuen in der Kunst (ÄT, GS 7, S. 41). Und hier sieht er einen Konvergenzpunkt von ästhetischer und philosophischer Avantgarde: Das Neue »intendiert Nichtidentität, wird jedoch durch Intention zum Identischen; moderne Kunst übt das Münchhausenkunststück einer Identifikation des Nichtidentischen« (ÄT, GS 7, S. 41). Solche reflektierte ästhetische Erfahrung ist bei Adorno ein Modell der gesellschaftstheoretischen, auf kritische Praxis zielenden Erfahrung realer Unterwerfung im Rahmen der Herrschaft einer Produktionsweise, die – bei aller Zweckrationalität – im Hinblick auf die Zwecke der Menschheit irrational sei.

In immer neuen diskursiven Kreisbewegungen wird in der *Ästhetischen Theorie* rekonstruiert, wie ästhetische Autonomie sich aus den sozialen, ursprünglich herrschaftlichen Funktionen von Kunstpraxis emanzipiert hat und wie sie, im Zuge dieser Emanzipation, sowohl Freiheit der Form realisiert als auch die Erwartung real verwirklichter Freiheit enttäuscht. Dabei halte sie der Freiheit aber gleichzeitig die Treue, indem sie ihr Formprinzip gegen jenen Funktionalisierungs- und Verwertungszwang verteidigt, dem sie ihre soziale Existenzberechtigung verdankt. Adorno sah in dieser Dialektik der ästhetischen Moderne den sachlichen Grund der Wiederkehr einer älteren ästhetischen Paradoxie: Kunstwerke sind gemacht, sollen aber gleichzeitig, so will es die Rezeption, um ihrer selbst willen da sein. Wenn ihnen ein Quasi-Subjektstatus zugesprochen wird, liege zwar eine Projektion vor, die von den rezipierenden Subjekten ausgehe, aber diese Projektion sei zugleich auch eine Antizipation eines Zustands jenseits von Verdinglichung. Auch wo sie dies nicht reflektiere, sei sie immerhin eine Stellvertreterin des Konzepts vom »Vorrang des Objekts« (ÄT, GS 7, S. 384, 477 und S. 479).

Dass jene Projektion sowohl ein Ideologem ist als auch ein Wahrheitsmoment von Kunstproduktion und -rezeption enthält: Das ist nach den

Bewegungen im 20. Jahrhundert (Avantgarde, Reihenkomposition, serielle Bildproduktion, Aleatorik, Informel, Happening, Fluxus, Performance und Minimalismus) fraglich geworden. Man kann dies als legitime Folge der stetigen Auflösung der Grenzen zwischen Betrachtenden und Werk in der Kunst der Postmoderne interpretieren:[7] Die Auflösung habe geholfen zu erkennen, dass ästhetische Autonomie nicht objektivistisch zu verstehen sei (Rebentisch 2006, S. 1). Aus dieser Sicht ist es nicht unbedingt ein Anzeichen des Autonomieverlusts einer kulturindustriell kolonisierten ästhetischen Sphäre, wenn die Grenzen zwischen Kunstwelt und ästhetisierter Lebenswelt verschwinden. Die »modernistische Kritik« habe »die sogenannte ›Einbeziehung‹ des Betrachters mit dessen Verfügung über das Objekt« (Rebentisch 2006, S. 1) gleichgesetzt. Doch mit dem Konzept demokratischer Partizipation der Betrachter*innen, die an die Stelle der Deutungshoheit von Expert*innen trete, gehe nicht notwendig einher, dass ästhetische Erfahrung zur Facette eines kommodifizierenden Konsumismus herabgestuft würde. Man kann die ›Entgrenzungstendenzen‹ somit als letzte Stufe der Vermittlung würdigen, und man kann den erweiterten Zugang zu ästhetischer Erfahrung als soziale Errungenschaft zu schätzen wissen, durch die Menschen in die Gestaltung ihrer Lebenswelt involviert werden. Doch selbst dann, würde ich sagen, sollte man mit Adorno auch weiterhin nach der Möglichkeit eines *Anderen* fragen. Partizipation ist im Kunstbetrieb der Gegenwart gewiss ein ›fait social‹, aber wie weit ist es mit ihrer Selbstbestimmtheit her? Es bleibt fraglich, ob dem radikalen Gedanken an das Projekt gesellschaftlicher Autonomie damit gedient ist, dass ihre ästhetische Stellvertreterin ganz in eine unendliche Reflexion eingespannt bleibt.

---

7 Mit den »Entgrenzungstendenzen in der Kunst« geht, Juliane Rebentisch zufolge, »die prinzipiell unabschließbare Prozessualität der ästhetischen Erfahrung« einher, »durch welche die Werke in ihr entgrenzendes Werk gesetzt werden«. »In ihrer erfahrungsästhetischen Fassung steht [...] Kontextreflexivität in keinem Gegensatz zu ästhetischer Autonomie [...]: Sie ist Teil einer spezifisch ästhetischen Operation der Reflexion, durch welche die Werke sich als ästhetische konstituieren [...]. Darin aber erweist sich [...] die Abhängigkeit der Kunstwerke von der Performanz der ästhetisch Erfahrenden« (Rebentisch 2006, S. 7).

Literaturverzeichnis

Adorno, Theodor W. (1976): »Einleitung«. In: Émile Durkheim: Soziologie und Philosophie. Frankfurt am Main: Suhrkamp, S. 7–44.
Bertram, Georg W. (2016): Kunst. Eine philosophische Einführung, 3. Aufl. Stuttgart: Reclam.
Böhme, Gernot (2016): Ästhetischer Kapitalismus. Berlin: Suhrkamp.
Bubner, Rüdiger (1980): »Kann Theorie ästhetisch werden? Zum Hauptmotiv der Philosophie Adornos«. In: Burkhardt Lindner/W. Martin Lüdke (Hrsg.): Materialien zur Ästhetischen Theorie Theodor W. Adornos. Frankfurt am Main: Suhrkamp, S. 108–137.
Cassirer, Ernst (1923): Substanzbegriff und Funktionsbegriff. Untersuchungen über die Grundfragen der Erkenntniskritik. Berlin: Bruno Cassirer.
Durkheim, Émile (1995): Die Regeln der soziologischen Methode. Frankfurt am Main: Suhrkamp.
Feige, Daniel Martin (2017): »Videospiele im Spannungsfeld von Kunst und Kulturindustrie«. In: Gerhard Schweppenhäuser/Martin Niederauer (Hrsg.): Kulturindustrie: Theoretische und empirische Annäherungen an einen populären Begriff. Wiesbaden: Springer, S. 201–219.
Feige, Daniel Martin (2018): »Das Altern der Musikphilosophie Adornos?«. In: Musik & Ästhetik 2, S. 101–108.
Habermas, Jürgen (1981): Theorie des kommunikativen Handels. Bd. 1. Frankfurt am Main: Suhrkamp.
Jetzkowitz, Jens/Stark, Carsten (2003): »Zur Einführung: Der Funktionalismus und die Frage der Methodologie«. In: Jens Jetzkowitz/Carsten Stark (Hrsg.): Soziologischer Funktionalismus. Zur Methodologie einer Theorietradition. Opladen: Springer, S. 7–16.
Klein, Richard (2019): »Deutschland II: Philosophie plus politische Resonanz«. In: Richard Klein/Johann Kreuzer/Stefan Müller-Doohm (Hrsg.): Adorno-Handbuch. Leben – Werk – Wirkung. 2. Aufl. Stuttgart/Weimar: J. B. Metzler, S. 554–568.
Leslie, Esther (2003): »Die Kunst der Kritik«. In: jungle world, 17.09.2003. https://www.jungle.world/artikel/2003/38/die-kunst-der-kritik, besucht am 10.05.2019.
Menke, Christoph (2018): »Die Möglichkeit der Ästhetik«. In: Juliane Rebentisch (Hrsg.): Denken und Disziplin. Workshop der Deutschen Gesellschaft für Ästhetik. http://www.dgae.de/kongresse/das-ist-aesthetik/, besucht am 14.02.2019.
Rebentisch, Juliane (2006): »Autonomie? Autonomie! Ästhetische Erfahrung heute«. In: Sonderforschungsbereich 626 (Hrsg.): Ästhetische Erfahrung: Gegenstände, Konzepte, Geschichtlichkeit. https://www.geschkult.fu-berlin.de/e/sfb626/veroeffentlichungen/online/aesth_erfahrung/aufsaetze/rebentisch.pdf, besucht am 10.05.2019.
Resch, Christine/Steinert, Heinz (2003): »Kulturindustrie: Konflikte um die Produktionsmittel der gebildeten Klasse«. In: Alex Demirovic (Hrsg.): Modelle kritischer Gesellschaftstheorie. Traditionen und Perspektiven der Kritischen Theorie. Stuttgart/Weimar: J. B. Metzler, S. 312–339.

Schneider, Norbert (2018): »Was bleibt von Adornos Kulturkritik?«. In: Sebastian Baden/Christian Bauer/Daniel Hornuff (Hrsg.): Formen der Kulturkritik. Paderborn: Wilhelm Fink, S. 61–73.
Sonderegger, Ruth (2016): »Kritisieren statt klassifizieren. Adornos Kaleidoskop«. In: Marc Grimm/Martin Niederauer (Hrsg.): Ästhetische Aufklärung. Kunst und Kritik in der Theorie Theodor W. Adornos. Weinheim/Basel: Beltz Juventa, S. 18–35.
Sonderegger, Ruth (2019): »Zu_Adornos_ästhetischer_Theorie«. https://www.academia.edu/11793229/Zu_Adornos_ästhetischer_Theorie, besucht am 10.05.2019.
Volbers, Jörg (2014): Performative Kultur. Eine Einführung. Wiesbaden: Springer.

Martin Seel
»Philosophie wäre erst zu komponieren«

In einem Artikel zu Adornos 60. Geburtstag hat Jürgen Habermas den Denkstil des Geehrten in der *Frankfurter Allgemeinen Zeitung* vom 11. September 1963 seinerzeit so beschrieben:

> Adorno macht gegen die starre Logik des deduktiven Zusammenhangs Front; er fordert, daß in einem philosophischen Text alle Sätze gleich nahe zum Mittelpunkt stehen sollen. [...] Der Gedanke, der in eine Sache gerade darum eindringt, weil er den Resonanzboden des Subjekts, von dem er ausgeht, in seine Schwingungen mit aufnimmt, kann die eigene logische Genesis nicht regelrecht nachweisen. [...] Diesem Verzicht auf die lückenlose Beweisführung entspricht der auf das zwingende Rechtbehaltenwollen. (Habermas 1971, S. 178f.)

Habermas bezog sich hierbei drei Jahre vor dem Erscheinen der *Negativen Dialektik* und sieben Jahre vor dem Erscheinen der *Ästhetischen Theorie* auf eine Passage in Adornos *Minima Moralia*. »Dieses Hauptwerk« Adornos, schrieb Habermas, »ist eine Sammlung von Aphorismen. Sie darf getrost, als wäre sie die Summe, studiert werden« (Habermas 1971, S. 178).

Unter dem Stichwort »Für Nach-Sokratiker« heißt es in den *Minima Moralia*:

> Nichts ist dem Intellektuellen, der zu leisten sich vornimmt, was früher Philosophie hieß, unangemessener, als in der Diskussion, und fast möchte man sagen, in der Beweisführung, recht behalten zu wollen. Das Rechthabenwollen selber, bis in die subtilste logische Reflexionsform hinein, ist Ausdruck jenes Geistes der Selbsterhaltung, den aufzulösen das Anliegen der Philosophie gerade ausmacht. (MM, GS 4, S. 78)

»Es käme darauf an«, schreibt Adorno weiter, »Erkenntnisse zu haben, die nicht etwa absolut richtig, hieb- und stichfest sind – solche laufen unweigerlich auf die Tautologie hinaus –, sondern solche, denen gegenüber die Frage nach der Richtigkeit sich selber richtet« (MM, GS 4, S. 79).

In der *Negativen Dialektik* wird ein derart »konstellatives Denken«, wie es nun offiziell heißt, als eine radikal selbstkritische Form intellektueller Praxis porträtiert. »Denken braucht nicht an seiner eigenen Gesetzlichkeit sich genug sein zu lassen; es vermag gegen sich selbst zu denken, ohne sich preiszugeben; wäre eine Definition von Dialektik möglich, so wäre das als eine solche vorzuschlagen.« (ND, GS 6, S. 144) Dies ist eine recht exzentrische Definition dialektischen Denkens – und so ist sie gemeint. »Dialektik« steht hier für einen Gebrauch von Begriffen, der in allen Bestimmungen, die er gibt, in Erinnerung ruft und behält, was in ihnen unbestimmt oder doch unterbestimmt bleibt. Der Sinn und die Form philosophischer Reflexion liegen demnach darin, nicht allein die Interrelationen der jeweils behandelten *Gegenstände*, sondern zugleich diejenigen der *Begriffe* zu exponieren, die deren Physiognomie am ehesten aufzuschließen vermögen. Kraft *ihrer* Konstellationen bleibt philosophische Erkenntnis derjenigen ihrer *Gegenstände* auf der Spur. Dieses Vorgehen resultiert nicht in einer umfassenden Theorie oder einem geschlossenen System, sondern in einer offenen Konfiguration von Charakterisierungen, die stets zu *weiterer* Reflexion Anlass gibt. Auf diese Weise wird eine temporäre Einheit des Verstehens entworfen, die ihre aufschließende Kraft durch eine mitlaufende Vergegenwärtigung ihrer noch unerschlossenen Dimensionen gewinnt. »Das einigende Moment überlebt«, sagt Adorno deshalb am Beginn des »Konstellation« betitelten Abschnitts der *Negativen Dialektik*,

> ohne Negation der Negation, doch auch ohne der Abstraktion als oberstes Prinzip sich zu überantworten, dadurch, daß nicht von den Begriffen im Stufengang zum allgemeinen Oberbegriff fortgeschritten wird, sondern sie in Konstellation treten. Diese belichtet das Spezifische des Gegenstands, das dem klassifikatorischen Verfahren gleichgültig ist oder zur Last. Das Modell dafür ist das Verhalten der Sprache (ND, GS 6, S. 164).

Es ist die Sprache selbst, deren Entwicklung sich als eine permanent sich verändernde Konstellation von Unterscheidungen und Voraussetzungen vollzieht. »Wo eine Kategorie [...] sich verändert, ändert sich die Konstellation aller und damit wiederum eine jegliche.« (ND, GS 6, S. 169) Sprachliche Ausdrücke und Äußerungen gewinnen ihre Bedeutung nicht allein durch den Bezug auf isolierte Sachverhalte, sondern stets zugleich aus ihren dynamischen Beziehungen untereinander; nur vermöge dieser internen Relationen können sie Aufschluss über die Gegenstände geben, auf die sie sich beziehen. Unbefangenes Denken, so Adorno, lässt sich darauf ein, mit diesem Prozess sowohl mitzuhalten als auch in ihn einzugreifen. Dies verlangt die Fähigkeit und Bereitschaft, die Unabhängigkeit der jeweiligen Objekte gegenüber starren Schemata ihrer Bestimmung anzuerkennen. »Ihrer subjektiven Seite nach«, kommentiert Adorno, läuft Dialektik »darauf hinaus, so zu denken, daß nicht länger die Form des Denkens seine Gegenstände zu unveränderlichen, sich selber gleichbleibenden macht; daß sie das seien, widerlegt die Erfahrung« (ND, GS 6, S. 157).

Adornos Werk – und das heißt: seine Prosa – kann als ein fortwährendes Experiment damit gelesen werden, »Formen des Denkens« zu finden, die weder auf eine vorgegebene Ordnung der Dinge noch auf einen vorgeschriebenen Gang ihrer Erkundung festgelegt sind. Mehr noch als seine übrigen Schriften – mit Ausnahme der *Minima Moralia* – zeugt seine *Ästhetische Theorie* auch bereits in der seit 1970 vorliegenden Fassung von dem Bemühen, ihrem Gegenstand durch eine Form der Darstellung gerecht zu werden, die der Einheit, Divergenz und Dynamik seiner Dimensionen gleichermaßen zu entsprechen versucht.

Schließlich halten die Landschaften der Kunst seit jeher eine besondere Herausforderung für ihre theoretische Erkundung bereit. Denn allein Verhältnisbestimmungen können die Verhältnisse innerhalb der Sphäre der Künste angemessen bestimmen. Immer schon haben die Künste und ihre Hervorbringungen auf vielfältige Weise miteinander zu tun. Wie es mit einer von ihnen steht, lässt sich nur unter Bezug darauf sagen, wie sie zu anderen steht. Auch wenn es zutrifft, »daß die sogenannten Künste nicht untereinander ein Kontinuum bilden, das rechtfertigte, das Ganze mit einem ungebrochen einheitlichen Begriff zu bedenken«, wie Adorno in seinem Essay über »Die Kunst und die Künste« sagt (KG, GS 10, S. 447), ohne die Spannungen zwischen den Künsten und die Affären unter ihnen ist keiner von ihnen beizukommen – weder in der Begegnung mit ihnen noch in der Theorie ihrer Eigenart. Man kann mit einer Kunstform (oder der Eigenart anderer Dimensionen des Ästhetischen) nichts anfangen oder hat nur einen beschränkten Zugang zu ihr, wenn man nicht auch etliche der anderen zu schätzen weiß. Man versteht eine Kunstform nicht, wenn man nicht ihre, sei es ostentativen, sei es latenten Korrespondenzen mit den anderen Künsten und weiteren Dimensionen des Ästhetischen erkennt und anerkennt – wechselseitige Abhängigkeiten, die von einem Ranking unter den Künsten (und anderen ästhetischen Sphären) zwangsläufig verzeichnet werden, weswegen ihnen nur ein nicht-hierarchisches Denken beikommen kann. Es sind die Dissonanzen im Miteinander der Künste, die ihr Miteinander bestimmen; es ist die Einheit der Künste, die ihre Vielheit hervorbringt; es ist die Vielheit der Künste und ihrer Objekte, die diese Einheit beständig verwandelt.

Theorien dessen, was gemeinhin »Kunst« genannt wird, müssten deshalb eigentlich den Titel »Die Künste der Künste« tragen, da, selbst wenn sie vor allem *einer* Kunstform gewidmet sind, die anderen in größerem oder geringerem Maß längst bereits virulent sind. Die Künste, ob man es ihnen auf den ersten Blick ansieht oder nicht, können nicht anders, als sich andauernd aufeinander einzulassen und miteinander zu interagieren. Man denke nur an die Musikalität vieler Kunstformen, die selbst überhaupt nicht zu den Klangkünsten gehören, und erst recht an die Spielarten des Rhythmischen, die sich in jeder Kunstform und nahezu jedem Kunstwerk entdecken lassen. Überall haben wir es mit Polaritäten von Gestaltungsmöglichkeiten zu tun, zwischen denen die Grenzen grundsätzlich auch dort fließend sind, wo Gegensätze der Verfahrensweisen unüberwindbar scheinen. Von vielen der stärksten künstlerischen Hervorbringungen – welcher Gattungszugehörigkeit(en) auch immer – kann man daher sagen, dass sie in ihrer Gestaltung die plurale Natur dessen, was wir gewohnt sind, »Kunst« zu nennen, auf ihre je eigene Weise ausspielen.

Um mit dieser Interaktion der Künste gedanklich mithalten zu können, bedarf es eines theoretischen Zugangs, der sein Spiel mit ihrem Spiel zu spielen vermag. Die konstellative Darstellungsweise, mit der Adorno seit seiner Ästhetik-Vorlesung im Wintersemester 1958/59 experimentiert hat, war hierfür geschaffen. Die verschiedenen Fassungen, Umarbeitungsstufen, Regiebemerkungen etc. – alles das, was in der textkritischen Edition ausgewählter Typoskripte der *Ästhetischen Theorie* sichtbar werden wird, dokumentiert Adornos zum Zeitpunkt seines Todes unabgeschlossene – und vielleicht unabschließbare – Suche nach einer Form der Theorie, die der Maxime hätte entsprechen können, die der Autor der *Negativen Dialektik* ausgesprochen hat: Philosophie, heißt es da beiläufig, wäre »erst zu komponieren« (ND, GS 6, S. 44).

Das Resultat dieser Versuchsanordnungen und ihrer bevorstehenden Rekonstruktion eine »Sammlung von Aphorismen« zu nennen, wäre jedoch eine gehörige Untertreibung. Aphorismen können isoliert gelesen und bedacht werden. In ihrer »Anderthalbwahrheit«, wie Karl Kraus es nannte, sind sie je für sich Startbahnen für eine geistige Ausschweifung mit unbekanntem Ziel. Eine konstellativ verfahrende Theorie eröffnet andere Wege. Sie stellt eine Einheit her, die – ähnlich wie bei dem Verfolgen eines Films – nur in dem Mitvollzug beständiger Perspektivenwechsel erfasst werden kann. Eine solche Darstellung »zwingt uns«, wie Wittgenstein im Vorwort seiner *Philosophischen Untersuchungen* sagt, »ein weites Gedankengebiet, kreuz und quer, nach allen Richtungen hin zu durchreisen« (Wittgenstein 2003, S. 7). Dies verlangt eine zugleich konzentrische, um die Stoffe der jeweiligen Theorie kreisende, und exzentrische, auf die vielfältigen Aspekte der betreffenden Gegenstände sich einlassende Denkbewegung, die nicht in einer übergreifenden Bestimmung zur Ruhe kommt.

In der neuen Edition wird eine Partitur zu lesen sein, die darauf wartet, in mäandrierenden Lektüren aufgeführt zu werden.

Literaturverzeichnis

Habermas, Jürgen (1971): »Ein philosophierender Intellektueller«. In: Jürgen Habermas: Philosophisch-politische Profile. Frankfurt am Main: Suhrkamp, S. 176–184.
Wittgenstein, Ludwig (2003): Philosophische Untersuchungen. Frankfurt am Main: Suhrkamp.

Tilo Wesche
Kunst als Notwehr
Über Gesellschaft und Ästhetik bei Adorno

Mit Kunst und Gesellschaftskritik wird in Adornos *Ästhetischer Theorie* scheinbar Unvereinbares vereint. Dieses Kunststück hat Adorno Einwände aus zwei Richtungen eingehandelt. Von Seiten der Gesellschaftstheorie kassiert er den Vorwurf, dass der Kunst für eine Kritik des Kapitalismus der Biss fehlt. Was können schon Partituren, Arien und Klaviersonaten gegen die versteinerten Verhältnisse des Kapitalismus ausrichten? Von Seiten der Ästhetik wiederum wird in das Horn der Tendenzkunst gestoßen. Es sei bestenfalls gut gemeint, Kunstwerke vor den Karren politischer oder moralischer Interessen zu spannen. Sie verlieren dadurch jedoch ihr unverwechselbares Eigenrecht, das sie gegenüber Politik und Moral auszeichnet.

Beide Einwände treffen zweifellos zu. Sie laufen bei Adorno indes offene Türen ein. Seine ästhetische Gesellschaftstheorie setzt eine Ebene tiefer an. Sie soll weder die konkreten Fragen gesellschaftlicher Konflikte beantworten; noch soll sie die praxisbezogenen Probleme der Kunstproduktion lösen. Vielmehr ist sie einer Grundlagenreflexion geschuldet, die das philosophische Konzept der Vernunft betrifft. Die Blaupause für seine ästhetische Gesellschaftstheorie stellt die Frage nach der Vernunft dar, die in einer häufig widervernünftigen Wirklichkeit realisiert werden soll. Wie lassen sich rationale Einstellungen unter Bedingungen ausbilden, die ihrer Ausbildung zuwiderlaufen?

Adornos Gesellschaftstheorie geht von der ernüchternden Beobachtung der Dialektik der Aufklärung aus: Dem sozioökonomischen, wissenschaftlichen und technologischen Fortschritt gehen unvermeidlich Rationalitätseinbußen einher. Wer eine solch desillusionierte Diagnose stellt, wird sicherlich nicht blauäugig auf die Kunst als Rettung setzen. Dieselbe ernüchternde Sicht, die jene Dialektik der Aufklärung festhält, schärft auch den Blick für die Kunst und ihr Vermögen der Gesellschaftskritik. Adorno ästhetische Gesellschaftskritik ist also nicht das Ergebnis eines weltfremden Wunschdenkens, sondern im Gegenteil die Einsicht eines kühlen Realitätssinns.

Der erste Abschnitt widmet sich Adornos Konzept der ästhetischen Vernunft (1.). Kunstwerke sind für Adorno konkrete Gestalten der Vernunft, weil sie eine Kritik an deren Pathologien ermöglicht. Der zweite Abschnitt wendet sich dieser ästhetischen Kritik zu und erläutert, was Kunstwerke zur Kritik befähigt (2.). Der dritte Abschnitt untersucht, welche Funktion die Kunst für die Gesellschaftskritik ausübt und auf welche Grenzen eine solche ästhetische Gesellschaftskritik dabei stößt (3.).

1 Ästhetische Vernunft

Zu den Weggabelungen, wo Theoriealternativen verschiedene Richtungen einschlagen, gehört die Unterscheidung zwischen dem identitätsphilosophischen und dialektischen Konzept der Vernunft. Die identitätsphilosophische Tradition reicht von Aristoteles über Kant bis zur Vielzahl von Positionen der analytischen Philosophie. Die dialektische Tradition hingegen verläuft von Platon über Hegel, Kierkegaard und Marx bis zu Adorno. In diesen Traditionen werden alternative Erklärungen dafür gegeben, wie es zur Verwirklichung der Vernunft kommt. Unter der Verwirklichung von Vernunft ist zu verstehen, dass rationale Einstellungen entstehen, mit denen Argumente gebildet und verstanden werden.

Dem identitätsphilosophischen Vernunftverständnis liegt der Gedanke zugrunde, dass sich die Vernunft kraft ihrer ›Selbstbewegung‹ (Aristoteles) oder ›Spontaneität‹ (Kant) *durch sich selbst* verwirklicht. Die Möglichkeit und Wirklichkeit der Vernunft sind in dem Sinne identisch, als die Möglichkeit von selbst in Wirklichkeit übergeht. Das Ziel ihrer Verwirklichung liegt im Vernunftvermögen selbst. Ihre Verwirklichung kann nur durch äußere Umstände gewaltsam blockiert werden. Bestehen hingegen günstige Umstände wie Rechtsgarantien, Wohlstand, Bildung und Sozialisation, so gibt sich die Vernunft selbst eine Wirklichkeit. Rechtsgarantien, Wohlstand, Bildung und Sozialisation sind demnach notwendige und zugleich *hinreichende* Wirklichkeitsbedingungen, unter denen das Vernunftvermögen notwendig zur Ausübung kommt. Die Frage nach der Verwirklichung der Vernunft wird hier durch die Erklärung beantwortet, wie sich solche günstige Umstände institutionalisieren, verfestigen oder stabilisieren lassen.

Pathologien der Vernunft werden vom identitätsphilosophischen Standpunkt als Privation, also ein Mangel an Positivem bestimmt. Sie erschöpfen sich in dem Mangel an günstigen Umständen, unter denen sich die Vernunft verwirklicht. Zwar strebt das Vernunftvermögen von sich aus zur Ausübung. Diese Ausübung wird aber durch fehlende Rechtsgarantien, ausbleibenden Wohlstand, geringe Bildung oder gestörte Sozialisation gewaltsam blockiert. Entscheidend ist, dass die Privationstheorie eine hinreichende Bedingung für den Begriff des Negativen sein soll. Vernunft verwirklicht sich hier ausnahmslos also deshalb nicht, weil die Bedingungen fehlen, unter denen sie sich verwirklichen kann. Für Pathologien der Vernunft, die trotz günstiger Umstände entstehen, bleibt kein Raum.

Eine alternative Erklärung für die Pathologien der Vernunft bietet die Dialektik. In der dialektischen Philosophie wird das Negative als *Widerspruch* bestimmt (vgl. ND, GS 6, S. 17 und S. 140). Pathologien sind hier nicht der Mangel eines Positiven, sondern eine gegenüber dem Positiven selbstständige Größe. Sie sind eine Kraft eigenen Wesens. Die Vernunft und ihre Pathologien stehen sich als zwei eigenständige Kräfte gegenüber, die in gegensätzliche Richtungen ziehen; sie stehen in einem Widerstreit zueinander.

Die dialektische Philosophie trägt der Tatsache Rechnung, dass Pathologien der Vernunft auch dann entstehen, wenn deren Wirklichkeitsbedingungen erfüllt sind. Auch im Fall von günstigen Umständen, unter denen sich das Vernunftvermögen ungehindert entfalten könnte, muss es nicht zu seiner Ausübung kommen. Pathologien der Vernunft gehen demnach nicht auf einen Mangel an Rechtsgarantien, Wohlstand, Bildung und Sozialisation zurück, sondern auf die Freiheit, mit der man sich ohne Not oder Zwang von der Vernunftausübung entlastet. Diese Freiheit berechtigt dazu, das Negative als eine eigenständige Größe zu bestimmen. Solche Pathologien, die aus Freiheit entstehen, lassen sich in ethischer Hinsicht als Gleichgültigkeit und in erkenntnistheoretischer Hinsicht als Selbsttäuschung bestimmen.[1] Beide, Gleichgültigkeit und Selbsttäuschung, sind unterschiedliche Erscheinungsformen derselben Pathologie, die darin besteht, dass man sich aus Freiheit von der Vernunftausübung entlastet.

Für die Theoriebildung ergeben sich dadurch erhebliche Verständnisschwierigkeiten. Wenn Pathologien nicht nur ein Mangel an Vernunft, sondern eine ihr gegenüber selbstständige Gegenkraft sind, dann ist für die Beantwortung der Frage, wie Vernunft zu ihrer Verwirklichung kommt, eine Erklärung vonnöten, ob und, falls ja, warum sie sich gegen ihre Pathologien durchzusetzen vermag. Es muss also bestimmt werden, was der Vernunft im Widerstreit mit ihren Pathologien zum Durchbruch verhilft. Vernunft verdankt ihre Wirklichkeit der Kraft, im Konflikt mit Pathologien die Oberhand zu gewinnen. Der Vernunftbegriff schließt deshalb ein Verständnis dessen ein, was dazu befähigt, Pathologien auszuhebeln. Die Bestimmung des Positiven (Vernunft) setzt somit eine Erklärung darüber

---

[1] In Wesche 2018 wird diese Auffassung näher begründet.

voraus, wie es gelingt, das Negative (ihre Pathologien) zu verneinen. Rationale Einstellungen entstehen, indem sie sich gegen Gleichgültigkeit und Selbsttäuschung durchsetzen. Dieser Negativismus hat die Struktur einer doppelten Negation und stellt eine Eigenart der dialektischen Philosophie dar. Er entfällt für die Identitätsphilosophie, der zufolge die Vernunft sich durch sich selbst verwirklicht; denn damit erklärt sich ihre Verwirklichung nahtlos mit der Erfüllung ihrer Wirklichkeitsbedingungen.

Dialektische Vernunft konkretisiert sich laut Adorno als ästhetische Vernunft. Kunstwerke vermögen rationale Einstellungen an die Stelle von pathologischen Entlastungen zu setzen. Zu dieser rationalisierenden Kraft sind sie aufgrund von drei Merkmalen in der Lage: (a) Macht, (b) Materialität und (c) Erfahrung.

(a) Adorno vertritt eine Machttheorie der Vernunft, die sich als Macht, Kraft oder Gewalt manifestiert. Dialektik hat »ihren Erfahrungsgehalt nicht am Prinzip sondern am Widerstand des Anderen gegen die Identität; daher ihre Gewalt« (ND, GS 6, S. 163). Im Widerstreit mit einer eigenständigen Gegenkraft muss die Vernunft ihren Vorrang in der Wirklichkeit erringen. Ihre rationalisierende Kraft ist in der Lage, die Wahrnehmungsverweigerungen, Immunisierungsstrategien und Realitätsleugnungen aushebeln und an ihre Stelle eine unverzerrte Sicht der Dinge treten lassen kann.

(b) Ästhetische Vernunft, die sich gegen jemandes Entlastung durchsetzt, stößt als Erfahrung zu. Kunstwerke können sich gegen Einstellungen einer Person geltend machen; sie kommen als Erfahrung über sie, überwältigen oder überfallen sie; ohne zu wissen, wie einem geschieht, wird man von ihnen umgeworfen, heimgesucht und gepackt. Adorno betont diesen passivischen Widerfahrnischarakter, indem er die ›geistige Erfahrung‹ zugleich als ›leibliche Erfahrung‹ beschreibt. Als geistige Erfahrung stößt sie Nachdenklichkeit an. Als leibliche Erfahrung macht sie sich mit geradezu körperlicher Wucht geltend, die allen absichtsvollen Einstellungen zuvorkommt.

(c) Ästhetische Vernunft materialisiert sich als Werk. Das Kunstwerk besitzt eine ›materialistische Dialektik‹ oder einen ›Vorrang des Objekts‹. Dies meint, dass die Vernunft ihren Ort nicht im Ich, sondern in der Welt hat. Vernunft ist nicht in einem Selbstverhältnis, sondern in der Weltbeziehung verankert. Vernunft wird von Praktiken und Gegenständen der Welt verkörpert, die rationale Einstellungen erzeugen. Rationale Einstellungen werden durch Kräfte mobilisiert, die sich laut Adorno insbesondere in den materiellen Werken der Kunst objektivieren. Er führt diese materialistische Dialektik als die »der Kunst immanente Dialektik von Rationalität und Mimesis« (ÄT, GS 7, S. 86) aus. Die Macht der Vernunft kann sich nicht anders als in einer Weltbeziehung manifestieren kann. Denn sie kann nicht aus Personen entspringen, die sich zugleich von einer Vernunftausübung entlasten. Es bleibt also einzig der Ausweg, dass die Macht der Vernunft außerhalb der Person, also in einer Weltbeziehung verankert ist. Die Freiheit zur Entlastung liegt im Subjekt. Die Macht der Vernunft verschafft sich wiederum gegen das Subjekt Geltung. Sie liegt außerhalb des Subjekts und kommt ihm als Weltbeziehung entgegen. Die Macht der Vernunft entspringt aus Quellen, die der Realität und insbesondere dem Kunstwerk innewohnen.

2 Ästhetische Kritik

Vernunft wird verwirklicht, indem rationale Einstellungen dort entstehen, wo man sich von ihnen zu entlasten sucht. Sie verwirklicht sich demnach in Gestalt von Kritik an der Entlastung. »Wenig übertreibt, wer den neuzeitlichen Begriff der Vernunft mit Kritik gleichsetzt.« (KG, GS 10, S. 785f.) Kritik muss imstande sein, Gleichgültigkeit und Selbsttäuschung auszuheben und in rationale Einstellungen zu überführen.

Eine Kritik an Gleichgültigkeit und Selbsttäuschung steht vor der besonderen Herausforderung, dass sie eine Empfänglichkeit für sie auf Seiten ihres Adressaten nicht voraussetzen kann, sondern zugleich miterzeugen muss. Gleichgültigkeit und Selbsttäuschung zeichnen sich durch eine Immunisierung gegenüber Argumenten, Erfahrung und Einwänden aus. Ihre Kritik stößt bei den Adressaten deshalb auf taube Ohren. Damit Kritik wirksam wird, muss sie ihren Adressaten für sich zugänglich machen.

Die Kritik muss ihren Adressaten auch erreichen und ihn deshalb für sich empfänglich machen. Dies gelingt, indem immanente und transzendente Kritik miteinander verschränkt werden. Einerseits erfüllt immanente Kritik den Standard der Rechtfertigung. Ihr Adressat muss der Kritik zustimmen können, indem sie sich aus der Rechtfertigungsperspektive argumentativ bewährt. Andererseits muss sie zum Adressaten gegen dessen Abwehr durchdringen.

Ganz ohne Wissen von außen [...] ist keine immanente Kritik fähig zu ihrem Zweck. [...] Es bedarf eines Anstoßes von außen [...]. Immanente Kritik hat ihre Grenzen daran, daß schließlich das Gesetz des Immanenzzusammenhanges eins ist mit der

> Verblendung, die zu durchschlagen wäre. Aber dieser Augenblick, wahrhaft erst der qualitative Sprung, stellt einzig im Vollzug der immanenten Dialektik sich ein, die den Zug hat, sich zu transzendieren. (ND, GS 6, S. 183)

Der ›Anstoß von außen‹ soll die Verblendung ›durchschlagen‹. Diese Durchschlagskraft muss in der Lage sein, ihre Abwehr zu durchbrechen. Transzendente Kritik setzt sich gegen die Entlastungsabsichten ihres Adressaten durch und manifestiert sich so als Macht, die eine Gegenkraft aushebelt. Sie muss die Wahrnehmungsverweigerungen, Immunisierungsstrategien und Realitätsleugnungen aufbrechen und sich gegen die Abwehr des Adressaten durchsetzen: Sie muss eine Macht entfalten, die den Adressaten überwältigt und bezwingt. Dies gelingt jedoch nicht dadurch, dass Argumente vorgerechnet werden oder man laut wird. Damit jemand für Gründe, Erfahrungen und Einwände zugänglich wird, bedarf es einer Kritik, die, nur scheinbar paradox, kraft ihrer Zurückhaltung eine Empfänglichkeit für sie miterzeugt.

Adorno sieht insbesondere Kunstwerke zu einer solchen Kritik in der Lage.[2] Wirksam wird Kritik in Gestalt von ästhetischer Kritik. Kunstwerke rationalisieren Einstellungen, indem sie ein Interesse an Erkenntnis entfachen, das an die Stelle von Selbsttäuschungen tritt. Diese rationalen Effekte werden erzielt, indem ein Verstehenwollen mobilisiert wird, das zuvor nicht bestand. Es wird ein Vernunftvermögen nicht nur entriegelt, das durch äußere Umstände blockiert war. Vielmehr wird ein Erkenntnisinteresse hervorgerufen, von dem man sich trotz günstiger Umstände entlasten kann. Das Interesse an Erkenntnis vermag sich gegen eine eigenständige Gegenkraft durchzusetzen, indem die Kunsterfahrung von ihrem Adressaten Besitz ergreift, sich seines Verstehenwollen bemächtigt. Kunst lässt Erkenntnis an die Stelle von Selbsttäuschungen treten und verwirklicht somit eine dialektische Vernunft, der zufolge sich Erkenntnis gegen ihre Entlastung durchsetzen muss.

Kunst gelingt eine solche Kritik kraft ihrer Autonomie. Ästhetische Kritik wird durch die Autonomie des Kunstwerks ermöglicht. Adornos Autonomieästhetik geht von der Annahme aus, dass Kunstwerke einen Selbstzweck haben:

> Kein Gemälde ist für den Beschauer, keine Symphonie für den Zuhörer, selbst kein Drama für das Publikum da, sondern zunächst *um seiner selbst willen*; nur durch dieses Moment, das man als ein säkularisiert theologisches beschreiben muß, also

---

[2] Siehe zur ästhetischen Kritik neuerdings Menke 2018.

nur sozusagen mit Hinblick auf das Absolute, und nicht etwa in einer unmittelbaren Beziehung auf die Menschen, existieren, sprechen [die Kunstwerke] überhaupt. (NL 4/3, S. 191; Hervorhebung T.W.)

Dass die Kunst frei von äußeren und fremden Zwecken ist, bedeutet nicht, dass Kunst keinerlei Zweck habe. Vielmehr ist damit gemeint, dass sie keinen anderen Zweck als sich selbst hat. Kunstwerken wohnt selbst ein Zweck inne, um dessenwillen sie wertvoll sind. Autonome Kunst zeichnet sich also durch ihren Selbstzweck aus. Welcher Zweck aber ist der Kunst selbst eingeschrieben?

Erkenntnis ist das Ziel, das dem Kunstwerk selbst innewohnt.

Fortlebende Mimesis, die nichtbegriffliche Affinität des subjektiven Hervorgebrachten zu seinem Anderen, nicht Gesetzten, bestimmt Kunst als eine Gestalt der Erkenntnis, und insofern ihrerseits als ›rational‹. Denn worauf das mimetische Verhalten anspricht, ist das Telos der Erkenntnis, das sie durch ihre eigenen Kategorien zugleich blockiert. (ÄT, GS 7, S. 86f.)

Erkenntnis macht den ›Geist‹ oder die ›Geistigkeit‹ der Kunst aus, die von Adorno den kunsthedonistischen Kategorien der ›Sinnlichkeit‹ und der ›Lust‹ entgegengesetzt wird. Der Selbstzweck der Kunst ist Erkenntnis. Sie ist in Kunst wertvoll nicht aus Gründen eines praktischen Nutzens, sondern ist an und für sich lohnenswert. Kunstwerke verstummen deshalb, sobald sie ein politisches, soziales oder moralisches Ziel befördern sollen. Dies bedeutet dabei keineswegs, dass ästhetische Erkenntnis keine nützlichen Folgen haben darf. Doch nicht erst die Folgen machen sie wertvoll. Kunst besitzt unabhängig von ihren Folgen einen Eigenwert für sich. Autonome Kunst erzeugt Erkenntnis nicht um eines anderen Nutzens, sondern um ihrer selbst willen.

Kunstwerke befähigen zur Erkenntnis kraft ihrer Autonomie. Erkenntnis entsteht als eine »objektiv erkennende Haltung, die bedeutende autonome Kunstwerke als die adäquate vom Betrachter, Hörer, Leser erwarten« (ÄT, GS 7, S. 360; vgl. ÄT, GS 7, S. 361). Kunstwerke bewirken, dass Selbsttäuschungen Erkenntnis weichen. Dies gelingt ihnen jedoch nicht deshalb, weil sie einen kritischen Anspruch vor sich hertragen und sich Kritik auf ihre Fahnen schreiben würden. Gegenüber einer solchen Tendenzkunst beispielsweise der engagierten Literatur zeichnet sich ästhetische Kritik durch ihre Autonomie aus. »Die kalte Distanz der Erzählung, die noch das Grauenhafte vorträgt, als wäre es zur Unterhaltung bestimmt, lässt das Grauen zugleich erst hervortreten.« (DA, GS 3, S. 98) Das Kunstwerk dient keinem Zweck des Überzeugens oder Überredens und drängt sich deshalb auch nicht auf. Aber ebendiese selbstgenügsame Zurückhaltung ermöglicht es, Selbsttäuschungen zu unterlaufen und jemanden für das, was vor seiner Schwelle verharrt, zu öffnen. »Nur durch Enthaltung vom Urteil urteilt Kunst.« (ÄT, GS 7, S. 188) Diese Zurückhaltung, nicht mit Forderungen zu konfrontieren, macht Kunst äußerlich verwechselbar mit Unterhaltung. »Amusement, ganz entfesselt, wäre nicht bloß der Gegensatz zur Kunst sondern auch das Extrem, das sie berührt.« (DA, GS 3, S. 164) Adorno hat für diese Kommunikation ohne belehrende Adressierung das Bild von der »Flaschenpost« (PhM, GS 12, S. 126) geprägt; sie erreicht einen Empfänger, ohne dass sie an ihn gerichtet ist.

Zur Erkenntnis befähigt, zusammenfassend gesagt, Kunst also nicht aufgrund ihrer Forderung, sondern deshalb, weil sie auf Mitteilungsabsichten verzichtet. »Gerade der Verzicht auf Einwirkung, durch welchen Kunst von der magischen Sympathie sich scheidet, hält das magische Erbe um so tiefer fest.« (MM, GS 3, S. 35) Es ist gerade dieser Verzicht auf Mitteilungsabsichten, der den Adressaten – nur scheinbar widersprüchlich – für das Dargestellte zugänglich macht. Kunstwerke entfalten eine Erkenntniskraft am ehesten, wenn sie nicht ins Schlepptau einer politischen oder moralischen Programmatik genommen werden. Sie verdanken ihre Erkenntniskraft der Autonomie, die darin besteht, dass die ästhetische Darstellung die Form eines Selbstzwecks annimmt.

3 Kunst als Notwehr

Ästhetische Kritik zeichnet sich durch Kontingenz aus. Zwar vermag Kunst, ein Interesse an Erkenntnis anzustoßen. Nüchtern betrachtet bleibt jedoch ein Rest von Kontingenz bestehen, der sich durch keine Aufklärung wegargumentieren lässt. Für diese Kontingenz verwendet Adorno den Begriff des Nichtidentischen oder des Nichtbegrifflichen; er markiert den Unterschied zur Identitätsphilosophie. Der Übergang von der Möglichkeit zur Wirklichkeit der Vernunft erfolgt nicht mit Notwendigkeit (s. o.), sondern kontingenterweise. Für diese Kontingenz gibt es zwei Gründe.

Erstens können Kunstwerke nur kontingente Effekte erzielen. Sie können zwar grundsätzlich Befangenheiten lösen und die Bereitschaft erzeugen, Gründe ernst zu nehmen. Sie können dies aber nicht erzwingen. Ob sich jemand neuen Argumenten öffnet, sich auf Denkanstöße einlässt und fremde Sichtweisen übernimmt, liegt letzten Endes an dessen Bereitschaft. Es bleibt unvermeidbar kontingent, ob die rationalisierende Kraft des Kunstwerks ihren Adressaten entweder durchdringt oder an ihm abperlt. Das Erkenntnisinteresse kann, muss aber nicht einen Vorrang gegenüber Erkenntnisentlastungen erlangen. Ähnlich, wie man sich ohne Not oder Zwang von der Vernunftausübung entlasten kann, vermag man sich aus freien Stücken zu ihr entschließen. Es liegt letztlich in der eigenen Hand, ob man sich für Gründe verschließt oder öffnet.

Diese Kontingenz ist jedoch vom Zufall des Voluntarismus ebenso weit entfernt wie von der Notwendigkeit eines Gesetzes. Sie erhebt sich »über die partikularen Kategorien Gesetz und Zufall« (ND, GS 6, S. 236). Es ist keineswegs bloß der Absicht überlassen, ob man sich vernünftig verhält oder nicht. Freiheit bedeutet nicht die voluntaristische Willkürfreiheit, zwischen Vernunft und ihren Pathologien zu wählen. Von dieser Beliebigkeit ist die Freiheit unterschieden, zu der Kunstwerke befähigen. Die Freiheit, sich auf Gründe einzulassen, hängt nicht in der Luft, sondern ist in der Erfahrung von Kunstwerken eingebettet. Weder der freie Wille noch Kunstwerke können jeweils allein rationale Einstellungen mobilisieren. Es bedarf vielmehr ihres Zusammenspiels. Kunstwerke befähigen zu rationalen Einstellungen nur dann, wenn ihnen die Bereitschaft korrespondiert, sich auf die rationalen Einstellungen einzulassen. Aufgrund dieser Freiheit erfolgt der Übergang von der Möglichkeit zur Wirklichkeit von Vernunft nicht aus Notwendigkeit, sondern mit Kontingenz.

Zweitens beruht Vernunft auf kontingenten Entstehungsbedingungen. Kunstwerke entstehen spontan im vorinstitutionellen Bereich. Sie lassen sich im Unterschied zu Rechten nicht institutionalisieren und können durch kultur-, sozial- oder bildungspolitische Maßnahmen allenfalls unterstützend flankiert, jedoch nicht erzeugt werden. Letztlich hängt es von der Bereitschaft williger Akteure ab, ob Kunstwerke überhaupt geschaffen werden. Weder Rechtsgarantien, noch Bildungsinstitutionen oder ökonomischer Wohlstand sind hier hinreichende Bedingungen (s.o.), unter denen die Bereitschaft zur Kunstproduktion und damit die Möglichkeit entstehen, dass sich rationale Einstellungen durchsetzen. Die Bereitschaft zur Kunstproduktion erfolgt vielmehr anarchisch; es kann, aber muss sie nicht geben. Weder können Gesellschaftsmitglieder sie voneinander erwarten; noch kann sie durch gesetzliche Einklagbarkeit oder Durchsetzungskraft erzwungen werden. Die Bereitschaft zur ästhetischen Produktion entsteht ungezwungen und unaufgefordert.

Trotz ihrer Kontingenz besitzt die ästhetische Kritik einen unersetzbaren Stellenwert für eine Kritik kapitalistischer Gesellschaften. Die Kritik richtet sich gegen eine Gleichgültigkeit, die im Kapitalismus vermehrt auftritt. Das Entstehen von Gleichgültigkeit wird in kapitalistischen Ordnungen durch zwei Eigenschaften befördert. Zum einen fällt Gleichgültigkeit auf fruchtbaren Boden, wo Gesellschaften sich wesentlich über Privateigentum reproduzieren.[3]

Zum anderen – und dies betrifft die ästhetische Kritik – immunisieren sich kapitalistische Ordnungen gegen die Kritik von Gleichgültigkeit. In ihnen verselbstständigt sich das Gewinnstreben zu einer entfesselten Verwertungslogik. Güter, Leistungen und Bedürfnisse geraten hier zunehmend unter den Druck ihrer »Verwertbarkeit« (MM, GS 4, S. 223). Sie dienen allein als Mittel für das Gewinnstreben. Das Gewinnstreben verselbstständigt sich zu einem Selbstzweck, dem Güter, Leistungen und Bedürfnisse nur noch instrumentell als Mittel dienen. Unter diesem ökonomischen Verwertungsdruck nun versiegen die Quellen, aus denen sich rationale Einstellungen speisen. Die Verwertungslogik lässt nur gelten, was als Mittel zur Gewinnsteigerung dient. Für einen Selbstzweck, wie ihn Kunstwerke verkörpern, ist hier kein Raum. Kunstwerke verdanken aber ihre Kraft zur Kritik von Gleichgültigkeit und Selbsttäuschungen der selbstzweckhaften Form. Die Verwertungslogik trocknet den ästhetischen Bereich selbstzweckhafter Kunst aus und verhindert somit, dass an die Stelle von Selbsttäuschungen Erkenntnis treten kann.

Unter dem Verwertungsdruck verlieren Selbstwecke und somit Kunstwerke ihre Bedeutung. Damit geht jedoch auch die Kraft zur Kritik und insofern die Möglichkeit verloren, rationale Einstellungen auszubilden. Die Verwertungslogik raubt jeder Praxis, die zum Selbstzweck erfolgt, ihr Recht. Sie nimmt auch der Kunst ihr Existenzrecht. Gegen diese Bedrohung erscheint Kunst als Notwehr. Kunst behauptet ihre Wirklichkeit in Abwehr einer Gegenkraft, durch die sie aufgelöst zu werden droht. Es kommt Adorno also darauf an, die Wirklichkeit der Vernunft vor dem Hintergrund der sie bedrohenden Zersetzung zu begreifen. Ästhetische Kritik nimmt nicht nur die Pathologien ins Visier, die im Kapitalismus entstehen. Gegen ihn macht sie zudem eine Existenz geltend, deren Vernünftigkeit jenseits von Nutzen und Verwertbarkeit liegt. Kunst verkörpert ein solches Vermögen, rationale Einstellungen dort entstehen zu lassen, wo die Anreize groß sind, sich von ihnen zu entlasten. Mit der zunehmenden Verwertungsdynamik wachsen auch die Rationalitätseinbußen im sozioökonomischen und technologischen Fortschritt, weil sie mit der Kunst eine rationalisierende Kraft abschneidet, sich gegen solche Einbußen zu wenden.

---

3 Siehe hierzu ausführlicher Wesche 2017.

Insoweit wird verständlich, weshalb in der Ästhetik sich Adornos dialektischer Negativismus erfüllt, demzufolge sich die Vernunft in der Gegenwehr zu ihrer Bedrohung verwirklicht. Kunst kommt zur Wirklichkeit nur durch die Einhegung ihrer Pathologien, oder anders ausgedrückt: Indem es also gelingt, die ihr widerstreitende Kraft des Negativen zu begrenzen, zu überwältigen.

In seiner *Ästhetischen Theorie* beschränkt sich Adorno auf eine Betrachtung der *ästhetischen* Vernunft. Gesellschaftskritik erschöpft sich jedoch nicht in Kunstwerken; so wäre mit seinen eigenen Mitteln über Adorno hinaus zu denken. Kunstwerke realisieren dabei eine Vernunftstruktur, die sich für weitere selbstzweckhafte Praktiken wie Kommunikation, Kultur und Kooperation generalisieren lässt.[4] In der Analyse von Kunstwerken lässt sich ein Allgemeines studieren, das auch für andere Bereiche gilt und hier eine Gesellschaftskritik ermöglicht.

Literaturverzeichnis

Angehrn, Emil (2014): »Dispositive des Negativen. Grundzüge negativistischen Denkens«. In: Emil Angehrn/Joachim Küchenhoff (Hrsg.): Die Arbeit des Negativen. Negativität als philosophisch-psychoanalytisches Problem. Weilerswist: Velbrück Wissenschaft, S. 13–36.
Menke, Christoph (2018): Autonomie und Befreiung. Studien zu Hegel. Berlin: Suhrkamp.
Theunissen, Michael (1983): »Negativität bei Adorno«. In: Ludwig von Friedeburg/Jürgen Habermas (Hrsg.): Adorno-Konferenz 1983. Frankfurt am Main: Suhrkamp, S. 41–65.
Wesche, Tilo (2011): Wahrheit und Werturteil. Eine Theorie der praktischen Rationalität. Tübingen: Mohr/Siebeck.
Wesche, Tilo (2017): »Gleichgültigkeit. Eine Sozialphilosophie der Selbsttäuschung«. In: Emil Angehrn/Joachim Küchenhoff (Hrsg.): Selbsttäuschung. Eine Herausforderung für Philosophie und Psychologie. Weilerswist: Velbrück Wissenschaft, S. 179–222.
Wesche, Tilo (2018): Adorno. Eine philosophische Einführung. Stuttgart: Reclam.

---

4 Zu den Praktiken der Kunst, Kultur und Kommunikation siehe Wesche 2011, 6. Kapitel.

Beat Wyss
Nur unzeitgemäßes Denken bleibt aktuell

1 Eine Lektüre mit biografischen Folgen

Adornos *Ästhetische Theorie* habe ich mir im Selbststudium beigebracht: Um 1977, als Assistent am Kunstgeschichtlichen Seminar einer damals dem Geist der Frankfurter Schule ziemlich fernen Universität Zürich. Immerhin war mir gestattet worden, ein Seminar über die ÄT abzuhalten. Der studentische Zuspruch war beträchtlich, wohl gerade wegen des exotischen *flairs* jenes Themas im Rahmen meines Faches, das damals hierzulande eher hemdsärmlig gelehrt wurde zum Zweck, aus den Eleven eines »Orchideenfachs« brauchbare Denkmalpfleger und Museumspädagoginnen zu machen. Ich war gut vorbereitet, denn zwei Semester zuvor hatte ich ein Seminar zu Hegels Ästhetik gegeben, auch durch dieses Monumentalwerk, abgeschieden im Studierzimmer am Zürichberg, mich tapfer durcharbeitend.

Bei Lektüre der 1586 Seiten starken, dreibändigen Suhrkampausgabe spornte mich die Vorstellung an, darin dem hegelschen Weltgeist nachzueifern, der sich durch viertausend Jahre Menschheitskultur von den Persern und Ägyptern, über die Griechen und Römer, zum Abendland hin vorgearbeitet hatte, dem Ende der Kunst entgegen, wo sich das Ansich der Natur in ein Fürsich des Denkens verwandeln würde.

Den Deutschen Herbst kannte man in Limmat-Athen vom Hörensagen. Wachsam waren die Behörden schon. Dass ich überhaupt Universitätsassistent werden durfte, verdanke ich der Nachsicht der Institutsleitung einem politisch Vorbestraften gegenüber. Als einer der ersten Schweizer Wehrdienstverweigerer vom Typ Achtundsechziger-Generation hatte ich drei Monate Einzelhaft im Zentralgefängnis Luzern hinter mir. So sass denn auch in der ersten Stunde des Hegel-Seminars ein älterer Beamter, der eifriger Notizen machte als alle Studentinnen und Studenten zusammen. Offenbar konnte dem Ministerium Unbedenklichkeit vermeldet werden, der Verdacht auf marxistische Agitation erwies sich als unbegründet, und der Beamte erschien nicht mehr zur zweiten Sitzung. Wie sagte Lenin: Vertrauen sei gut, besser aber die Kontrolle. Bei studentischen Lektüreseminaren jener Zeit war Wachsamkeit angezeigt.

Aus den ästhetischen Studien meiner Zürcher Assistenz sollte eine Habilitation werden. Das allerdings ging gründlich schief. Meine 1983 eingereichte Schrift *Trauer der Vollendung* wurde von der Kommission zurückgewiesen. Den Philosophen fehlte an der Arbeit das Philosophische, stand doch Ästhetik ohnhin im Verdacht, bloße Damenphilosophie zu sein. Den Kunsthistorikern wiederum fehlte das Kunsthistorisch-Kennerschaftliche in meinem Ansatz.

Ob bei der Zurückweisung auch politische Bedenken im Spiel waren, braucht mich heute nicht mehr zu interessieren. *Habent sua fata libelli.*

2 Suhrkampdiskurs

Die Habilkommission hätte sich bestätigt gesehen mit einem Blick auf mein BILLY-Bücherregal mit schütterer Handbibliothek. Es fehlten die kanonischen Bildbände der Kunstgeschichte, die ich mir halt nicht leisten konnte. Aber regenbogenfarben prangten die Taschenbücher von Suhrkamp, deren Lektüre im positivistischen Universitätsklima unter Verdacht künftiger Brotlosigkeit standen. »Diskurs« war ein Reizwort, Suhrkamplektüre der Stoff ewiger Studenten, die es allenfalls zum Taxifahrer bringen mochten.

Die *Ästhetische Theorie* Adornos hat einen schwarzen Einband mit gelben Lettern, Hegels dreibändige *Vorlesungen zur Ästhetik* hingegen sind klassisch weiss gehalten, bedruckt mit schwarzen Lettern. Dazwischen stehen die *Minima Moralia*, meine erste Begegnung mit Adorno. Der Primaner hatte die weiss gebundene Ausgabe im Büchergestell seines Vaters erstöbert. Da steht geschrieben, unter der Rubrik 29, »Zwergobst«, freigestellt als Losung, der Satz: »Das Ganze ist das Unwahre.« (Adorno 1951, S. 57) Dieser Satz wurde mir zum Rotstift, mit dem Hegels Ästhetik gegen den Strich zu markieren war. Hegel hat Kants *Kritik der Urteilskraft* zurückgewiesen: dessen Begriff des »interesselosen Wohlgefallens« bilde einen Rückfall zur starren Opposition zwischen erkennendem Subjekt und objektiver Natur. Statt der methodischen Skepsis, die Kants Transzendentalphilosophie an den Tag legt, setzt Hegel auf eine idealistische Metaphysik des absoluten Geistes. Bei dessen Arbeit des Begriffs erstand Kunst in schöner Mitte zwischen Natur und Geist als das »sinnliche Scheinen der Idee« (Hegel 1970, S. 151). Mit dem Kunstschönen eröffne sich das Reich des objektiven Idealismus. Die *Vorlesungen zur Ästhetik* illustrieren gleichsam den Weg, den Hegel in der *Enzyklopädie des Geistes* entwickelt hat: Erkenntnis beginne im Modus künstlerischer Anschauung, gehe über in den Modus religiöser Vorstellungskraft und vollende sich im philosophischen Denken. Dabei gelte: »Das Wahre ist das Ganze«, heisst es in der *Phänomenologie des Geistes*. »Nein!«, schrieb ich an den Seitenrand, »siehe Adorno: ›Das Ganze ist das Unwahre‹!«

Die *Ästhetische Theorie* bildet in der Tat die Krebsfigur zum hegelschen Systemdenken. Der Langstreckenleser in mir, der beide Werke gleich hintereinander durchlas, erfuhr beim Lesen, wie Adorno das geschichtsphilosophische Band, das der idealistische Hegel im Namen des Weltgeists geflochten hat, buchstäblich wieder auftrennt. Meine *Trauer der Vollendung* versuchte sich in diesen Krebsgang einzuschreiben, dem Hegel-kritischen Impetus folgend, der in der *Ästhetischen Theorie* steckt, ohne dabei die adornitische Diktion nachzuahmen. Der Respekt vor der Sprachkunst des Frankfurter Philosophen verbot mir solche Zudringlichkeit.

Das eingereichte Manuskript wurde von de Gruyter für unwissenschaftlich erklärt und an den Absender zurückgeschickt. Suhrkamp liess zu lange auf eine Antwort warten, und ich wollte doch, dem universitären Fiasko trotzend, schnell an die Öffentlichkeit. So kam es zur Genugtuung, dass mein Essai bei Matthes & Seitz zwei Auflagen erlebte und eine prächtige Neuauflage bei DuMont.

3 Mimesis gleich Poiäsis

Wer sich mit Adornos Philosophie beschäftigt, ist immer vor die Frage gestellt, wie weit sich dessen Schreiben mit dem nüchternen *parlando* des Kommentars vertrage. Es gibt Strecken in der *Ästhetischen Theorie*, die lassen sich nicht umschreiben, sondern können nur im Duktus des Autors, original, wiedergegeben werden. Der Leser hat sich in die Sprache Adornos zu versetzen. Es ist nicht nur die literarische Qualität der Texte, sondern das philosophische Konzept selber, das diese Wörtlichkeit aufnötigt. Ihrem antisystematischen Charakter verpflichtet, will sich diese Ästhetik nicht in griffige Thesen übertragen lassen. Das Mäandrierende bei Adorno hingegen soll langsam, Satz für Satz, fast zaudernd, gelesen sein wie ein Aphorismus oder ein Haiku-Gedicht.

Nachahmung ist die Bahn, die in dies Innere geleitet. (ÄT, GS 7, S. 191)

Das Performative in Adornos Schreibstil entspricht der Bewegung seiner negativen Hermeneutik. Das verstehende Nicht-Verstehen verläuft parallel zur ästhetischen Erfahrung eines Werks. Mimesis ans Material heißt: Das Gemachte wäre so nachzumachen, dass das Nachmachen ein neues Machen wird. Im Nachvollzug fallen Poiäsis und Mimesis in eins. »Machen Kunstwerke nichts nach als sich, dann versteht sie kein anderer, als der sie nachmacht.« (ÄT, GS 7, S. 190) Am Klarsten wird dieser Zusammenhang in der Musik: Ich lerne eine Komposition erst richtig verstehen, wenn ich sie selber spiele. Adorno spielte Klavier. Schon als Schüler nahm er Unterricht in Komposition bei Bernhard Sekles, dem Direktor des Frankfurter Konservatoriums, der dort die erste Jazzklasse einrichtete. Leider vermochte es der Lehrer ja nicht, seinem Schüler zu Jazz einen Zugang zu eröffnen. Doch das wäre ein anderes Thema.

Die *Ästhetische Theorie* bezieht sich oft auf Alban Berg, dessen Oper *Wozzek* Adorno bewogen hatte, in Wien ein musikalisches Aufbaustudium zu absolvieren. Das Klavierspiel vervollkommnete er bei Eduard Steuermann, einem Pianisten der Zweiten Wiener Schule. Schönbergs Zwölftontheorie wurde so zur Grundlage von Adornos Philosophie der Musik.

Schon mit seinem musikalischen Geschmack bezieht Adorno eine radikale Gegenposition zu Hegel, dem das Harmonische gefiel und daher die romantische Tonalität in Webers *Freischütz* vehement ablehnte, der für den *belcanto* eines Giacomo Spontini schwärmte und kein Verständnis für Beethoven, ja für Instrumentalmusik überhaupt, finden konnte.

4 Wider das ›Geistige in der Kunst‹

So geht Adorno, antihegelianisch, den Krebsgang von idealer Vollendung zum rohen Anfang zurück:

> Kunst bleibt übrig nach dem Verlust dessen an ihr, was einmal magische, dann kultische Funktion ausüben sollte. Ihr Wozu – paradox gesagt: ihre archaische Rationalität – büsst sie ein und modifiziert es zu einem Moment des An sich. (ÄT, GS 7, S. 192)

Stellt Hegel die Kunst vor die Aufgabe, die »harte Rinde der Natur« (Hegel 1970, S. 23) im sinnlichen Scheinen der Idee aufzubrechen, ahmt Kunst, nach Adorno, im Gegenteil, das ungebrochene Ansichsein der Dinge nach. Er rechnet mit dem Idealismus Hegels ab, indem er Kant rehabilitiert. Das Modell transzendentalen Erkennens wird auf die Ästhetik angewandt.

Adorno fordert die Gewaltentrennung zwischen einer künstlerischen Produktion, die ihren Regeln materieller Verfahren, und einer philosophischen Beobachtung, die ihren Regeln des reflexiven Denkens gehorchen. Erst durch dieses, in sich unabhängige, Zusammenspiel wird das Geistige an die Kunst herangetragen. Damit bricht Adorno mit phänomenologischer Tradition. Ein Gedanke mutet geradezu *derridistisch* an: »Sprache sind Kunstwerke nur als Schrift.« (ÄT, GS 7, S. 189) Das Werk sei allenfalls Kerbe, eine Spur, die begriffliches Urteilen und Deuten ermöglichen hilft. Wer Kritische Theorie und poststrukturalistische Dekonstruktion zusammendenken möchte, begibt sich auf das philosophische Minenfeld deutsch-französischer Konkurrenz – in aller Freundschaft. Daran hat die Verleihung des Adornopreises 2001 in Frankfurt an Jacques Derrida nichts geändert. Adornos *Negative Dialektik* und Derridas *Grammatologie* sind beide bei Suhrkamp herausgekommen. Entstanden waren die Texte gleichzeitig, in unabhängiger Zeitgenossenschaft.

> Mimesis ist in der Kunst das Vorgeistige, dem Geist Konträre und wiederum das, woran er entflammt. [...] Die Rationalität der Kunstwerke wird zum Geist einzig, wofern sie untergeht in dem ihr polar Entgegengesetzten. (ÄT, GS 7, S. 180)

Das Verhältnis von Produktion und Reflexion von Kunst bleibt unaufhebbar paradox. Es gibt kein endgültiges Verstehen:

> Die Werke sprechen wie Feen im Märchen: Du willst das unbedingte, es soll dir werden, doch unkenntlich. Unverhüllt ist das Wahre der diskursiven Erkenntnis, aber dafür hat sie es nicht; die Erkenntnis, die Kunst ist, hat es, aber als ein ihr Inkommensurables. (ÄT, GS 7, S. 191)

Das Kunstwerk ist ein solches nur, wenn es Vexierbild bleibt. Sein Rätselcharakter treibt jedes Verstehen-Wollen vor sich her und in die »prästabilierte Niederlage« ihrer Rezipienten (ÄT, GS 7, S. 184). Man nähert sich Kunst wie dem Regenbogen. »Das Rätsel lösen ist soviel wie den Grund seiner Unlösbarkeit angeben: den Blick, mit dem die Kunstwerke den Betrachter anschauen.« (ÄT, GS 7, S. 185) Ein Ausdruck des Widerstands gegen die herrschende Vernunft ist das Clowneske, jenes »mimetische Residuum in der Kunst« (ÄT, GS 7, S. 181). Das Alberne hält Gericht über die Torheit der Rationalität; sein Urteilsspruch ist absurdes Gelächter, das dem Publikum von Becketts *Warten auf Godot* im Hals stecken bleibt.

5 Ideologiekritik als Ideologie

In meinen Studienjahren mich durchaus in linken Kreisen bewegend, fand meine Wehrdienstverweigerung nicht ungeteilten Beifall. Den Genossen auf Parteilinie der III., aber auch der IV. Internationale, galten die Pazifisten als Weicheier. Lenin hätte doch die Bolschewistische Revolution, Mao den Langen Marsch nicht mit dem Schwenken weißer Fahnen gewonnen. Ohne Knarre in der Hand geht keine Revolution, war der abschätzige Bescheid. Mir blieb aktivistische Rechthaberei und Dogmatik unbehaglich, meine politische Sympathie galt Adorno, das studentische Kesseltreiben gegen den Professor in Frankfurt kannte ich nur aus Erzählungen, es war mir widerlich.

Ja, nach Auschwitz konnte man nicht weitermachen, wie zuvor. Aber damit waren die Gemeinsamkeiten zwischen den neulinken Aktivisten der siebziger Jahre und Adorno auch schon erschöpft. Die Genossen auf dem Marsch durch die Institutionen ließen allenfalls die *Dialektik der Aufklärung* gelten, wobei geflissentlich deren Warnung überlesen wurde, dass Aufklärung da, wo sie selbstgerecht wird, in Mythos umschlägt. Der kleinste gemeinsame Nenner bildete Adornos Kritik der Kulturindustrie, die den latenten Antiamerikanismus der Studentenbewegung bediente.

Da der ideologiekritischen Linken beliebte, das Wort »Kunstautonomie« niederzubrüllen, sobald es nur ausgesprochen war, sei hier das Argument in der *Ästhetischen Theorie* noch einmal geduldig und leise wiederholt. Kunstautonomie ist ein politischer Akt im dialektischen Sinn: Autonome Kunst wirkt politisch, gerade weil sie sich dem Dienst politischer Repräsentation entzieht. Die radikale Moderne wahrt die Immanenz derart, »dass Gesellschaft einzig verdunkelt wie in den Träumen in sie eingelassen wird, denen man die Kunstwerke von je verglich« (ÄT, GS 7, S. 336). Das Politische steckt unmittelbar im Werk und braucht somit nicht die ausdrückliche, verdoppelnde Bestätigung, dass sie auch wirklich politisch sei. Kritik erscheint in der Maske der Affirmation. Kunstwerke können nicht lügen, und wo sie es tun, straft ihr Misslingen die Lügen der Auftraggeber.

> Moderne ist Kunst durch Mimesis ans Verhärtete und Entfremdete. (ÄT, GS 7, S. 39)

Falsch ist es, die »gesellschaftliche Zuordnung von oben her« dem Kunstwerk einzutrichtern (ÄT, GS 7, S. 359). Dies schrieb Adorno jenen Ideologiekritikern ins Stammbuch, deren Kunstgeschmack sozialistischem

Realismus und Agitprop galt. Die Vorliebe für Propagandakunst in der Studentenbewegung verriet die kleinbürgerliche Herkunft einer Auffassung, die darauf pochte, dass Kunst sich gefälligst nützlich zu machen habe: »An Notwendigkeit sie zu messen, prolongiert insgeheim das Tauschprinzip, die Spießbürgersorge, was er dafür bekomme.« (ÄT, GS 7, S. 373) Adornos Mahnung ist höchst aktuell und trifft die gegenwärtig grassierende Mode, Kunst als Illustration von Genderdiskurs und politischer Korrektheit zu missbrauchen.

6 Epimetheus der Moderne

Theodor W. Adorno ist der letzte Moderne. Wie Epimetheus sühnt er, nachdenkend, seines Bruders, Prometheus', Feuerfrevel. In diesem mythopoiätischen Sinn unterzieht er die Grossen Erzählungen der Aufklärung von Kant, über Hegel bis Marx einer fundamentalen Kritik (Wyss 2009). Als Vertreter der Avantgarde-Generation hat Adorno die Überzeugung geteilt, dass der Umgang mit Kunst ein Schlüssel für gesellschaftlichen Fortschritt sei. Dieses, wie auch immer gebrochene, schillersche Pathos ästhetischer Erziehung geht nach dem Zweiten Weltkrieg mit der Klasse der Bildungsbürger verloren.

So sperrig seine Sprache sich auch gibt, sie steht, allerdings schwer übersetzbar, in der Tradition des Deutschen Idealismus, dem er zugleich misstraut. Im anglophonen Raum wird Adornos Werk unter *German Studies* verbucht – und damit regionalisiert. Bei den französischen Poststrukturalisten spielt Ästhetik als philosophische Disziplin eine untergeordnete Rolle. Für Pierre Bourdieu ist das Kunstsystem soziologisch von Belang, für Foucault dienen einzelne Werke als epistemische Fallstudien. Wenn Gilles Deleuze, der Bergsonianer, zwischen Zeit- und Bewegungsbildern unterscheidet, liegt sein Schwerpunkt auf dem Kino als Medium. An die Tradition der Ästhetik in der Linie von Kant, Schiller und Hegel knüpfen allenfalls François Lyotard und Jacques Rancière. Sie haben das deutsche Erbe für eine globalisierte Leserschaft kannibalisiert, denen Adornos Denkhorizont weitgehend unbekannt ist.

Gerade deswegen gilt es, sein Vermächtnis zu erinnern. Als unbestechlicher Zeitzeuge und Analyst der Katastrophe im 20. Jahrhundert bleibt Adorno für ein kritisches Denken unverzichtbar. Nur unzeitgemäßes Philosophieren überdauert, weil es sich, widerborstig, dem Hang zu modischer Gemeinplätzigkeit verweigert.

Literaturverzeichnis

Adorno, Theodor W. (1951): Minima Moralia. Reflexionen aus dem beschädigten Leben. Frankfurt am Main: Suhrkamp.

Derrida, Jacques (1974): Grammatologie. Übers. aus dem Französischen (1967) von Hans-Jörg Rheinberger und Hanns Zischler. Frankfurt am Main: Suhrkamp.

Hegel, Georg W. F. (1970): Vorlesungen über die Ästhetik. In: Georg W. F. Hegel: Werke. Bd. 13. Hrsg. von Eva Moldenhauer/Karl Markus Michel. Frankfurt am Main: Suhrkamp.

Wyss, Beat (1985): Trauer der Vollendung. Zur Geburt der Kulturkritik. München: Matthes & Seitz; zweite, verbesserte und erweiterte Auflage 1989; Neuauflage (1997): Köln: DuMont.

Wyss, Beat (1999): Hegel's Art History and the Critique of Modernity. Übers. von Karoline Saltzwedel. New York: Cambridge. Broschierte Neuauflage: 2008.

Wyss, Beat (2009): Nach den großen Erzählungen. Berlin: Suhrkamp.

Lambert Zuidervaart
»Weh spricht vergeh«

Die unzeitgemäße Aktualität von Adornos *Ästhetischer Theorie*

Adornos *Ästhetische Theorie* erschien in einem Moment des Umbruchs in der Geschichte der westlichen Ästhetik. Nur wenige Philosophen hatten nach dem Zweiten Weltkrieg versucht, die Fragen der philosophischen Ästhetik derart umfassend in den Blick zu nehmen, und diejenigen, die einen solchen Versuch unternahmen, verbanden ihn kaum mit einer Kritik der Gesellschaft als Ganzer, zu der bei Adorno auch eine kritische Analyse der Beziehung zwischen Kunst und Natur gehörte.

In der angloamerikanischen Ästhetik der Nachkriegszeit stehen in den weitgespanntesten vor 1970 vorgelegten Entwürfen begriffliche Analyse, Metakritik oder Nominalismus im Hinblick auf die Kunst im Vordergrund. Beispielhaft für diese Tendenz sind Werke wie *Feeling and Form* von Susanne K. Langer (1953), Monroe Beardsleys *Aesthetics* (1958) oder Nelson Goodmans *Languages of Art* (1968). Alle drei Bücher legen ihren Schwerpunkt auf Theorien der Kunst, während eine Auseinandersetzung mit der Frage nach dem Naturschönen oder der kritischen Rolle der Kunst in der Gesellschaft der Gegenwart fehlt. Das geht so weit, dass in keinem der genannten Werke die Begriffe ›Natur‹ und ›Gesellschaft‹ auch nur im Register auftauchen. Obwohl sich bei Langer und Beardsley Schlusskapitel über »Das Werk und sein Publikum« (Langer 1953, S. 392–410) beziehungsweise »Die Künste im menschlichen Leben« (Beardsley 1958, S. 557–591) finden, sind beide weit entfernt von einer Gesellschaftskritik, wie sie sich durch Adornos *Ästhetische Theorie* zieht und in dem »Gesellschaft« überschriebenen Kapitel des Buches kulminiert (ÄT, GS 7 S. 334–387). Ebenso wenig findet sich bei Langer und Beardsley oder bei Goodman etwas, was mit Adornos Auseinandersetzung mit dem »Naturschönen« (ÄT, GS 7, S. 97–121) vergleichbar wäre.[1] Die vielleicht wichtigste Ausnahme von der systematischen Tendenz, die genannten Fragen auszublenden, ist ein leider kaum beachtetes Werk von Francis Sparshott, das sich ausführlich mit dem

---

1 In einem späteren dreibändigen Werk mit dem Titel *Mind* behandelt Langer das Verhältnis von Natur und Kunst allerdings mit einiger Ausführlichkeit. Vgl. Langer 1967–1982, insb. Bd. 1.

Begriff der Schönheit auseinandersetzt und sowohl ein Kapitel über »Kunst und Natur« als auch eines über »Kunst und Gesellschaft« enthält (Sparshott 1963, S. 91–101 und S. 267–311).

Im Westeuropa der Nachkriegszeit ist die Situation ähnlich: Vor 1970 konzentriert sich die philosophische Ästhetik ebenfalls auf Theorien der Kunst, während sie im Hinblick auf eine Kritik der Gesellschaft vergleichbare blinde Flecken aufweist. Durch ihre Verwurzelung in Phänomenologie und Hermeneutik zeigt sie jedoch ein stärkeres Interesse an der gesellschaftlichen Konstruiertheit von Kunst und am Verhältnis von Kunst und Natur. Als Beispiel hierfür kann Mikel Dufrennes 1953 veröffentlichte *Phénoménologie de l'expérience esthétique* gelten, die mit einer Diskussion der künstlerischen Darbietung und des Kunstpublikums sowie des Verhältnisses zwischen ästhetischen und natürlichen Gegenständen beginnt (Dufrenne 1973, S. 3–146).[2] Auch Hans-Georg Gadamer entwickelt in seinem 1960 erschienenen Werk *Wahrheit und Methode* seine auf dem Begriff des Spiels basierende und am Paradigma der Aufführung orientierte Ontologie der Kunst aus einer kritischen Auseinandersetzung mit Kants subjektivierter Ästhetik des Naturschönen (Gadamer 2010, S. 1–174). Wenn sich Roman Ingarden in *Vom Erkennen des literarischen Kunstwerks* (1968) auch nicht explizit mit derartigen Themen auseinandersetzt, so zielt sein Projekt doch darauf, nach dem Verhältnis unserer Erkenntnis von (literarischen) Kunstwerken zu anderen Erkenntnis- und Existenzweisen zu fragen. Dennoch gab es unter den großangelegten philosophischen ästhetischen Theorien im Westeuropa der Nachkriegszeit keinen Vorläufer für die umfassende Gesellschaftskritik, die in Adornos *Ästhetischer Theorie* enthalten ist.

Um etwas Vergleichbares zu finden, müsste man sich den Werken osteuropäischer Denker zuwenden, wie denen der ungarischen Marxisten Arnold Hauser und Georg Lukács. Hausers *Sozialgeschichte der Kunst und Literatur* (1953) ist allerdings stärker historisch als philosophisch orientiert und beschränkt sich in ihrem einzigen der Kunst des 20. Jahrhunderts gewidmeten Kapitel vor allem auf die Soziologie des Films (Hauser 1953, Bd. 2, S. 481–518), während sie die Gesellschaft als ganze kaum in den Blick

---

2 Zwei Jahrzehnte nach der Veröffentlichung der *Phénoménologie de l'expérience esthétique* und im selben Jahr, in dem Marc Jimenez eine französische Übersetzung von Adornos *Ästhetischer Theorie* vorlegte, schrieb Dufrenne ein Buch über Kunst und Politik, in dem er sich auch mit Adornos Werk auseinandersetzte – vgl. insb. die zweite Hälfte des 4. Kapitels in Dufrenne 1974, S. 149–171.

nimmt.³ Auch Lukács' *Die Eigenart des Ästhetischen* (1963), der einzige zu seinen Lebzeiten veröffentlichte Band seiner umfangreichen dreiteiligen Ästhetik, beschäftigt sich kaum mit gesellschaftlichen Fragen seiner Gegenwart.⁴

Mit dem Aufkommen von Dekonstruktivismus und Poststrukturalismus, der Verbreitung feministischer Theorie und ökologischen Denkens und – insbesondere in den angloamerikanischen Ländern – dem Aufstieg des Neopragmatismus und der postanalytischen Philosophie, ganz zu schweigen von der wachsenden Aufmerksamkeit für postkoloniale Theorie und nicht-westliches Denken, veränderte sich die Landschaft der westlichen philosophischen Ästhetik nach 1970 dramatisch. Rasch schienen Adornos Aufmerksamkeit für die Natur und seine Gesellschaftskritik Allgemeingut, während zugleich seine Konzentration auf moderne Kunst und seine Berufung auf Kant, Hegel und Marx als überholt oder fragwürdig angesehen wurden. Mir war diese sonderbare unzeitgemäße Aktualität Adornos nur allzu bewusst, als ich 1991 mein Buch über seine Ästhetik veröffentlichte, ein Jahr nachdem der Literaturtheoretiker Fredric Jameson Adorno als »einen der größten marxistischen Philosophen des zwanzigsten Jahrhunderts« apostrophiert hatte (Jameson 1990, S. 4). Obwohl Jameson dies als positive Würdigung verstanden wissen wollte, war es damals unklar, ob man seine Einschätzung in der akademischen Welt als Kompliment auffassen würde. In den frühen 1990er Jahren schien es, als ob die *Ästhetische Theorie* zwar ihre Zeit in Gedanken erfasste – um Hegels berühmte Charakterisierung der Philosophie zu paraphrasieren (Hegel 1986, S. 26) –, dabei jedoch in einem merkwürdig asynchronen Verhältnis zu ihren philosophischen Zeitgenossen stand: Sie war den Hauptströmungen

---

3 Vgl. aber Hausers philosophische Reflexionen seiner eigenen sozialgeschichtlichen Methode (Hauser 1958) und seine umfassende *Soziologie der Kunst* (1974). Adorno erörtert Hausers *Sozialgeschichte der Kunst und Literatur* kurz in dem Exkurs »Theorien über den Ursprung der Kunst« (ÄT, GS 7, S. 480–491).

4 Zweifellos hätte der unter dem Titel *Die Kunst als gesellschaftlich-geschichtliche Erscheinung* geplante dritte Teil dieses Projekts einen stärker gesellschaftskritischen Akzent gehabt, möglicherweise anschließend an Lukács Schrift *Wider den missverstandenen Realismus* von 1958, die bekanntlich Adornos Unwillen erregt hatte und ihn zu seinem Aufsatz »Erpresste Versöhnung« herausforderte (NzL, GS 11, S. 251–280). Adornos Auseinandersetzung mit Lukács' über literarischen Realismus und moderne Kunst setzt sich in der *Ästhetischen Theorie* fort – vgl. ÄT, GS 7, S. 70, 147, 213, 280, und 477. Ich habe die Kontroverse in Zuidervaart 1991, S. 38–43 und S. 250–254 zusammengefasst und untersuche sie ausführlicher in Zuidervaart 1988.

der westlichen philosophischen Ästhetik voraus und hinkte ihnen zugleich hinterher.

Ein Schlüssel zur unzeitgemäßen Aktualität von Adornos unvollendetem *magnum opus* liegt in seiner Verbindung von akademischer Askese und Parteinahme für die Moderne. Einerseits spielen – abgesehen von häufigen Bezugnahmen auf Heidegger und westliche marxistische Autoren wie Benjamin, Brecht, Horkheimer, Lukács und Marcuse, mit denen Adorno weit zurückreichende philosophische Auseinandersetzungen geführt hatte – Arbeiten zeitgenössischer Denker, die sich mit philosophischer Ästhetik beschäftigen, in dem Buch kaum eine Rolle. So wird in der »Frühen Einleitung« zur *Ästhetischen Theorie* zwar zweimal positiv wenn auch beiläufig auf John Dewey Bezug genommen (ÄT, GS 7, S. 498 und S. 525), das Werk Gadamers beispielsweise, zu dem Adorno ein kollegiales Verhältnis hatte, wird in dem Buch jedoch kein einziges Mal erwähnt. Adornos philosophische Gesprächspartner kommen hauptsächlich aus der griechischen Philosophie (vor allem Plato und Aristoteles) und der Tradition der deutschen Geistesgeschichte von Kant bis Freud. Diese akademische Askese fügt sich zusammen mit der fragwürdigen Einschätzung der »Einleitung«, dass, während Benedetto Croce »in die ästhetische Theorie radikalen Nominalismus eingeführt« habe, »[e]twa gleichzeitig bedeutende Konzeptionen von den sogenannten Prinzipienfragen abgewandert« seien (ÄT, GS 7, S. 494). Indem Adorno sich bei der Auswahl seiner philosophischen Gegenüber auf Denker mit verwandten Überzeugungen und traditionelle Gestalten der Geistesgeschichte beschränkt, gewinnt er zwar seinen Primärquellen tiefgreifende und erhellende kritische Einsichten ab, zugleich wirkt das Buch jedoch gegenüber den Entwicklungen in der angloamerikanischen, französischen und selbst deutschen Ästhetik seiner Gegenwart merkwürdig aus der Zeit gefallen.

Andererseits konzentriert sich die *Ästhetische Theorie*, gemäß Adornos philosophischem Bekenntnis zum »Vorrang des Objekts« (ND, GS 6, S. 184–187; vgl. ÄT, GS 7, S. 494–499), auf die Probleme und Errungenschaften der modernen Kunst in einem weiten Verständnis. Das schließt nicht aus, dass Adorno sich auch mit den ›Klassikern‹ der westlichen Kunsttradition auseinandersetzt – in der Musik zum Beispiel mit Bach, Mozart, Beethoven, Wagner, Brahms und Mahler. Doch Adornos Parteinahme für die Moderne lässt sowohl die vormoderne wie die aufkommende postmoderne Kunst weitgehend außer Acht und ebenso andere Kunstformen, die seit 1970 wachsende philosophische Aufmerksamkeit auf sich gezogen haben: populäre Kunst, massenmediale Kunst und was man annäherungsweise als situierte Kunst bezeichnen könnte (z. B. politische Kunst, Land-Art und liturgische Kunst)⁵ sowie nicht zuletzt die vielen Phänomene und Ereignisse des täglichen Lebens, die nicht den gesellschaftlichen Status von Kunst haben. Auch wenn einige dieser Kunstformen und ästhetischen Phänomene ihre prominente Stellung in der westlichen Gesellschaft in der Hauptsache erst nach Adornos Tod erlangten, sodass er kaum die Möglichkeit hatte, sie zur Kenntnis zu nehmen, beschränkt doch das, was ich Adornos »paradoxen Modernismus« genannt habe (Zuidervaart 1991, S. 151–177), die Relevanz seiner *Ästhetischen Theorie* für eine Auseinandersetzung mit ihnen. Zugleich hat das Buch jedoch in seiner feinsinnigen Behandlung moderner Kunst nicht seinesgleichen.

Wenn die Verbindung von akademischer Askese und Parteinahme für die Moderne zur unzeitgemäßen Aktualität der *Ästhetischen Theorie* beiträgt, so trifft dies auch auf den dialektischen Begriff von Autonomie zu, der Adornos Verständnis der modernen Kunst zugrunde liegt. Kunst – und insbesondere moderne Kunst –, so Adorno, ist »die gesellschaftliche Antithesis zur Gesellschaft« (ÄT, GS 7, S. 19), und darin liegt sowohl ihre Wahrheit als auch ihre Unwahrheit. Kurz gesagt: Alles, was die Kunst in der spätkapitalistischen Gesellschaft an Unabhängigkeit hat, wird von umfassenderen Tendenzen und Strukturen in ebendieser Gesellschaft, insbesondere in ihrer Politik und Wirtschaft, möglich gemacht. Doch die spezifische Art und Weise, in der die Kunst für ihre Existenz auf die Gesellschaft angewiesen ist, setzt sie zugleich in einen unvermeidbaren Gegensatz zur Gesellschaft in ihrer gegenwärtigen Form. Diese spezifische Art und Weise der Abhängigkeit verlangt die Produktion und Rezeption von relativ unabhängigen Kunstwerken, deren interne Dynamik die zugrundeliegenden Widersprüche der Gesellschaft als ganzer zum Ausdruck bringen.

Die *Ästhetische Theorie* arbeitet diese dialektische Konzeption der Autonomie der Kunst in viele verschiedene Richtungen aus. Die Richtung, die für die unzeitgemäße Aktualität des Buches vielleicht am bedeutsamsten ist, wird von den Fragen nach Wahrheit und Politik markiert. Auf der einen Seite betrachtet Adorno den Wahrheitsgehalt relativ unabhängiger

---

5 Damit soll nicht über Adornos wichtige Kritik der Kulturindustrie in anderen Schriften hinweggegangen, sondern nur darauf hingewiesen werden, dass die *Ästhetische Theorie* wenig zu massenmedialer Kunst zu sagen hat. Ebenso scheint sich Adorno, wie Nicholas Wolterstorff bemerkt, kaum für eine Theorie der Memorialkunst zu interessieren (Wolterstorff 2015, S. 2f.). Dasselbe gilt für jene Formen situierter Kunst, die Gadamer als »okkasionell« oder »dekorativ« bezeichnet (Gadamer 2010, S. 149–165).

Kunstwerke als Schlüssel zu jeder Art von durch Kunst initiierter Gesellschaftskritik und gesellschaftlicher Veränderung: Durch ihren Wahrheitsgehalt kann die (moderne) Kunst den Menschen helfen, Widerstand gegen den Spätkapitalismus zu leisten und Vorstellungen von einer postkapitalistischen Gesellschaft zu entwickeln. Auf der anderen Seite sind ein solcher Widerstand und solche Vorstellungen, wie Adorno selbst erkennt, offenkundig nicht genug, selbst wenn jeder andere Weg zu einer politischen Veränderung der Welt versperrt scheint. Daher ist die politisch bedeutsame Wahrheit der Kunst, die durch die gesellschaftlich konstituierte Autonomie der Kunst möglich geworden ist, zugleich politisch ohnmächtig. Indem es sich eine solche Auffassung der Kunst als bedeutungsvoll und zugleich ohnmächtig zu eigen macht, hat sich Adornos dialektisches Verständnis von der Autonomie der Kunst als zwar provokant, zugleich jedoch als zutiefst unbefriedigend herausgestellt, sowohl für diejenigen, die auf echte gesellschaftliche Veränderungen hoffen – wie Feministen, ökologische Aktivisten und die progressive Linke – als auch für diejenigen, die den gesellschaftlichen Status Quo erhalten wollen.[6]

Adornos paradoxer Modernismus und die dialektische Auffassung von der Autonomie der Kunst, die Adornos *Ästhetische Theorie* prägen, sind mit dafür verantwortlich, dass der Text oft missverstanden wurde. Aus den vielen Beispielen, die man anführen könnte, möchte ich Paul Guyers Interpretation herausgreifen. Guyer, einer der führenden Protagonisten der angloamerikanischen Ästhetik und ein renommierter Kant-Forscher, behandelt Adornos Ästhetik im dritten Band seiner weitausgreifenden *History of Modern Aesthetics*, in einem Kapitel über die akademische Forschung im Nachkriegsdeutschland. Nachdem er in den beiden vorangegangenen Bänden drei für die Geschichte der modernen Ästhetik zentrale Themen herausgearbeitet hat – Wahrheit, Gefühl und Spiel –, ordnet Guyer Adornos Werk, wie auch dasjenige Heideggers, ausschließlich der kognitivistischen Strömung zu. Anschließend argumentiert er, dass Adornos spezifische,

---

6 Um die Einsichten der *Ästhetischen Theorie* für die Gegenwart zu reformulieren wäre daher meiner Ansicht nach sowohl eine Neufassung des Begriffs der künstlerischen Wahrheit (Zuidervaart 2004) als auch eine aktualisierte Theorie der Stellung der Kunst in der Gesellschaft (Zuidervaart 2011) notwendig. Die genannten Bücher setzen die kritische Untersuchung von Adornos paradoxem Modernismus und seiner dialektischen Auffassung von der Autonomie der Kunst voraus, die in den letzten drei Kapiteln von Zuidervaart 1991, S. 217–307 unternommen wird, und bauen auf dieser sowie auf den provisorischen Alternativen auf, die in Zuidervaart 2007, insbesondere in den Kapiteln 1, 5 und 6 umrissen werden.

wahrheitsorientierte Version des Kognitivismus zu einer hochgradig »pessimistischen« Auffassung von Kunst führe:

> Die Wahrheit, welche die Kunst ausspricht, ist die der Unmöglichkeit des Glücks, von dem sie sagt, dass es möglich sei. In Adornos ästhetischer Theorie kommt ein Pessimismus zum Ausdruck, im Vergleich zu dem derjenige Schopenhauers halbherzig wirkt: Für Schopenhauer gewährte die Kunst nur eine kurze Erholung vom Pessimismus, während Askese eine dauerhafte Befreiung bewirken konnte. Für Adorno hingegen verspricht die Kunst mit der einen Hand eine bessere Welt, während sie mit der anderen die Unmöglichkeit einer solchen Welt darlegt. (Guyer 2014, S. 72)

Guyers Diagnose eines extremen Pessimismus – die zentrale These seiner Auseinandersetzung mit Adornos Ästhetik – wäre plausibel, wenn Adorno der Auffassung gewesen wäre, dass Kunst und Gesellschaft unveränderlich sind, sodass jene bessere Welt, auf die authentische Kunstwerke hindeuten, unerreichbar ist und die gegenwärtige Gesellschaft, an der authentische Kunstwerke Kritik üben, niemals verändert werden kann. Wenn Adorno so gedacht hätte, dann wäre er in der Tat ein radikaler Anhänger von Schopenhauers Lehre von der Resignation. Doch der ganze Sinn von Adornos paradoxem Modernismus und seiner dialektischen Auffassung der Autonomie der Kunst ist, die Möglichkeit echter soziohistorischer Veränderung in der Gesellschaft als ganzer offen zu halten – in einer Gesellschaft, die ihren Mitgliedern einreden will, dass grundlegende Veränderung unmöglich ist. Adorno hatte vielleicht eine zu begrenzte Vorstellung davon, welche Art von Kunst dazu beitragen kann, die notwendige negativ-utopische Kritik zu üben. Möglicherweise hat er auch gesellschaftliche Tendenzen und Akteure jenseits der Kunst übersehen, die zu einer echten soziohistorischen Veränderung beitragen können.[7] Doch hat Adorno nie behauptet, dass grundlegende Veränderung unmöglich sei – und als unorthodoxer hegelianischer Marxist hätte er dies auch nicht behaupten können.

Für Adorno ist die moderne Kunst die Sprache gesellschaftlich verursachten Leidens. Ein solches Leiden darf weder akzeptiert noch vergessen werden (ÄT, GS 7, S. 386f.). Indem die (moderne) Kunst dem gesellschaftlich verursachten Leiden eine Stimme gibt, »bricht« sie ihr Glücksverspre-

---

[7] Zum »Negativen Utopia« und den Grenzen von Adornos Gesellschaftskritik vgl. Zuidervaart 2007, S. 70–76 und Zuidervaart 2018.

chen (ÄT, GS 7, S. 205).[8] Und doch gibt die Kunst ihr Versprechen gerade im Ausdruck des Leidens. Wie Adorno es in der *Negativen Dialektik* sagt, indem er, ohne seine Quelle zu nennen, Nietzsche zitiert – den Rundgesang Zarathustras, der auch im vierten Satz von Gustav Mahlers *Dritter Symphonie* gesungen wird: »Weh spricht: vergeh« (ND, GS 6, S. 203; vgl. auch Nietzsche 1968, S. 278ff.). Würde sich die Gesellschaft grundlegend ändern und nicht länger menschliches Leid verursachen, dann wäre das Glücksversprechen der Kunst gehalten. Eine solche Veränderung ist nicht unmöglich. In ihrer offenkundigen Unzeitgemäßheit ist dies der immer noch aktuelle Wahrheitsgehalt von Adornos *Ästhetischer Theorie*.

Übersetzt von Andreas Fliedner

Literaturverzeichnis

Adorno, Theodor W. (1997): Aesthetic Theory. Übers. u. hrsg. von Robert Hullot-Kentor. Minneapolis: University of Minnesota Press.
Beardsley, Monroe C. (1958): Aesthetics: Problems in the Philosophy of Criticism. New York: Harcourt, Brace & World.
Dufrenne, Mikel (1973): The Phenomenology of Aesthetic Experience. Übers. v. Edward S. Casey, Albert A. Anderson, Willis Domingo und Leon Jacobson. Evanston, IL: Northwestern University Press [Originalausgabe: Phénoménologie de l'expérience esthétique. 2 Bd. Paris: PUF, 1953].
Dufrenne, Mikel (1974): Art et politique. Paris: Union générale d'éditions.
Gadamer, Hans-Georg (2010): Wahrheit und Methode. Grundzüge einer philosophischen Hermeneutik. In: Gadamer: Gesammelte Werke. Bd. 1. Tübingen: Mohr Siebeck.

---

8 Guyer 2014, S. 72 legt großes Gewicht auf diese Passage, die er in Hullot-Kentors Übersetzung zitiert: »Art is the ever broken promise of happiness.« (Adorno 1997, S. 136) Indem er das Wort »ever« – »stets« betont, kann Guyer Adorno als extremen Pessimisten interpretieren. »Ever« ist jedoch eine Interpolation des Übersetzers und hat kein Äquivalent im deutschen Text: »Kunst ist das Versprechen des Glücks, das gebrochen wird.« (ÄT, GS 7, S. 205) Adornos Aussage, dass das Versprechen gebrochen wird, bedeutet nicht, dass es immer und für alle Zeiten gebrochen werden muss oder dass das, was die Kunst gebrochen verspricht – aber immer noch verspricht! –, stets und für immer unmöglich bleiben muss. Ein einziges Wörtchen, »ever«, das in die englische Übersetzung eingefügt wurde, führt so zu zwei völlig verschiedenen Lesarten Adornos: Man kann ihn, wie Guyer, als extremen Pessimisten interpretieren oder, wie ich es tue, als radikalen Gesellschaftskritiker, für den das von der Gesellschaft verursachte Leiden nicht das letzte Wort haben darf.

Goodman, Nelson (1968): Languages of Art: An Approach to a Theory of Symbols. Indianapolis: Bobbs-Merrill [dt.: Sprachen der Kunst. Entwurf einer Symboltheorie. Übers. v. Bernd Philippi. Frankfurt am Main: Suhrkamp 1995].
Guyer, Paul (2014): A History of Modern Aesthetics. Bd. 3: The Twentieth Century. Cambridge: Cambridge University Press.
Hauser, Arnold (1953): Sozialgeschichte der Kunst und Literatur. 2 Bd. München: C. H. Beck.
Hauser, Arnold (1958): Philosophie der Kunstgeschichte. München: Beck.
Hauser, Arnold (1974): Soziologie der Kunst. München: Beck.
Hegel, Georg Wilhelm Friedrich (1986): Grundlinien der Philosophie des Rechts. In: Hegel: Werke. Bd. 7. Hrsg. v. Eva Moldenhauer u. Karl Markus Michel. Frankfurt am Main: Suhrkamp.
Ingarden, Roman (1968): Vom Erkennen des literarischen Kunstwerks. Tübingen: Niemeyer.
Jameson, Fredric (1990): Late Marxism: Adorno, or, the Persistence of the Dialectic. London: Verso.
Langer, Susanne K. (1953): Feeling and Form: A Theory of Art Developed from Philosophy in a New Key. New York: Charles Scribner's Sons [dt.: Fühlen und Form. Eine Theorie der Kunst. Hrsg. v. Christian Grüny, Übers. Christiana Goldmann u. Christian Grüny. Hamburg: Meiner 2018].
Langer, Susanne K. (1967–1982): Mind: An Essay on Human Feeling. 3 Bde. Baltimore: Johns Hopkins University Press.
Lukács, Georg (1958): Wider den missverstandenen Realismus. Hamburg: Claassen Verlag.
Lukács, Georg (1963): Die Eigenart des Ästhetischen. 2 Bde. Neuwied: Luchterhand.
Lukács, Georg (1964): Realism in Our Time: Literature and the Class Struggle. Übers. v. Johan und Necke Mander. New York: Harper & Row.
Nietzsche, Friedrich (1968): Also sprach Zarathustra. In: Friedrich Nietzsche: Werke. Kritische Gesamtausgabe. Abt. 6, Bd. 1. Hrsg. v. Giorgio Colli und Mazzino Montinari. Berlin: Walter de Gruyter.
Sparshott, Francis E. (1963): The Structure of Aesthetics. Toronto: University of Toronto Press.
Wolterstorff, Nicholas (2015): Art Rethought: The Social Practices of Art. Oxford: Oxford University Press.
Zuidervaart, Lambert (1988): »Methodological Shadowboxing in Marxist Aesthetics: Lukács and Adorno«. In: Journal of Comparative Literature and Aesthetics 11, S. 85–113.
Zuidervaart, Lambert (1991): Adorno's Aesthetic Theory: The Redemption of Illusion. Cambridge, MA: MIT Press.
Zuidervaart, Lambert (2004): Artistic Truth: Aesthetics, Discourse, and Imaginative Disclosure. Cambridge: Cambridge University Press.
Zuidervaart, Lambert (2007): Social Philosophy after Adorno. Cambridge: Cambridge University Press.
Zuidervaart, Lambert (2011): Art in Public: Politics, Economics, and a Democratic Culture. Cambridge: Cambridge University Press.

Zuidervaart, Lambert (2018): »History and Transcendence in Adorno's Idea of Truth«. In: Peter Gordon/Espen Hammer/Axel Honneth (Hrsg.): The Routledge Companion to the Frankfurt School. New York: Routledge, S. 121–134.

Verzeichnis der Siglen

Theodor W. Adorno

A. Werkausgabe

GS   *Gesammelte Schriften in 20 Bänden*. Hrsg. von Rolf Tiedemann unter Mitwirkung von Gretel Adorno, Susan Buck-Morss und Klaus Schultz. 20 Bde. Frankfurt am Main: Suhrkamp 1981.

B. Siglen einzelner Bände der GS

PhF	Philosophische Frühschriften [= GS 1]
K	Kierkegaard [= GS 2]
DA	Dialektik der Aufklärung [= GS 3]
MM	Minima Moralia [= GS 4]
ME	Zur Metakritik der Erkenntnistheorie [= GS 5]
ND	Negative Dialektik [= GS 6]
ÄT	Ästhetische Theorie [= GS 7]
SoS1	Soziologische Schriften 1 [= GS 8]
SoS2	Soziologische Schriften 2 [= GS 9]
KG	Kulturkritik und Gesellschaft [= GS 10]
NzL	Noten zur Literatur [= GS 11]
PhM	Philosophie der neuen Musik [= GS 12]
DmM	Die musikalischen Monographien [= GS 13]
D	Dissonanzen [= GS 14]
KF	Kompositionen für den Film [= GS 15]
MS1–3	Musikalische Schriften 1–3 [= GS 16]
M4	Musikalische Schriften 4 [= GS 17]
M5	Musikalische Schriften 5 [= GS 18]
M6	Musikalische Schriften 6 [= GS 19]
VS	Vermischte Schriften [= GS 20]

C. Nachgelassene Schriften

NL IV/3   *Ästhetik* (1958/59). Hrsg. von Eberhard Ortland. Frankfurt am Main: Suhrkamp 2009.

Verzeichnis der Autorinnen und Autoren

Christian Benne ist Professor für europäische und deutsche Literatur und Geistesgeschichte an der Universität Kopenhagen.

Horst Bredekamp ist Professor für Kunstgeschichte an der Humboldt Universität zu Berlin.

Bazon Brock ist emeritierter Professor für Ästhetik und Kulturvermittlung an der Bergischen Universität Wuppertal, Künstler und Kunsttheoretiker

Hauke Brunkhorst ist Professor für Soziologie am Institut für Gesellschaftswissenschaften der Europa-Universität Flensburg.

Martin Endres ist Juniorprofessor für Neuere deutsche Literatur an der Universität Leipzig.

Josef Früchtl ist Professor für Philosophie der Kunst und Kultur an der Universität Amsterdam.

Eva Geulen ist Direktorin des Leibniz-Zentrums für Literatur- und Kulturforschung (ZfL) Berlin.

Lydia Goehr ist Professor für Philosophie an der Columbia University in New York.

Peter E. Gordon ist Professor für Geschichte an der Harvard University in Cambridge.

Wolfram Groddeck ist emeritierter Professor für Neuere deutsche Literatur an der Universität Zürich.

Gunnar Hindrichs ist Professor für Philosophie an der Universität Basel.

Peter Uwe Hohendahl ist Professor für Komparatistik und Germanistik an der Cornell University, Ithaca, New York.

Johann Kreuzer ist Professor für Philosophie an der Carl von Ossietzky Universität Oldenburg.

Konrad Paul Liessmann ist Professor für Philosophie an der Universität Wien.

Claus-Steffen Mahnkopf ist Professor für Komposition an der Hochschule für Musik und Theater Leipzig.

Axel Pichler ist Akademischer Mitarbeiter am Stuttgart Research Centre for Text Studies.

Robert Pippin ist Professor für Philosophie an der University of Chicago.

Martin Saar ist Professor für Sozialphilosophie am Institut für Philosophie der Goethe-Universität Frankfurt am Main.

Gerhard Schweppenhäuser ist Professor für Design-, Kommunikations- und Medientheorie an der Fakultät Gestaltung der Hochschule für angewandte Wissenschaften Würzburg-Schweinfurt.

Martin Seel ist Professor für Philosophie an der Goethe-Universität Frankfurt am Main.

Tilo Wesche ist Professor für Philosophie an der Carl von Ossietzky Universität Oldenburg.

Beat Wyss ist Professor für Kunstwissenschaft und Medientheorie an der Staatlichen Hochschule für Gestaltung Karlsruhe.

Claus Zittel ist stellvertretender Direktor des Stuttgart Research Centre for Text Studies und lehrt Literaturwissenschaft und Philosophie an den Universitäten Stuttgart und Venedig.

Lambert Zuidervaart ist Professor für Philosophie am Institute for Christian Studies in Toronto.

www.ingramcontent.com/pod-product-compliance
Lightning Source LLC
Chambersburg PA
CBHW052050220426
43663CB00012B/2514